山西省高等学校哲学社会科学研究项目资助

河东著述考

李如冰◎著

人民出版社

责任编辑:詹素娟
封面设计:彭世兴

图书在版编目(CIP)数据

河东著述考/李如冰 著. —北京：人民出版社,2017.2
ISBN 978－7－01－017043－5

Ⅰ.①河… Ⅱ.①李… Ⅲ.①地方文献-研究-山西 Ⅳ.①K292.5

中国版本图书馆 CIP 数据核字(2016)第 307637 号

河东著述考
HEDONG ZHUSHUKAO

李如冰 著

人民出版社 出版发行
(100706 北京市东城区隆福寺街 99 号)

北京中科印刷有限公司印刷　新华书店经销

2017 年 2 月第 1 版　2017 年 2 月北京第 1 次印刷
开本:710 毫米×1000 毫米 1/16　印张:22.75
字数:380 千字

ISBN 978－7－01－017043－5　定价:69.00 元

邮购地址　100706　北京市东城区隆福寺街 99 号
人民东方图书销售中心　电话　(010)65250042　65289539

版权所有·侵权必究
凡购买本社图书,如有印制质量问题,我社负责调换。
服务电话:(010)65250042

序

郝润华

清代晚期的大学者孙诒让，早年曾编撰《温州经籍志》一书，系统著录温州地区从唐至清的地方文献，此书对后世地方著述志与地方文献目录编纂体制与学术风气影响至大。至20世纪二三十年代，由于特殊历史时期的原因，国内学者已然认识到地方文献对于一个地区政治、经济、文化发展的重要性，因此，民国时期形成了编纂地方艺文志与著述目录的浓厚风气，产生了众多地方文献目录，重要者如项元勋所编《台州经籍志》、陈衍编《福建艺文志》、李时灿等编《中州艺文录》、丁祖荫编《常熟艺文志》、李小缘编《云南书目》、饶宗颐编《潮州艺文志》、金毓黻编《辽海书征》，等等。这些目录著作对于后人研究地方文献均具有十分重要的参考作用。当代学者很好地继承了这一优良的目录学传统，20世纪90年代以来陆续编撰了不少地方文献目录，如《绍兴地方文献考录》《山东文献书目》《江苏艺文志》《陕西著述志》《山西文献总目提要》《广州文献书目提要》《南京文献综合目录》《青岛历代著述考》《孔子故里著述考》《中州文献总录》等等，数量之多，成果之富，不胜枚举，学术成就十分突出。目录学是我一向的治学领域之一，早前曾出版过《晁公武评传》《二十世纪以来中国古籍目录提要》。几年前，鉴于对地方文献的认识，又组织团队编撰出版了一部《甘肃文献总目提要》，此书即是在民国时期几部陇人著述目录的基础上，全面系统考察古代陇人各类著述的一部地方文献目录,自认为对于了解、研究甘肃地方文化与学术颇为有用。如冰负笈西北,跟随我学习文献学三年,打下了扎实的目录版本学基础,也掌握了较强的研究能力,因此在受到我学术兴趣与方法的熏炙下,她对于目录学也有了深入感受,默默花费数年工夫,独立编撰完成了这部《河东著述考》,这也是顺应时代学术潮流的产物。如冰本是山东人,博士毕业后曾在运城学院工作过数年,有感于河东人文之盛,特此编撰了这部著作,这应该是她回馈山西的一份珍贵礼物。

河东,作为地理名词,其区划范围在历史上时有变化,而其核心地区绝大多数时间仍在晋西南的运城一带。今人所言河东地区,则以山西省运城市所辖区域为界。河东在历史上文人学者辈出,如东晋学者郭璞、隋代大儒王通、唐代诗人王维、古文家柳宗元、宋代史学家司马光等,因而著述成果也十分引人注目。《河东著述考》即是对这一地区历代(先秦至清)属籍河东或长期寓居河东的学者所编撰著作的总结考述,是一部著录河东地方乡贤著述的目录著作,是今人与后人了解与研究河东地方文献与文化不可多得的一部目录学文献。

传统目录之体,滥觞于西汉刘向、刘歆父子,《七略》《别录》有目有录,开创之功至巨。而"考"这一体裁的目录则首创于元代马端临,其《文献通考》特设《经籍考》一类,是典型的辑录体式的文献目录。清代朱彝尊受其影响著《经义考》,成为我国第一部完整而系统的经学书目录,对于后世学科目录的发展产生了很大影响,随后谢启昆又著《小学考》,成为一部系统著录文字、音韵、训诂书籍的专科目录,民国时期有黎经诰的《许学考》,是一部有关《说文解字》著述的学科目录,近人王重民著《老子考》则是一部专门著录老子各种版本及研究著作的专科目录。这种被称为"辑录体"的目录,一般以抄录前人资料成自己的书目解题,包括原书著录序、跋、前人书目解题以及其他相关文献材料等,也间或有作者自己的按语,对该书有关问题提出一些看法。如冰此书名为《河东著述考》,虽不以汇集各种资料为其重点,但却意味着其内容不仅仅是单纯介绍河东人著述的书目,而是对于著录的近千种河东学者著述有所考证、辨析与深入考察,是对汉代以来优秀目录学体制与传统的继承与发扬。清代文献学家章学诚在《校雠通义叙》中说:"校雠之义,盖自刘向父子部次条别,将以辨章学术,考镜源流。"因此,一部好的书目一定要具有完备的体例,尤其是要撰写叙录,即书目解题,这样才能体现目录的功用与学术价值。这部《河东著述考》在介绍著作时就并非只列举书目,而是十分注意对书籍产生、流传、存佚等学术问题的反映,这主要体现在其书目叙录中。该书不仅利用从《汉书·艺文志》到《清史稿·艺文志》的所有史志目录及相关补遗之作、历代公私藏书目录、专科或综合目录、相关方志及有关文献记载,对从先秦到清代河东籍作家的近千种著述进行全面梳理,对其书存佚、版本、收藏及整理情况作出考察,并且在充分考证研究的基础上梳理考查作者生平仕履、著作类型和内容体例、流传存佚、版本情况等。此书分类则依传统古籍分类方法,分为经、史、子、集四大部类,每大类下又分为若干小类;小类下则依时代顺序对相应类别著述进行考述,反映出作者良好的目录学修养与较强的文献研究能力。

  有关山西的地方文献目录,20世纪90年代末山西人民出版社出版过刘纬毅主编的《山西文献总目提要》,从"地方史"、"地方志"、"晋人著述"、"晋人批校"、"山西刻书"、"晋藏珍稀善本"、"碑刻拓片"七个方面著录历代山西地方文献,收书丰富,体例较完备,是查考山西地方文献、研究山西文化的一部重要书目著作。《河东著述考》作为一部专门著录运城地方先贤著述的目录,其研究侧重点必有所不同,考察著述情况也更为细致,是对山西地方文献的有利补充与进一步考察。该书具有如下几个特点:

  一是利用方志资料,又不仅仅限于方志。河东各地方志除民国《新绛县志》、乾隆《蒲州府治》外,大多并无著述考内容。《(雍正)山西通志》有《经籍志》部分,但所收著述乃是山西全境,并不限于河东地区,比较粗略。故作者虽以《(雍正)山西通志·经籍志》为线索查找梳理河东著述,但对此书并不盲从,时以其他目录书籍或文献相印证,有不一致者,则作出详细考证,以辨真伪。如《(雍正)山西通志·经籍志》著录"唐张固《常侍言旨》"一卷,作者查检《新唐书·艺文志》、《郡斋读书志》、《直斋书录解题》、《崇文总目》、《宋史·艺文志》等目录著作,发现此书作者其实是唐代柳珵,《(雍正)山西通志·经籍志》误为唐张固撰,乃因《通志·艺文略》《直斋书录解题》著录此书与张固《幽闲鼓吹》相连,故造成舛误。

  二是实事求是,客观严谨。近几年各地在发展地方文化过程中,争名人现象屡见不鲜,而该书则以事实为根据,确属河东籍作家的,即使《(雍正)山西通志》或河东各方志失载,也都一一著录。凡学界有所争议的,则以主流意见为主。如司马迁作为史学大家,对于其籍贯,一说为今陕西韩城,一说为山西河津(今属运城),而前者观点几成定论,因此,该书未将《史记》纳入河东著述目录。相反,如宋张戒著《岁寒堂诗话》等著作,《(雍正)山西通志》未收,但据李心传《建炎以来系年要录》,其为正平人,即今山西新绛县,学界几成定论,故该书著录其《岁寒堂诗话》等著作。

三是引证资料丰富。河东著述所涉作家著述众多,必须掌握大量文献资料,方不至遗漏。作者引证资料除方志、书目外,还充分利用别集、碑刻等资料。如明代作家辛全(字复元)的著述考证就利用了刘宗周《征君辛复元传》、曹于汴《养心录序》及高攀龙《答曹真予论辛复元书》等,使读者对辛全著作的行世流传一目了然。又如对裴光庭《瑶山往则》的考证,作者不但征引新、旧《唐书》资料,还以《唐裴光庭碑》为重要依据。

另外,在考证过程中,作者还注意吸收今人最新学术成果,如《清诗话考》《日本国见在书目录详考》等。如王含光《吟坛辨体》考证就吸收了蒋寅《清诗话考》中的成果。唐僧道英《琴德谱》,则注明:"此书曾流传到日本,孙猛《日本国见在书目录详考》有考。"仅此数例,就足以说明作者的学术视野与所下工夫。

当然,如冰是首次以一人之力编撰此目录著作,涉及面广,任务繁重;身在高校,又有教学责任;作为女性,尚需操持家务,研究经验与个人精力都很有限。因此该书自然也存在一些不足:如所著录文学著作仅限于诗文文献,明清时期的通俗小说、戏曲未予关注。又如有些叙录撰写尚有不够精详、深入之处。再如文献利用方面,所征引山西省、县方志多属清代编修的方志,对于明代方志的利用似有所疏忽。像《山西通志》,明代即有《(成化)山西志》《(嘉靖)山西通志》《(万历)山西通志》三种,而作者却仅利用《(雍正)山西通志》。希望如冰在今后的工作中能广搜文献资料,改正讹误,补充缺漏,进一步完善,使该书研究成果发挥出更大的学术价值与利用价值。

二〇一六年十二月于西北大学

目 录
CONTENTS

绪　论

经　部

易　类　/ 007

尚书类　/ 017

诗　类　/ 021

礼　类　/ 025

春秋类　/ 032

孝经类　/ 038

群经总义类　/ 041

四书类　/ 044

乐　类　/ 052

小学类　/ 055

史　部

正史类　/ 069

编年类　/ 074

别史类　/ 090

杂史类　/ 096

诏令奏议类　/ 098

传记类　/ 105

谱牒类　/ 117

地理类　/ 121

职官类 / 131

政书类 / 134

刑法类 / 139

目录类 / 143

史评类 / 145

子　部

儒家类 / 149

兵家类 / 166

天文历算类 / 169

五行类 / 170

农家类 / 175

医家类 / 176

术数类 / 180

艺术类 / 183

杂家类 / 189

类书类 / 194

小说家类 / 197

释道类 / 202

道家类 / 205

集　部

别集类 / 211

总集类 / 317

诗文评类 / 322

参考文献 / 325

索　引 / 329

著者索引 / 330

书名索引 / 338

后　记 / 354

绪 论

本书旨在考证、梳理历代河东先贤的著述,确定其流传、存佚、版本、收藏等情况,建立河东地方文献目录,为系统整理河东文献、研究河东文化提供目录门径,奠定文献基础。

河东作为地理概念,其包含的区域范围在不同历史时期是不断变化的。"今天所言河东,一般仅指运城市所辖之13个县(市区),包括盐湖区、河津市、永济市、万荣县、新绛县、稷山县、临猗县、绛县、闻喜县、垣曲县、夏县、平陆县、芮城县。"① 本书研究之河东地理范围界定,即以今山西省运城市所辖区域为准。时代界定则从先秦到晚清。本书所言河东著述,是指籍贯属于河东或长期寓居河东的作者所撰之著述。这些著述与河东文化关系最为密切,既是河东文化成就的体现,也传承并影响着河东文化。

地方文化研究,离不开最基本的文献建设。地方文献目录的编纂是地方文化研究的传统。早在南北朝时期,宋孝王所编《关东风俗传》就有《坟籍志》,著录关东人士的著述。其后收录一方人士之著述的地方文献目录编纂渐成风气。清代学者孙诒让《温州经籍志》尤为典范。其书考证温州旧属六县自唐迄清道光年间温州人或有关温州之著述,每书注明存、佚、阙、未见,辑录序跋及其他有关资料,并注明出处,而且还附有相当多的按语。改革开放之后,全国各地都非常注重发展地方文化,编纂地方文献目录。如陕西省1996年三秦出版社就出版李正德等人编撰的《陕西著述志》,北京市有2012年北京社科院赵雅丽编撰的《北京著述史》。山东省青岛市有青岛大学窦秀艳等人2010年出版的《青岛历代著述考》。滨州市有2008年滨州学院李树棣等人编撰的《黄河三角洲古代文化名人著述目录》。这些著作都是反映一方名人著述情况的地方文献目录,为发展当地文化事业作出了贡献。

---

① 李文:《河东疆域变迁考》,《运城学院学报》2012年第4期。

河东文化源远流长，名家辈出，著述如林，在经学、史学、文学、地理、艺术等各方面都取得了丰硕的成果。这些河东先贤，有的影响较大，是全国性的研究热点，如王维、柳宗元，20世纪学术界就成立了专门的研究学会。郭璞、王通、王绩、司马光、薛瑄等人，学术界也关注很多。但更多的先贤著述却仍然沉寂在浩如烟海的古代文献之中，没有引起人们的注意。河东人在历史上到底有过多少著述，这些著述流传下来多少，流传下来的还有多少未经整理，散佚掉的还有无辑佚可能，没有人能说得清。因此，必须对历代河东著述逐一进行考证、梳理，才能进行系统的河东文献建设，为河东文化开展深入广泛的研究提供可靠的文献依据和新的研究路径，繁荣发展河东地方文化。从而在地方文化研究上赶超先进地区，为地方文化的繁荣和发展做出贡献。

作为一部地方文献目录著作，本书具有如下几方面的意义：首先，对历代河东著述进行梳理、考证，具有文献目录学上的价值和意义。前辈学者一再强调："治学必须从目录入手。"欲将包括传统文化研究在内的传统人文学科的研究推向深入，必须从基础文献的梳理和研究入手，这是当前学界的共识。[①] 而欲将河东文化研究推向深入，则必须从河东基础文献目录的调查和编写入手。考证、梳理历代河东著述，确定其存佚、版本和收藏情况，摸清文献家底，编制出历代河东著述目录，可以为河东文化的深入研究提供目录门径，据此目录，可进一步对河东历代文献进行整理与辑佚工作，并对其中有价值的文献进一步深入研究。其次，对历代河东著述进行梳理、考证，有助于全面展示河东历史文化成就和发展面貌，有历史文化上的价值和意义。历代河东先贤著述是河东历史文化繁荣的见证，不仅数量丰富，而且涉及众多领域，特色鲜明。通过对历代河东著述进行梳理、考证，有助于外界全面了解河东文化成就，了解河东传统文化的地域特点、发展脉络、历史作用、文化走向等，有利于河东文化研究系统化、专业化。其三，对历代河东著述进行梳理、考证，有助于挖掘河东历史文化名人，开发文化旅游，具有现实意义。文明建设应该从历史文化中汲取营养，现代化发展也需要得到历史文化的有力支撑，地方文化建设更需要从历史文化中寻找特色。因此，考证历代河东作家

---

① 郑杰文：《序》，李树棻等《黄河三角洲古代文化名人著述目录》，齐鲁书社2008年版，第2页。

著述,可以发掘原来被忽略的历史文化名人,为当代文化建设提供文献依据。最后,对历代河东著述进行考证、梳理也能为其他相关研究提供参考和依据。

本书从目录学入手,对从先秦到晚清的历代河东著述进行梳理、考证和研究。利用从《汉书·艺文志》到《清史稿·艺文志》的史志目录及相关补遗之作、历代公私藏书目录、专科或综合目录、相关方志及有关文献记载,梳理出了从先秦到晚清的河东籍作家著述情况,考证确定其存佚、版本、收藏及整理情况。在充分考证的基础上为每部著作写出叙录。叙录包括作者生平仕履、著作类型和内容、书目著录、版本流传情况。对现存著作说明收藏情况。但本书在撰述过程之中,亦遇到一些困难。一是河东籍作家的确定。本课题的河东地理范围划定是以目前运城行政区划为准,但河东在历史上是一个变化的概念,由于受行政地理区划变更的影响,需要对古今地名进行比勘核对,详细考证。但即使如此,仍会有一些作家由于生平籍贯记载缺乏确切的资料,难以准确判定是否在目前运城辖区之内。二是条件所限可能导致著述考察有所遗漏。为尽可能全面地考察历代河东著述,笔者充分利用各种文献资源,尽可能将历代河东著述搜录齐全,但限于客观条件,如全国大多数图书馆善本书都秘不示人,难睹真容,个别文献为私人所藏,无法一一走访查阅等,可能仍会有所遗漏。

本书体例沿用传统古籍分类法,分经、史、子、集四大部,各部下分小类。著述以类以从,同类著述大致按时代先后进行排列。书名及卷数下标明作者,并对作者生平情况予以简单介绍。以(雍正)《山西通志》及河东各府志、县志经籍著录为线索,然后根据史志目录或私家目录及相关记载予以考证。在考证过程之中,注意吸收今人研究成果。著述考证主要针对传统经、史、子、集,对于白话小说戏曲类著作,因条件所限,未纳入本书著录考证范畴。

经部

易 类

易 论

晋裴秀撰。裴秀（224—271）字季彦，河东闻喜人，魏尚书令裴潜子。袭父爵清阳亭侯，迁黄门侍郎，寻为廷尉正。迁散骑常侍，转尚书，进封鲁阳乡侯、县侯。迁尚书仆射，封济川侯。入晋，为左光禄大夫，封巨鹿郡公，寻为司空。卒谥元。《晋书》卷三十五有传。

此书已佚，据《山西通志·经籍》著录。《经义考》引《文章叙录》："（秀）著《乐》及《易论》，又画《地图》十八篇传行于世。"《闻喜县志·人物》："裴秀……著有《易论》《乐论》，《禹贡地域图》十八篇，《春秋土地名》三卷，文集三卷。"

易 义

晋裴藻撰。据《山西通志·人物志》："裴藻，河东人，字文芳，少机辩，有不羁之志。为子如太傅主簿。消难镇北豫，又以为中兵参军。入周，封闻喜县男，除晋州刺史。"《北史》卷五十四有传。

此书佚。《经义考》卷十一："陆德明曰：邢融、裴藻、许适、杨藻四人不详何人，并为《易义》。"

周易髓十卷

晋郭璞撰。郭璞（276—324），字景纯。河东闻喜人。惠、怀间避乱过江，宣城太守殷祐以为参军，后为王导参军。东晋元帝初，除著作佐郎，迁尚书郎。以母忧去职。明帝初，为王敦记室参军。以阻敦谋逆，被害。事平，赠弘农太守。璞好经术，博学有高才，为晋一代之冠，著述甚丰，曾注释《尔雅》，别为《音义》《图谱》。又注《三苍》《方言》《穆天子传》《山海经》及《楚辞》《子虚》《上林赋》数十万言，皆传于世。所作诗赋诔颂亦数万言。事见《晋书·郭璞传》。

此书佚。宋郑樵《通志·艺文略》著录郭璞《周易髓》十卷。

关氏易传一卷

旧本题北魏关朗撰，唐赵蕤注。关朗字子明，河东解州（今运城市）人。北魏著名易学家，博通经史，为孝文帝所重。

《经义考》卷十三引张晞《河东先贤传》云："关朗，字子明，河东解人。有经济大器。或以占算示人，而不求宦达。魏太和末，并州刺史王虬奏署子明为记室，因言于孝文帝。帝曰：'张彝、郭祚昔尝言之，朕以卜筮之道不足见尔。'虬曰：'此人言微道深，非彝、祚所能知也。'召见，帝问《老》《易》，子明寄言《玄》《象》，实陈王道。翼日，帝谓虬曰：'关朗，管、乐之器，岂占算而已。'使虬与子明著成《疑筮论》（原注：即今《易传》）数十篇。孝文帝崩，明年，虬卒。子明遂不仕，居临汾山，授门人《春秋》《老》《易》，号关先生学。"《郡斋读书志》卷一经部易类著录"关子明《易传》一卷"，云："右魏关朗撰。子明，朗字也。元魏太和末，王虬言于孝文。孝文召见之，著成《筮论》数十篇。唐赵蕤云：'恨书亡半，随文诠解，才十一篇而已。'李邯郸始著之目，云王通赞《易》，盖宗此也。"可见关朗此书在唐代赵蕤时已亡佚过半。宋代所传，一般认为是伪作。如《直斋书录解题》著录此书，云："隋、唐《志》皆不录，或云阮逸伪作。"《朱子语录》《钦定四库全书总目》《经义考》等均对此进行了辨证,认为其为阮逸伪作。四库馆臣云:"是书《隋志》《唐志》皆不著录,晁公武《读书志》谓李淑《邯郸图书志》始有之。《中兴书目》亦载其名,云'阮逸诠次刊正'。陈师道《后山谈丛》、何薳《春渚纪闻》及邵博《闻见后录》皆云阮逸尝以伪撰之稿示苏洵,则出自逸手,更无疑义。逸与李淑同为神宗时人,故李氏书目始有也。吴莱《集》有此书《后序》,乃据《文中子》之说力辨其真。文士好奇,未之深考耳。"

潘雨廷先生则认为:"阮氏约当宋仁宗时,又距赵蕤三百余年,间由卜人相传,增损颠乱,确亦难免,故今本实阮氏之本耳。或坚信关氏之说,未免失考;反之而必以为阮氏无据而自撰,亦未免厚诬古人。"[1]

关氏洞极经五卷

此书亦称《洞极玄经传》。北魏关朗撰。关朗有《关氏易传》一卷,已著录,生平见前。

《宋史·艺文志》子部儒家类著录关朗《洞极玄经传》五卷。尤袤《遂初堂书目》周易类著录《关氏洞极经》。《经义考》曰未见。《山西通志·经籍》著录当是据《宋史·艺文志》抄录。据《四库全书总目》,清杨魁植编、杨文源增订《九经图》"末复载邵子《皇极经世》、司马光《潜虚》、关朗《洞极》、扬雄《太玄》《准易》《运会历数》等图"。

周易新注本义十四卷

唐薛仁贵撰。薛仁贵(614—683),名礼,字仁贵,绛州龙门(今河津市)人,唐朝名将,著名军事家、政治家。新、旧《唐书》均有传。

此书《旧唐书·经籍志》《新唐书·艺文志》均著录。已佚。《经义考》注:"欧阳棐曰:苗仁客撰《薛仁贵碑》云:'薛礼,字仁贵,河东汾阳人。'"

---

[1] 潘雨廷:《读易提要》,上海古籍出版社2006年版,第64页。

周易发挥五卷

唐王勃撰。王勃(约650—约676),字子安,唐代著名诗人。绛州龙门(今河津市)人,出身儒学世家,与杨炯、卢照邻、骆宾王并称为"初唐四杰"。

此书《旧唐书·经籍志》《新唐书·艺文志》均著录。已佚。《经义考》引杨炯言:"君所著《周易》,穷于《晋卦》。"《旧唐书·王勃传》:"勃文章迈捷,下笔则成,尤好著书。撰《周易发挥》五卷及《次论》等书数部。勃亡后,并多遗失。有文集三十卷。"《新唐书·王勃传》:"(勃)尝读《易》,夜梦若有告者曰:'《易》有太极,子勉思之。'寤而作《易发挥》数篇,至《晋卦》,会病止。"

易书一百五十卷(周易玄解三卷)

唐裴通撰。通,字又玄,礼部尚书绛郡公士淹之子。大和初曾为国子祭酒。刘禹锡《裴祭酒尚书见示春归城南松坞别墅寄王左丞高侍郎之什命同作》诗中"裴祭酒"即为此人。

此书已佚。《新唐书·艺文志》著录裴通《易书》一百五十卷,并云裴通"字又玄,士淹子。文宗访以《易义》,令进所撰书"。宋王应麟《玉海》卷三十六《艺文·易下》云:"通自祭酒改詹事,因中谢,上知通有《易》学,因访以精义,仍命进所习经本,著《易玄解》三卷,并《总论》二十卷,《易御寇》十二卷,《易洗心》二十卷。"《宋史·艺文志》著录裴通《周易玄解》三卷。

温公易说六卷

宋司马光撰。司马光(1019—1086),字君实,陕州夏县(今夏县)人。景祐五年(1038)进士,初仕苏州签判,改大理评事,补国子监直讲,历馆阁校勘、修起居注、知谏院,进知制诰。神宗初为翰林侍读学士。熙宁三年

（1070），因反对王安石变法，辞枢密副使不拜，外任知永兴军，改判西京御史台，居洛阳修《资治通鉴》。神宗崩，哲宗即位，起为尚书左仆射，兼门下侍郎，尽废新法。元祐元年九月逝世，谥文正。《宋史》卷三三六有传。

苏轼撰司马光《行状》，载所作《易说》三卷，注《系辞》二卷。《宋史·艺文志》作《易说》一卷，又三卷，又《系辞说》二卷。晁公武《郡斋读书志》云："《易说》杂解《易》义，无诠次，未成书。"《朱子语类》又云："尝得温公《易说》于洛人范仲彪，尽《随卦》六二，其后缺焉。后数年，好事者于北方互市得板本，喜其复全。"其书在宋时所传本已多寡互异。其后乃并失其传，故朱彝尊《经义考》亦注为"已佚"。四库馆臣自《永乐大典》中辑出，仿《宋史》原目，厘为六卷。云："所列实不止于《随卦》，似即朱子所称后得之本。其释每卦，或三四爻，或一二爻，且有全无说者。惟《系辞》差完备，而《说卦》以下，仅得二条，亦与晁公武之言相合。又以陈友文《集传精义》、冯椅《易学》、胡一桂《会通》诸书所引光说核之，一一具在，知为宋代原本无疑。其解义多阙者，盖光本撰次未成，亦如所著《潜虚》，转以不完者为真本，并非有所残佚也。光《传家集》中，有《答韩秉国书》，谓'王辅嗣以老、庄解《易》，非《易》之本旨，不足为据'。盖其意在深辟虚无玄渺之说，故于古今事物之情状，无不贯彻疏通，推阐深至。如解《同人》之《象》曰：'君子乐与人同，小人乐与人异，君子同其远，小人同其近。'《坎》之《大象》曰：'水之流也，习而不止，以成大川。人之学也，习而不止，以成大贤。'《咸》之九四曰：'心苟倾焉，则物以其类应之，故喜则不见其所可怒，怒则不见其所可喜，爱则不见其所可恶，恶则不见其所可爱。'大都不袭先儒旧说，而有德之言，要如布帛菽粟之切于日用。惜其沉湮既久，说《易》家竟不获睹其书。今幸际圣朝表章典籍，复得搜罗故简，裒次成编，亦可知名贤著述，其精意所在，有不终泯没于来世者矣。"

警心易赞一卷

宋孟珙撰。孟珙（1195—1246），字璞玉，号无庵居士。原籍绛州（今新绛县），侨居随州枣阳。为枢密都承旨制置使，检校少保汉东郡公，授检校少师宁武军节度使致仕,卒赠太师,封吉国公,谥忠襄。《宋史》卷四百十二有传。

此书《山西通志》《新绛县志》等著录。据《经义考》,此书已佚。《宋史·孟珙传》云:"其学邃于《易》六十四卦,各系四句,名《警心易赞》。"《文渊阁书目》卷一著录:"无庵《警心易赞》一部一册。"

周易释略

金袁从义撰。从义,字用之,虞乡(今永济市)人。中条山道士。《经义考》卷四十一著录,曰佚。

大 易 图

明刘一中撰。刘一中,蒲州(今永济市蒲州镇)人,正德六年(1511)进士,曾任澄城令。

此书据《山西通志·经籍》著录,光绪《永济县志》作"刘溱著"。《山西通志·人物》:"刘溱,蒲州人,正德中以贡授平凉知县。恺悌作士,惠和抚民。居官居乡,清白一致。子成德,进士,为风力御史,历参议,富著作。成德从子一正、一中俱进士。一正历官陕西参议,刚果不阿。一中授澄县知县,学识精邃,所著有《大易图》。"则《大易图》应为刘一中所作,《永济县志》误。

易经心印

明宁二翰撰。据《山西通志·人物》:"宁二翰,号林垣,闻喜人。三翰从兄。天启间贡,幼与三翰俱有文名,称河东二宁。笃嗜诗书,尤好奖掖人士,立社董泊庙,躬为评骘,不少爽。三中副车,不乐仕进。讲文课艺,髦而不倦。三子,二登甲科,人以为善教,寻卒。所著有《四书、易经心印》等集。"

此据《山西通志·经籍志》著录。

周易指掌一卷　易约一卷

明辛全撰。辛全，字复元，号天斋，绛州（今新绛县）人，万历末贡生，以特荐授知府，未及赴官而卒。全为曹于汴门人，故亦喜讲学。人称辛夫子，门人甚多，私谥文敬。

此据《山西通志·经籍志》著录。民国《新绛县志》著录辛全著作甚多，其中《易》学著作除《周易指掌》一卷、《易约》一卷外，尚有《易象发明》《周易说》《易象归元》三种。

易经穷抄六补定本七卷

明王国瑚撰。国瑚，字夏器，号珍吾。猗氏（今临猗县）人。万历二十年（1592）进士。初授行人，历户部主事，延安知府，官光禄少卿。晚年唯讲学著书自娱。事见《山西通志·人物》。

《贩书偶记续编》著录此书有顺治八年（1651）刊本，山西大学图书馆藏。共七卷，上经二卷，下经二卷，系辞二卷，传一卷，卷端有张贯三先生手录王氏三世小传，国瑚次子岩祯序。

易经道学录

明陈国柱撰。据《山西通志·人物》："陈国柱，号颐铭，猗氏人。甘贫力学，万历癸卯举人，高平教谕。设讲堂，立会期，课多士，一时人文蔚起。升延长知县，居官如在乡时，退食即展卷。年方强，仕致政归三十余年，勤讲学，寡交游，所著有《四书、易经道学传录》行于世。子孙科第联翼，为一时之盛。"

据《山西通志·经籍》著录。此书临猗县图书馆藏有稿本。

周易抄翼　周易图说

清王岩桢撰。王岩桢,字惟肖,国瑚子,含光父。猗氏(今临猗县)人。笃行好古,学者宗之。顺治初土寇倡乱,处变不惊,助县令保城安民。

据《山西通志·经籍志》著录。《山西通志·人物》作"周易翼抄"。《贩书偶记续编》著录王岩桢《易经便蒙抄翼》六卷,《图说》一卷,清顺治八年(1651)刻本,今未见。

易学三述

清王含光撰。含光,字表朴,号似鹤、鹤道人,又号谷口逸人。猗氏(今临猗县)人,岩桢子。明崇祯四年(1641)进士,初授行人。顺治中,以按部者荐授仪制司员外,历考功文选司郎中,转河南按察使。顺治十四年(1657)罢。

据《山西文献总目·晋人著述》著录,此书今有版本如下:1.清康熙十二年(1673)刻本,钤有"闲田张氏贯三藏书"印,山西大学图书馆藏。2.民国十二年(1923)铅印本,山西省图书馆藏。3.民国二十五年铅印本,临猗县图书馆藏。

易象数钩深图三卷

清张文炳撰。张文炳字明德,绛州(今新绛县)人。康熙中以实录馆供事议叙,授高唐州州判,终于泗州知州。

《四库全书总目》经部易类存目著录。馆臣曰:"近世胥吏之能著书者,文炳及泰安聂钦而已。是编称本之成氏《五经讲义》而不著其名,考通志堂所刻经解,皆冠以纳兰成德之序。其中如刘牧《易数钩隐图》,张理《易象图说》,雷思齐《易图通变》,皆发明数学,文炳盖荟萃诸书以成一编。以其不明纂述体例,故误以宋元经解统名曰《五经讲义》,又不知满洲氏族源流,故误以纳兰为其自号,成德为其姓名,而称为'成氏'也。其书由割裂而成,颇为庞杂,间有文炳所附论,亦皆捃拾之学。"

易学心功一卷

清曹仁撰。曹仁,绛州(今新绛县)人,康熙四十四年(1705)乡试举人。

据《山西通志·经籍志》著录。

成均课讲周易十二卷

清崔纪撰。纪,原名珺,字君玉,后更名纪,字南有,号虞村,永济人。康熙五十七年(1718)进士,历陕西巡抚、湖北巡抚、左副都御史、江苏学政等。

此书《四库全书总目》易类存目著录。中国科学院图书馆藏有清乾隆活字本,收入《四库全书存目丛书》经部第37册。另山西省图书馆藏有乾隆九年(1744)刻本。山西大学图书馆藏有二十年(1755)安邑宋氏重刊本,卷末有安邑宋鉴跋。

易见二卷

清宋鉴撰。宋鉴(1727—1790),字元衡,号半塘。安邑(今运城市)人。宋在诗子。乾隆十三年(1748)进士,授常山、鄞县知县,后迁南雄府通判。

据《山西文献总目提要》著录,此书今存,山西大学图书馆藏有嘉庆二十年(1815)刊本。

周易比例

清安清翘撰。清翘(1756—1829),字翼圣,号宽夫。垣曲人。清乾隆五十五年(1790)进士,授陕西三水县知县。嘉庆十八年(1813)归里,潜心治学。

据《山西文献总目提要》,此书今存,山西省图书馆藏民国十一年(1922)《垣曲安氏三先生遗稿》本。

图易定本一卷

清邵嗣尧撰。嗣尧,字子昆,号九缄。猗氏(今临猗县)人。康熙九年(1670)进士,知临淄县,以江西道监察御史调直隶守道,又以参议道提督江南学政,卒于官。

《四库全书总目》易类存目著录,云:"嗣尧,郇阳人。"郇阳为古地名,在今临猗南。此书今存,北京大学图书馆有清道光十年长洲顾氏刻赐砚堂丛书新编本,收入《四库全书存目丛书》,题作《易图定本》。

易图合说一卷

清邵嗣尧撰。嗣尧有《图易定本》,已著录。

此书《贩书偶记续编》著录,未见。

仲子遗文

清安耘撰。耘,字仲犁,号仲子,垣曲人。安清翰子。

此书亦名《易经解》,山西省图书馆有民国十一年(1922)《垣曲安氏三先生遗稿》本。

易楔

刘盥训撰。盥训(1876—1953),字孚茗。猗氏(今临猗县)人。初入太原金德堂,后毕业于北京优级师范学校,赴日留学,参加同盟会。归国任山西大学堂中斋教务长、中央参议院参议员。解放后为中央文史馆馆员。

此书系稿本,临猗县图书馆藏。①

---

① 刘纬毅:《山西文献总目提要》,山西人民出版社1998年版,第332页。

尚书类

禹贡地域图十八篇

晋裴秀撰。裴秀有《易论》,已著录。

此书亦称《禹贡九州地域图》。《晋书·裴秀传》:"秀儒学洽闻,且留心政事。当禅代之际,总纳言之要,其所裁当,礼无违者。又以职在地官,以《禹贡》山川地名,从来久远,多有变易。后世说者或强牵引,渐以暗昧。于是甄摘旧文,疑者则阙,古有名而今无者,皆随事注列,作《禹贡地域图》十八篇,奏之,藏于秘府。"今此书已佚,《晋书·裴秀传》录其序。

汲冢周书论

晋王接撰。王接(268—306),字祖游,河东猗氏(今临猗南)人,父蔚,世修儒史之学。性简率,不修俗操,乡里大族多不能善之,唯裴頠雅知焉。平阳太守柳澹、散骑侍郎裴遐、尚书仆射邓攸皆与接友善。后为郡主簿,转功曹史。州辟部平阳从事。出补都官从事。永宁初,举秀才。除中郎,补征虏将军司马。尚书令王堪统行台,上请接补尚书殿中郎,未至而卒。《晋书》卷五十一有传。

据《山西通志·经籍志》著录。《晋书·王接传》:"时秘书丞卫恒考正汲冢书,未讫而遭难。……接遂详其得失。"

续书二十五卷

隋王通撰。王通（584—617），字仲淹，号文中子，河东龙门（今河津县）人，王绩兄，王勃祖。曾经"西游长安，见隋文帝，奏太平十二策，尊王道，推霸略、稽今验古"。但未受重用。后"弃官归，以著书讲学为业"。为隋末大儒，门弟子私谥"文中子"。

据《山西通志·经籍志》著录。《经义考》卷二百七十三："王氏通《续书》二十五卷，佚。杜淹曰：'文中子《续书》一百五十篇，列为二十五卷。《新唐书·王勃传》：祖通，隋末居白牛溪，教门人甚众。起汉魏尽晋，作书百二十篇，以续《古尚书》。后亡其序，有录无书者十篇。勃补全缺逸，定著二十五篇。'"《文苑英华》收有王勃撰该书序，朱彝尊以为或伪。

周书音训十二卷

宋王曙撰。王曙（？—1034），字晦叔，隋东皋子王绩之后。世居河汾，后为河南人。淳化三年（992）登进士，咸平中贤良方正入等，累擢龙图阁待制，枢密直学士，给事中，太子宾客。妻父寇准得罪，落职知汝州。乾兴元年，贬郢州团练副使。天圣四年（1026），复给事中，迁工部侍郎，御史中丞，兼理检使。七年，参知政事。明道元年（1032），以疾免，除资政殿学士，知陕州、河阳。二年，枢密使。景祐元年，加平章事，薨于位。年七十二，赠太保中书令，谥文康。《宋史》卷二八六有传。

据《山西通志·经籍志》著录。《宋史·王曙传》："有集四十卷，《周书音训》十二卷，《唐书备问》三卷，《庄子旨归》三篇，《列子旨归》一篇，《戴斗奉使录》二卷，集《两汉诏议》四十卷。"尹洙所撰《文康王公神道碑》云："公所著文集四十卷，《两汉诏议》四十卷，《周书音训》十二卷，《唐书备问》三卷，《群牧故事》六卷。……"

无逸讲义一卷

宋司马光等撰。司马光有《温公易说》,已著录。

据《山西通志·经籍》著录。《宋史》经部书类著录。《经义考》曰未见。

尚书井观录

明张邦教撰。据《山西通志·人物》:"张邦教,蒲州人,正德丁丑进士,累升陕西按察使。居官清俭,执法不挠。"著有《四书、尚书井观录》。

此据《山西通志·经籍》著录。《山西文献总目提要》曰佚。

禹贡便蒙

明崔汝孝撰。崔汝孝,平陆人,嘉靖二十八年(1549)举人。

据《山西通志·经籍》著录。

尚 书 谱

清黄希声撰。黄希声,字太音,号幼髯。绛州(今绛县)人。明崇祯十五年(1642)举人。

据《山西通志·经籍》著录。

尚书考辨四卷

清宋鉴撰。鉴有《易见》,已著录。

《贩书偶记》《邵亭知见传本书目》均著录嘉庆四年刊本《尚书考辨》四卷。《山右丛书初稿》《尚书类聚初集》均收录此书。

尚 书 录

清安清翰撰。安清翰（1727—1791），字仪甫，号雪湖，又号尾坡，垣曲人。乾隆三十一年（1766）进士，官安徽潜山知县。

光绪《垣曲县志》卷八《人物》安清翰条："著有《尚书录》《毛诗谱声》《论语绪余》《服制纂义》《瓠邱笔记》《诸葛遗文疏》《雪湖集》，藏于家。"

尚书训诂

清张鹏羽撰。鹏羽，垣曲人，廪生，幼孤，事继母以孝闻。读书求心得，不为剽窃之学。一时从游甚众。

光绪《垣曲县志》卷八《人物》张鹏羽条："所著有《四书直解》《尚书训诂》。"

诗 类

毛诗拾遗一卷　毛诗略四卷

晋郭璞撰。郭璞有《周易髓》等,已著录。

此书《隋书·经籍志》著录,已佚。有马国翰辑本。马国翰辑本序:"《毛诗拾遗》一卷,晋郭璞撰。璞字景纯,河东闻喜人,官弘农太守,著作郎。事迹具《晋书》本传。《隋书·经籍志》载其《毛诗拾遗》一卷,梁又有《毛诗略》四卷,亡。《唐志》并《拾遗》亦不著录,佚已久。《北堂书钞》《初学记》《艺文类聚》各引一节,又《释文》引三节,《正义》引一节。或称郭璞,或止称郭氏,亦是此书佚文,并据辑补。至《释文》《正义》引郭璞为《尔雅音注》者,皆不敢阑入也。"张寿林马氏辑本提要曰:"今核其所辑各条,如释《周南》'言刈其蒌'云:'蒌似艾,音力候反';释《召南》'素丝五紽'云:'古者经素饰裘。'若此之类,或以释音,或以诂义,大抵皆训解优洽,深合诗旨。按:史称璞博学,尤长于训诂之学。宜乎其训义多未易颠扑。"[①]

---

① 刘毓庆:《历代诗经著述考》,中华书局2005年版,第83页。

毛诗序论

北魏乐逊撰。乐逊(500—581),字遵贤,河东猗氏(今临猗县)人。少学于徐遵明。北魏永安年间入仕,西魏时渐得重用,为名儒。大象二年(580),仕至开府仪同三司大将军。隋初卒。

此书《隋书·经籍志》未著录,已佚。据《北史·儒林传》:"乐逊,字遵贤,河东猗氏人也。幼有成人之操,从徐遵明于赵、魏间,受《孝经》《丧服》《论语》《诗》《书》《礼》《易》《左氏春秋》大义……魏废帝二年,周文召逊教授诸子。在馆六年,与诸儒分授经业,讲《孝经》《论语》《毛诗》及服虔所注《春秋左氏传》……所著《孝经》《论语》《毛诗》《左氏春秋》序论十余篇。"

续诗十卷

隋王通撰。王通有《续书》二十五卷,已著录。

此据《山西通志·经籍》著录。《经义考》卷二百七十四:"王氏通《续诗》十卷,佚。杜淹曰:文中子《续诗》三百六十篇,列为十卷。"

裴氏诗集传

作者不详,疑出河东裴氏。

此据《山西通志·经籍》著录。《遂初堂书目》经部诗类著录此书。

诗经辨疑五卷

明李淮撰。李淮(1479—1532),字巨川,闻喜人,正德九年(1514)进士。初官刑部主事,督太仓及密云储。复督粮江南,理饷辽东,擢四川参议,分守河西,擢副使备兵岷洮总制。加参政。未几,特命巡抚延绥,未莅任卒。淮潜心理学,所著有《诗经辨疑》及《小窗清适》诸集。事见《山西通志·人物》。

此据《山西通志·经籍》著录。《千顷堂书目》著录李淮《诗经童训辨疑》,未明卷数,注云:"字巨川,闻喜人,正德甲戌进士,巡抚延绥,右佥都御史。"应即此书。

诗经便韵

明王凤撰。《山西通志·人物》:"王凤,猗氏人,席贵嗜学,不欲与庸俗伍。著《诗经便韵》《万竹园集》,时号竹窗道人。"

乾隆《蒲州府志》卷二十二《艺文撰著》著录,佚。

读诗遵朱近思录二卷

清宋在诗撰。宋在诗(1695—1777),字雅伯,号宜亭,别号垫柏,晚年更号文坦。安邑(今运城市)人。宋鉴之父。十岁能属文,应童子试,举康熙五十六年(1717)乡试,六十年成进士。雍正元年(1723),由翰林院庶吉士授吏部文选司主事。二年,迁考功员外郎、稽勋司郎中。四年,提督四川学政。十一年,迁大理寺右寺正。乾隆元年(1736),官鸿胪寺少卿,寻丁母忧,服阕,移疾不出。著有《怀古堂文集》四卷、《诗集》二卷、《论语赘言》二卷、《说孟》一卷、《说左》一卷、《读诗遵朱近思录》一卷、《见闻琐录》三卷、《四书要义》《左传便览》《先儒实行纪略》《宋氏历代传人录》《消闲随笔》《消暑偶录》《晚年琐录》等。生平事迹见自编《忆往编》及所附何篇撰《行状》、乔奕纯撰《墓志》、翁方纲撰《墓表》。[①]

《中国丛书综录》著录宋在诗《读诗遵朱近思录》二卷,《垫柏先生类稿》本。临猗县图书馆藏有乾隆二十一年刻本。

---

① 李灵年、杨忠主编:《清人别集总目》,安徽教育出版社2008年版,第1067页。

毛诗谱声

清安清翰撰。清翰有《尚书录》,已著录。

光绪《垣曲县志》卷八《人物》安清翰条:"著有《尚书录》《毛诗谱声》《论语绪余》《服制纂义》《瓠邱笔记》《诸葛遗文疏》《雪湖集》,藏于家。"

礼 类

冠 仪

晋裴頠撰。裴頠（267—300），字逸民，河东闻喜（今闻喜县）人，裴秀次子。西晋哲学家。咸宁中袭爵巨鹿郡公，太康初征为太子中庶子，迁散骑常侍。惠帝嗣位，转国子祭酒，兼右军将军，累迁侍中。拜尚书，加光禄大夫，又迁尚书左仆射。永康元年（300）为赵王伦所诛。后追谥曰成。参《晋书》卷三十五。

此据《山西通志·经籍》著录。

丧服仪一卷

晋卫瓘撰。卫瓘（220—291），字伯玉。河东安邑（今夏县北）人。三国时期曹魏将领，西晋时重臣、书法家。事见《晋书·卫瓘传》。

此据《山西通志·经籍》著录。《隋书·经籍志》《通志·艺文略》仪注类著录。《经义考》曰佚。

集注丧服经传一卷

南朝宋裴松之撰。裴松之（372—451），字世期，河东闻喜人，后移居江南。晋孝武帝太元十六年（391），任殿中将军。义熙初，任员外散骑侍郎、吴兴故鄣县县令等职，改尚书祠部郎。南朝宋时期，任零陵内史、国子博士、冗从仆射等职。升中书侍郎、司冀二州大中正，赐爵西乡侯。晚年出仕永嘉太守、通直散骑常侍、南琅邪太守。致仕不久，拜中散大夫、领国子博士，进位太中大夫。一生著述宏富，与子裴骃、曾孙裴子野并称"史学三裴"。生平事迹载《宋书》卷六十四与《南史》卷三十三。

此书《隋书·经籍志》《通志·艺文略》均有著录，《山西通志·经籍》作"《丧服经传》"。《经义考》曰佚。有《玉函山房辑佚书》本。

丧服传一卷

南朝梁裴子野撰。裴子野（469—530），字几原，河东闻喜人，裴松之曾孙。少好学，善属文，初入仕为齐武陵王国左常侍。入梁后历任尚书比部郎、仁威记室参军等职。后为著作郎，掌国史及起居注，兼中书通事舍人，掌中书诏诰。大通元年转鸿胪卿领步兵校尉，卒于任。赠散骑常侍，谥贞子。《梁书》有传。

此据《隋书·经籍志》著录，《经义考》曰佚。

附益谥法一卷

梁裴子野撰。子野有《丧服传》，已著录。

此据《山西通志·经籍》著录。

丧服问疑一卷

北周樊深撰。深，字文深，河东猗氏（今临猗县）人。魏永安初年随征讨，以功累迁中散大夫，入周为博士。《周书》卷四十五、《北史》卷八十二有传。

《山西通志·经籍》著录。《北史·樊深传》："深既专经，又续诸史及《仓》、《雅》、篆、籀、阴阳、卜筮……撰《孝经》《丧服问疑》各一卷，又撰《七经异同》三卷。"此书佚。

礼论十卷

隋王通撰。通有《续书》，已著录。

此据《山西通志·经籍》著录。《经义考》："王氏通《礼论》十卷，佚。杜淹曰：文中子《礼论》二十五篇，列为十卷。"

大唐书仪十卷

唐裴矩、虞世南撰。裴矩（547—627），本名世矩，字弘大，河东闻喜人，北魏荆州刺史裴佗之孙，北齐太子舍人裴讷之之子。早年历仕北齐、北周、隋朝，历任民部侍郎、内史侍郎、尚书左丞、吏部侍郎等职，封闻喜县公。后降唐，历任殿中侍御史、太子左庶子、太子詹事、检校侍中、民部尚书，封安邑县公，追赠绛州刺史，谥号敬。《隋书》、两《唐书》均有传。

此据《山西通志·经籍》著录。《旧唐书·经籍志》著录为"裴矩撰"，《新唐书·艺文志》《通志·艺文略》著录作者为"裴矩、虞世南"。

唐礼纂要六卷

唐柳珵撰。柳珵，蒲州河东（今永济市）人，柳冕子。

此书《新唐书·艺文志》《通志·艺文略》《宋史·艺文志》等均著录为六卷。《山西通志·经籍》作"十八卷"，误。《崇文总目》著录此书为"阙"。

大享明堂仪注二卷　亲享太庙仪三卷

唐郭山恽撰。郭山恽，《山西通志·经籍》作"郭山晖"，蒲州河东（今永济市）人。少通《三礼》。景龙中，累迁国子司业。景云中，左授括州长史。开元初，复入为国子司业。卒于官。《旧唐书》卷一八九有传。

此据《旧唐书·经籍志》《新唐书·艺文志》史部仪注类著录。

神岳封禅仪注十卷

唐裴守贞撰。裴守贞，稷山人，高宗时举进士，六科连中，累官至太常博士。天授中出为沐州司马，迁成州刺史。长安中卒，赠户部尚书。

此据《旧唐书·经籍志》史部仪注类、《山西通志·经籍》著录。

书仪二卷

唐裴度撰。裴度（765—839），字中立，河东闻喜人。德宗贞元五年（789）进士。宪宗时累迁司封员外郎、中书舍人、御史中丞，拜中书侍郎，同中书门下平章事。平定淮西，拜金紫光禄大夫、弘文馆大学士、上柱国，封晋国公，世称"裴晋公"。后历仕穆宗、敬宗、文宗三朝，数度出镇拜相。官终中书令，故称"裴令"。卒赠太傅，谥号文忠。新、旧《唐书》有传。

此据《山西通志·经籍》、《新唐书·艺文志》史部仪注类著录。

崇丰二陵集礼

唐裴瑾撰。瑾字封叔，光庭曾孙，元和中吉州刺史。

此据《山西通志·经籍》著录。

内外亲族五服仪二卷

唐裴茝撰。裴茝,曾任国子司业、太常博士等职。精于礼学。
此据《山西通志·经籍》著录。

书仪三卷

唐裴茝撰。茝有《内外亲族王服仪》,已著录。
《宋史·艺文志》史部仪注类《崇文总目》著录裴茝《书仪》三卷,《山西通志》著录为二卷,应以《宋史·艺文志》等为是。此书《崇文总目》曰"阙"。

冠昏丧祭礼五卷

宋司马光、程颢、张载等著。光有《温公易说》,已著录。
据《山西通志·经籍》著录。

涑水祭仪一卷

宋司马光撰。光有《温公易说》,已著录。
《宋史·艺文志》史部仪注类著录《涑水祭仪》一卷。

书仪十卷

宋司马光撰。光有《温公易说》,已著录。
此书存。《四库全书总目》经部礼类著录。古以《书仪》为书名者甚多,如谢元有《内外书仪》四卷、蔡超有《书仪》二卷,王宏、王俭、唐瑾、裴茝、郑余庆、杜有晋、刘岳等皆有《书仪》之作。王鸣盛《十七史商榷》卷九十五载:"古为《书仪》者甚多,今诸家与岳书皆亡,司马光《书仪》,正是《吉凶书疏》家人之礼,疑以岳为蓝本。"司马光此书十卷,计《表奏》《公文》《私书》《家书式》一卷,《冠仪》一卷,《婚仪》二卷,《丧仪》六卷。朱熹甚重此书。《朱子语录》载:"胡叔器问四先生礼,朱子谓二程与横渠多古礼,温公则大抵本《仪礼》,而参以今之所可行者。要之温公较稳,其中与古不甚远,是七分好。"又《与蔡元定书》曰:"《祭仪》只是于温公《书仪》内少增损之。"馆臣认为此书为礼家之典型。《山西通志》著录此书为八卷,误。此书除《四库全书》本外,还有国家图书馆藏宋刻元修本、清雍正元年(1723)汪亮采刻本。山西省图书馆藏光绪八年(1882)解梁书院刻本。

居家杂仪一卷

宋司马光撰。光有《温公易说》,已著录。

是书又称《涑水家仪》,《郡斋读书志》《宋史·艺文志》《千顷堂书目》《百川书志》等著录。原是司马光所著《书仪》的一部分,位于卷四《昏仪》之后。《书仪》除卷一介绍表奏、公文、私书等写作格式范例外,其他各卷主要叙述冠、昏、丧、祭等四礼仪节,是司马光为便于家庭使用而对传统礼仪所作的简化和调整,正如《四库全书总目》所言:"温公则大概本《仪礼》而参以今之所可行者。"并且与《书仪》所载《居家杂仪》相比,今本《居家杂仪》只是增加了"子事父母"、"妇事舅姑"、"子受父母之命"等一些具体礼节。南宋朱熹把它全文收录在自己所著的《家礼》第一卷中,并解释说:"此章本在《昏礼》之后,今按此乃家居平日之事,所以正伦理笃恩爱者,其本皆在于此。必能行此,然后其仪章度数有可观焉。不然,则节文虽具而本实无取,君子所不贵也。故亦列于首篇,使览者知所先焉。"并且随着朱熹《家礼》的流传而得到广泛传播,成为许多家庭和宗族奉行的礼仪规范,清初张履祥就直接把它作为自己家庭的仪则,收入其所撰《杨园先生全集》中。该书后世传本较多,除司马光《书仪》、朱熹《家礼》、章潢《图书编》、张履祥《杨园先生全集》、《居家必用事类全集·乙集》、《性理大全》卷十四收录有全文外,常见的版本还有《说郛》本、《五种遗规》本、《东听雨堂刊本·儒先训要十四种》本等。

重刊朱子仪礼经传通解六十九卷

清梁万方撰。万方字广庵,绛州(今新绛县)人。

此书《四库全书总目》经部礼类著录。名为"重刊",实则改修。大致据杨复序文,谓朱子称黄榦所续丧、祭二礼"规模甚善,欲依以改定全书"而未暇,遂以榦之体例,更朱子之体例,与榦书合为一编。补其阙文,删其冗复,正其讹误,又采近代诸说,参以己意发明之。山西大学图书馆、太原市图书馆藏有此书乾隆刻本,国家图书馆藏有此书咸丰元年(1851)叙州府重刊本。

春秋类

左氏春秋问七十二事

三国魏乐详撰。乐详,字文载,并州河东(今永济市)人。少从大儒谢该习《左氏春秋》。杜畿为河东太守,署为文学祭酒,大兴河东学业。黄初年间,征拜太学博士,与太史典定律历。太和年间,拜骑都尉。正始年间,告老还乡。甘露二年,年九十余,上书颂扬杜畿遗绩,不久去世。《三国志·魏书》有传。

此书佚。据《山西通志·经籍》著录。《经义考》卷一百七十三:"《魏略》:详字文载,少好学。建安初闻南郡谢该善《左氏传》,乃从南阳步诣该,问疑难诸要,今《左氏乐氏问七十二事》,详所撰也。黄初中征拜博士。"

春秋土地名三卷

晋京相璠等撰。京相璠生平不详。《隋书·经籍志》署作"晋裴秀客京相璠等撰"。

此据《山西通志·经籍》著录。《经义考》卷一百七十四:"京相氏璠《春秋土地名》三卷,《隋书·经籍志》三卷,佚。《隋书》:'晋裴秀客。'郦道元曰:'京相璠,与裴司空彦季修《晋舆地图》,作《春秋地名》。'郑樵曰:'京相璠《春秋土地名》,见于杜预《地名谱》、桑钦《水经注》。'"

公羊传新义

晋王接撰。接有《汲冢周书论》,已著录。

此书佚。据《山西通志·经籍》著录。《晋书·王接传》云王接不满何休注春秋,"乃更注《公羊春秋》,多有新义"。

春秋公羊经传十三卷

晋王愆期撰。王愆期(生卒年不详),字门子,河东猗氏(今临猗南)人,王接子。苏峻反,咸和三年(328)正月,温峤遣督护王愆期救建康(《晋书》卷七《显宗成帝纪》,卷六七《温峤传》)。七年(332)六月,陶侃疾笃,上表逊位,"以后事付右司马王愆期,加督护,统领文武"(《晋书》卷六六《陶侃传》)。"时南蛮校尉王愆期守江陵,以疾求代,庾翼以桓宣为镇南将军、南郡太守,代愆期"(《晋书》卷八一《桓宣传》)。咸康二年(336),司马王愆期议《凶礼》(《晋书》卷二〇《礼志》中)。建元元年(343),康帝即位,庾翼欲率众北伐,其中有南郡太守王愆期(《晋书》卷七三《庾翼传》)。《经典释文叙录》:"东晋散骑常侍、辰阳伯。"《宋书·良吏·王歆之传》:"曾祖愆期,有名晋世,官至南蛮校尉。"

《山西通志·经籍》著录王愆期《注公羊传》十三卷。《隋书·经籍志》著录《春秋公羊经传》十三卷,云:"晋散骑常侍王愆期注。"《经义考》卷一百七十四:"王氏愆期《注春秋公羊经传》,《隋志》十三卷,《唐志》十二卷。佚。"《晋书·王接传》:"接长子愆期,流寓江南,缘父本意,更注公羊。"此书王仁俊《玉函山房辑佚书续编·经编春秋类》有辑佚。

公羊难答论一卷

晋王愆期撰。愆期有《春秋公羊经传》十三卷,已著录。

此书《隋书·经籍志》著录为二卷,《旧唐书·经籍志》《新唐书·艺文志》著录为一卷。据《隋书·经籍志》,此书为"晋车骑将军庾翼问,王愆期答,亡"。

左氏春秋序论

北周乐逊撰。逊有《毛诗序论》,已著录。

《北史·儒林·乐逊传》:"所著《孝经》《论语》《毛诗》《左氏春秋序论》十余篇。"

春秋序义

北周乐逊撰。逊有《毛诗序论》,已著录。

《北史·儒林·乐逊传》:"又著《春秋序义》,通贾、服说,发杜氏违,辞理并可观。"《春秋序义》不见于《隋书·经籍志》。

续春秋经

唐裴光庭撰。裴光庭(678—733),一作光廷,字连城,绛州闻喜人,裴行俭子。早年以门荫入仕,开元十七年(729)拜相。追赠太师,谥号忠献。新、旧《唐书》有传。

此据《山西通志·经籍》著录。《新唐书·裴光庭传》:"光庭又引寿安丞李融、拾遗张琪、著作佐郎司马利宾直弘文馆撰《续春秋经传》。"

春秋机要赋一卷

唐裴光辅撰。裴光辅,河东人,贞元八年(792)进士。生平不详。

此据《山西通志·经籍》著录。《宋史·艺文志》经部春秋类著录此书。《经义考》曰佚。

春秋三氏异同义

唐柳璞撰。柳璞,字韬玉,促郢子,学不营仕。著《春秋三氏异同义》。又述《天祚长历》,断自汉武帝纪元,为编年,以大政、大祥异、侵叛战伐随著之,闰位者附见其左。常谓:"杜征南《春秋后序》述纪甲历为得实,自余史家皆差。"蒋系以为然。终著作郎。《新唐书》卷一六三有传。

《山西通志·经籍》著录。

非国语二卷

唐柳宗元撰。柳宗元(773—819),字子厚,河东人,进士及第,任秘书省校书郎。中博学宏词科,授集贤殿书院正字。后为蓝田尉、监察御史里行。因参与王叔文改革,贬为永州司马。终柳州刺史。世称"柳河东""柳柳州"。新、旧《唐书》有传。

《新唐书·艺文志》《宋史·艺文志》《崇文总目》《郡斋读书志》经部春秋类均著录柳宗元《非国语》二卷。柳宗元序云:"左氏《国语》,其文深闳杰异而其说多诬淫,惧学者溺其文采而沦于是非,本诸理作《非国语》,上卷三十一篇,下卷三十六篇。"

春 秋 注

唐卢陵撰。据《山西通志·人物》,卢陵,龙门(今河津市)人,举进士,官至工部尚书,读书龙门山,注《春秋》《孝经》,每以经义决时议。

此据《山西通志·经籍》著录。

春秋阐微纂类义统十卷

唐赵匡撰。赵匡,生卒年不详,字伯循,原籍天水(今甘肃天水市),先祖徙河东。曾师萧颖士。《新唐书·啖助传》:"匡者,字伯循,河东人,历洋州刺史。"据《春秋集传纂例》,陈少游领宣歙,匡累随镇迁拜,后为殿中侍御史、淮南节度判官。据《新唐书·啖助传》,陆质与啖助子异哀录助所为《春秋集注总例》,请匡损益,质纂会之。

此书《山西通志·经籍》作"春秋集注"。《宋史·艺文志》著录为十卷,《通志·艺文略》著录为十二卷。《玉海》卷四〇《艺文·春秋》"唐春秋义疏"条引《中兴馆阁书目》:"《春秋阐微纂类义统》十卷。皇朝章拱之作《春秋统微序》,赵氏集啖氏《统例》《集注》二书及己说可以列举者为《阐微义统》十二卷,第三、四卷亡逸。今本同。……《国史志》同。"此书旨在补啖助《春秋集传集注》之不足。陆淳《春秋集传纂例》卷一"赵氏损益义第五":"赵子曰:啖先生集三《传》之善,以说《春秋》,其所未尽,则申己意。条例明畅,真通贤之为也。惜其经之大意,或未标显,传之取舍,或有过差。盖纂集仅毕,未及详省尔。故古人云,圣人无全能,况贤者乎?予因寻绎之次,以所不安者,随而疏之。"《秘书省续编到四库阙书目》作十二卷,然误题陆淳撰。《经义考》卷一百七十六注此书"阙"。

春秋备忘四十卷

元敬铉撰。敬铉,河东人。为敬俨叔祖。与元好问同登金进士第,元初为中都提学。

此书佚。据《元史·敬俨传》,敬铉著《春秋备忘》四十卷,仁宗朝命刻其书,今行于世。《文渊阁书目》著录敬铉著作有《春秋传例说略》一部三册、《春秋传例说略》一部一册、《春秋备忘》一部五册、《春秋备忘》一部八册、《春秋备忘》一部十五册、《春秋备忘续遗说》一部二册等。《千顷堂书目》著录此书为十卷。《经义考》则作三十卷。

春 秋 解

元陈庚撰。庚(1194—1261),字子京,号澹轩。临晋(今临猗)人。

与兄陈赓、弟陈膺,并称"三凤"。金正大年间进士。入元任平阳郡教授,平阳路提举学校官等。

元程文海《雪楼集》卷二十一《故平阳路提举学校官陈先生墓碑》:"方为《春秋解》,未成会卒。"

春秋要旨

明荆芸撰。据《山西通志·人物》:"荆芸,猗氏人,诩孙。万历间贡,性好学,尤笃嗜性理,宗陆象山涵养之说。常终日危坐,仕陕州训导。著《春秋要旨》。"

此据《山西通志·经籍》、乾隆《蒲州府志》卷二十二《艺文撰著》著录,佚。

麟 旨

明刘有纶著。刘有纶,字代予,河津人。万历壬子举人。寄籍广陵,置讲院兴教寺。授桐乡知县,未任卒。著《四书自言》《明诚续言》《三忠诗文》《保甲议》《盐法条议》《麟旨》诸书。

此据《山西通志·经籍》著录。

说左一卷

清宋在诗撰。宋在诗有《读诗遵朱近思录》,已著录。

《中国丛书综录》著录宋在诗《说左》一卷,《垩柏先生类稿》本。

孝经类

孝经固

三国魏卫觊撰。觊（155—229），字伯儒，河东安邑（今运城）人。历官尚书侍中、侍郎，封阳吉亭侯。《三国志·魏志》有传。

姚振宗《三国艺文志》经部孝经类著录。约亡佚于魏晋之际。

孝经注

北魏陈奇撰。奇，字修奇，河北（今芮城）人。仕魏为秘书。

《北史·陈奇传》："奇志在著述五经。始注《孝经》《论语》，颇传于世，为缙所称。"然不见于《隋志》著录，疑亡佚于北朝。

孝经问疑

北周樊深撰。樊深有《丧服问疑》，已著录。

《山西通志·经籍》著录。《北史·樊深传》："深……撰《孝经》《丧服问疑》各一卷。"此书佚。

孝经序论

北周乐逊撰。逊有《毛诗序论》，已著录。

《北史·儒林·乐逊传》："所著《孝经》《论语》《毛诗》《左氏春秋序论》十余篇。"

孝经注

唐卢陵撰。卢陵有《春秋注》，已著录。

此据《山西通志·经籍》著录。

古文孝经指解一卷

宋司马光撰。光有《温公易说》等，已著录。

《宋史·艺文志》经部孝经类著录司马光《古文孝经指解》一卷。《郡斋读书志》经部孝经类亦著录，云："右古文二十二章，与《尚书》同出于壁中，盖孔惠所藏者。与颜芝十八章大较相似，而析出三章，又有《闺门》一章，不同者四百有余字。刘向校书，以十八章为定，故世不大传，独有孔安国注，今亡。然诸家说不安处，古文字读皆异，推此言之，未必非真也。国朝司马文正公为之指解并音。"《中兴艺文志》："自唐明皇时议者排毁古文，以《闺门》一章为鄙俗，而古文遂废。国朝司马光始取古文为指解。"《直斋书录解题》著录云："司马光撰。按《唐志》，《孝经》二十七家，今温公序言秘阁所藏，止有郑氏、明皇及古文三家而已。古文有经无传，以隶体写之，而为之指解。仁宗朝表上之。"范祖禹《进孝经说札子》曰："仁宗朝司马光在馆阁为《古文指解》表上之。臣妄以所见，又为之说。"今《四库全书》本《古文孝经指解》乃是合司马光、范祖禹之说为一书。

定次孝经今古文一卷

明薛瑄撰。薛瑄(1389—1464),字德温,号敬轩。河津人,世称"薛河东"。永乐辛丑进士,官至通议大夫、礼部左侍郎兼翰林院学士。卒赠资善大夫、礼部尚书,谥文清。隆庆五年(1571),从祀孔庙。事迹具《明史·儒林传》。

《明史·艺文志》经部孝经类著录薛瑄《定次孝经今古文》一卷。

补正孝经本义

明曹于汴撰。于汴(1558—1634),字自梁,一字贞予,解州安邑(今运城市)人。明万历二十年(1592)进士。以淮安推官征授刑科左、右给事中,转吏科给事中,遇事敢言。擢太常少卿。光宗时,转大理少卿。熹宗立,迁左佥都御史,进吏部右侍郎。崇祯初,拜左都御史。卒赠太子太保。《明史》卷二五四有传。

《千顷堂书目》孝经类著录此书。

孝经阙疑

明辛全撰。全有《周易指掌》,已著录。

据民国《新绛县志》著录。刘宗周《征君辛复元传》:"年十九读《读书录》,知入道必自敬,始作《主敬箴》以自勖。自此弃去科举之习,一意圣学,时人闻而笑之弗顾也。未几,小亭公卒,以七戒名所居,荤酒笑游,歌咏燕会及诸吉事皆屏绝。著《孝经阙疑》。"可见该书为辛全年轻时所著。今未见。

孝经翼三卷

明辛全撰。全有《周易指掌》,已著录。

据民国《新绛县志》著录。山西省图书馆藏有明崇祯刻本。

群经总义类

七经义纲略论二十九卷　七经论三卷　七经质疑五卷　七经异同说三卷　经义论略并目三十一卷

北周樊深撰。深有《丧服问疑》等,已著录。

《山西通志·经籍》著录。《隋书·经籍志》著录樊文深《五经大义》十卷、《七经义纲》二十九卷、《七经论》三卷、《质疑》五卷。《旧唐书·经籍志》《新唐书·艺文志》著录樊文深《七经义略论》三十卷、《质疑》五卷。《通志·儒林传》樊深条:"又撰《七经异同说》三卷,《纲略论》并目录三十一卷。"

五经决录五篇

南朝宋王焕撰。王焕,河东龙门(今河津县)人。隋大儒王通七世祖。

此据《山西通志·经籍》著录。《经义考》:"王氏焕《五经决录》五篇,佚。七世孙通曰:'江州府君之述,曰《五经决录》五篇,其言圣贤制述之意备矣。'"

五经辨惑

唐赵匡撰。匡有《春秋阐微纂义统》,已著录。

据唐陆淳《春秋集传纂例》,赵匡著有《春秋阐微纂类义疏》十二卷、《五经辨惑》及《举选议》。

经史子志翼五十卷

唐王颜撰。王颜,临晋(今临猗县)人,大历二年(767)进士,补太子校书,转河东猗氏尉、同州合阳县令,再转洛阳令,移典杭州,入大理少卿,拜御史中丞,出虢州刺史。

此据《山西通志·经籍》著录。《山西通志·人物》,王颜"尝于正经揭道字为志,于子史揭道字为翼,成五十卷,行于世"。

经史日抄

明王翰撰。王翰(1344—1413),字时举,元末夏县(今夏县)人。明洪武间,以明经辟夏县训导,改平陆,迁鄢陵教谕。擢周府长史,弃官归。复用荐为翰林编修,谪廉州教授。夷乱城陷,抗节死。所著有《敝帚集》《梁园寓稿》等。

此据《山西通志·经籍》著录。

五经管窥

明辛全撰。全有《周易指掌》,已著录。

据民国《新绛县志》、光绪《直隶绛州志》著录。

五经指掌

明辛全撰。辛全有《周易指掌》,已著录。

此据民国《新绛县志》著录。《山西通志·经籍》"掌"作"常",误。

五经穷抄

清王岩桢撰。岩桢有《周易抄翼》等,已著录。

此据《山西通志·经籍》著录。

四书类

集注论语六卷

晋卫瓘撰。瓘有《丧服仪》,已著录。

据《山西通志·经籍》著录。《隋书·经籍志》著录《集注论语》六卷,云:"晋八卷,晋太保卫瓘注。梁有《论语初阙》二卷,宋明帝补卫瓘阙,亡。"

论语序论

北周乐逊撰。乐逊有《毛诗序论》,已著录。《北史·儒林·乐逊传》云:"所著《孝经》《论语》《毛诗》《左氏春秋序论》十余篇。"

论语注

北魏陈奇撰。奇有《孝经注》,已著录。

《北史·陈奇传》:"始注《孝经》《论语》,颇传于世。"

次论语十卷

唐王勃撰。勃有《周易发挥》,已著录。

《山西通志·经籍》著录王勃《注论语》十卷。《旧唐书·经籍志》论语类著录此书为五卷,《新唐书·艺文志》著录为十卷。《旧唐书·王勃传》:"勃文章迈捷,下笔则成,尤好著书。撰《周易发挥》五卷,及《次论》等书数部。勃亡后,并多遗失。"

论语温知录二卷

清崔纪撰。纪有《成均课讲周易》,已著录。

《四库全书总目》经部四书类存目著录此书,云其官国子祭酒时所著。国家图书馆藏清乾隆刻本,不分卷。收入《四库全书存目丛书》。

论语赘言二卷

清宋在诗撰。在诗有《读诗遵朱近思录》《说左》,已著录。

《中国丛书综录》著录宋在诗《论语赘言》二卷,有《埜柏先生类稿》本、《山右丛书初编》本。临猗县图书馆藏有乾隆十七年(1752)刻本。

论语绪余

清安清翰撰。清翰有《尚书录》《毛诗谱声》,已著录。

光绪《垣曲县志》卷八《人物》安清翰条:"著有《尚书录》《毛诗谱声》《论语绪余》《服制纂义》《瓠邱笔记》《诸葛遗文疏》《雪湖集》。"

孟子解二卷

宋司马康撰。康（1050—1090），字公休。熙宁三年（1070）进士。司马光子。

据《山西通志·经籍》著录。

说孟一卷

清宋在诗撰。在诗有《读诗遵朱近思录》《说左》《论语赘言》，已著录。

《中国丛书综录》著录宋在诗《说孟》一卷，《垫柏先生类稿》本。

读孟子札记一卷

清崔纪撰。崔纪有《成均课讲周易》，已著录。

《中国丛书综录》著录崔纪《读孟子札记》一卷，有《山右丛书》初编本。《四库全书总目》经部四书存目类著录，国家图书馆藏雍正刻《四书温讲杂集》本，收入《四库全书存目丛书》。

大学中庸解义

宋司马光等撰。光有《温公易说》，已著录。

据《山西通志·经籍》著录。《宋史·艺文志》经部礼类著录司马光等六家《中庸大学解义》一卷。

大学中庸广义一卷

宋司马光撰。光有《温公易说》，已著录。

据《山西通志·经籍》著录。《宋史·艺文志》经部礼类著录司马光《中庸大学广义》一卷。

大学衍义日抄

明令狐鏓撰。鏓,字仲平,猗氏(今临猗县)人。嘉靖三十四年(1555)举于乡。为确山教谕,升朝邑知县。历升合州知州。

乾隆《蒲州府志·艺文撰著》著录。《山西通志·人物》:"著《性理纂要》《五经巾箱》《大学衍义日抄》藏于家。"疑未刊行。

成均课讲学庸二卷

清崔纪撰。纪有《成均课讲周易》,已著录。

《四库全书总目》经部四书类存目著录。国家图书馆藏清雍正刻《四书温讲杂集》本,收入《四库全书存目丛书》。

中庸衍义

清郭嶷然撰。《山西通志·人物》:"郭嶷然,字石潜,号栢崖,荣河(今万荣县)人。饩于庠,博综经籍。著《中庸衍义》《河洛经世》《地理中庸》诸书,《柏崖稿》亦成一家言。"

据《山西通志·经籍》著录。

四 书 则

明桑拱阳撰。拱阳字晖升,蒲州(今永济市)人。崇祯癸酉举人。

此书《四库全书总目》经部四书类存目著录,云:"其书取诸家讲章立说不同者,删定归一,间以己意参之。命之曰'则',以见'其则不远'之意。先《大学》《中庸》,次《论语》《孟子》,各有图说、总论,大旨为举业而作。"

四书井观录

明张邦教撰。张邦教有《尚书井观录》,已著录。

据《山西通志·经籍》著录。

四书古义补

明梁格撰。据《山西通志·人物》,"梁格,字君正,稷山人,长史浚子。性俭约,嘉靖乙未进士,授济阳知县。济阳故烦剧地,俗健讼。格至,别淑慝,审情伪,惩治一二,梗令者如法,俗为一变。其他罢无名之税,戢阉寺之横,凡有关民利害者,毅然无所顾惮,一时复业者数百户。尝奉檄勘禹城疑狱,径释之。其人持百金来谢,亟麾去。清苦之操,数年如一日。尝作《雪粮吟》以见志。擢南京兵科给事中,行至平阳,得母讣,擗踊泣血,遂遘疾。踰年卒。所著《窥易集》《四书古义补》《定斋存稿》藏于家。"

据《山西通志·经籍》著录。

四书自言

明刘有纶撰。刘有纶有《麟旨》,已著录。

据《山西通志·经籍》著录。《山西通志·人物》:"(刘有纶)著《四书自言》《明诚续言》《三忠诗文》《保甲议》《盐法条议》《麟旨》诸书。"

四书说意

明任宪撰。据《山西通志·人物》:宪字宪章,稷山人。万历年以贡授郏县训导,迁山阴教谕,修号舍二十四间,集诸生讲习其中。再迁大同教授。后以庆府纪善归里家居。

此据《山西通志·经籍》著录。

四书事天象略

明谭登仕撰。据《山西通志·人物》:"谭登仕,绛县人。天启间贡,授同州训导,升泰安教谕,洛南知县。服官清谨,性嗜学,尝以《大学》配《河图洛书》。文太青称其眼空千古。所著有《太极图解》《四书事天象略》《道一九论》等书行世。"

此据《山西通志·经籍》著录。

四书说六卷

明辛全撰。全有《周易指掌》,已著录。

此据《山西通志·经籍》《新绛县志》著录。

四书心印

明宁二翰撰。二翰有《易经心印》,已著录。

此据《山西通志·经籍》著录。

四书臆见

明张辉撰。辉,蒲州(今永济市)人。万历十九年(1591)举人,官郧阳同知。

乾隆《蒲州府志·艺文撰著》著录。佚。

四书抄翼 四书人物汇考

明王岩桢撰。岩桢有《周易抄翼》,已著录。

此据《山西通志·经籍》著录。

四书辩异

明任佐撰。据《山西通志·人物》:任佐,稷山人,正德丙子举人。署洛南教谕。升国子学正,复补太学。会驾临幸,赐衣一袭,寻晋南京户部主事,监江阴仓粮,督钞淮安。皆革其弊。晋员外郎中,总督仓场,又晋镇远知府,寻升贵州按察司副使,值讨苗人乱,内外筹计居多,晋辽东苑马寺卿。

据《山西通志·人物》,任佐所著有《四书辩异》《书窗翼言》《汾野诗集》。

四书正音一卷

明赵师尹撰。师尹,字子衡,绛州(今新绛县)人。
《贩书偶记续编》著录此书明崇祯十六年(1643)刻本。

四书汇讲

清黄希声撰。黄希声有《尚书谱》,已著录。
此据《山西通志·经籍》著录。

四书直解

清张鹏羽撰。张鹏羽有《尚书训诂》,已著录。
光绪《垣曲县志·人物》张鹏羽条:"所著有《四书直解》《尚书训诂》。"

求是斋四书释要

清赵濂撰。濂,猗氏(今临猗县)人。
据《山西文献总目提要》,临猗县图书馆藏有此书乾隆八年(1743)刻本。

四书正韵十九卷

清何始升撰。始升,字季超,猗氏(今临猗县)人。

据《山西文献总目提要》著录,临猗县图书馆藏有清乾隆九年(1744)刻本。

四书穷抄六补定本十六卷

清王国瑚撰。国瑚有《易经穷抄六补定本》,已著录。

《四库全书总目》存目著录。华东师范大学图书馆藏有清顺治八年刻本,《四库全书存目丛书》影印收录。

四书类考二十卷

清崔曼亭撰。崔龙见,字曼亭,又字翘英,号莲坪,自号万迴居士,阳湖人,籍永济,乾隆二十六年(1761)进士,官至湖北荆宜施道。

《贩书偶记》著录此书嘉庆年刻本。

乐　类

乐　论

晋裴秀撰。秀有《易论》，已著录。

据《山西通志·经籍》著录。

乐论十卷

隋王通撰。通有《续书》，已著录。

据《山西通志·经籍》著录。

琴德谱一卷

唐僧道英撰。僧道英，生平事迹不详。唐太宗、高宗时，僧人名道英者二人。一为蒲州普济寺释道英，姓陈氏，蒲州猗氏（今临猗）人。由隋入唐，卒于贞观十年（636）九月，年七十七。生平事迹见《续高僧传》卷二五，亦见《神僧传》卷五、唐释法藏集《华严经传记》卷三、唐释道世《法苑珠林》卷三三。唐临《冥报记》卷上记有释道英乘船黄河，中流船没，众人皆死，唯道英水中出行至岸，穿冰而去。盖即此人。一为京兆法海寺道英，高宗咸亨年间人。不知何许人。戒德克全,名振天邑,住寺在布政坊。不知所终。事见宋释赞宁《宋高僧传》卷一八。二人传记皆未及操琴与此书。又,隋文帝时京师兴善寺有道英神爽,以声梵驰名。事见《续高僧传》卷三〇"释慧常传"条。

此书佚。据《宋史·艺文志》著录。《通志·艺文略》不著撰人。《崇文总目》卷一:"唐因寺僧道英撰,述吴蜀异音及辨析指法。道英与赵邪利同时,盖从邪利所授。"《玉海》卷一一〇《音乐》"唐琴谱·琴书·琴声律图"引《宋国史艺文志》:"蔡翼《琴调》、僧道英《琴德谱》……各一卷。"此书曾流传到日本,孙猛《日本国见在书目录详考》有考。

广陵止息谱一卷

唐吕渭撰。吕渭(734—800),字君载,河中(今永济蒲州镇)人。唐浙东道节度史吕延之长子。唐肃宗贞元年间登进士、为太子右庶子,后擢升礼部侍郎,出任潭州刺史兼御史中丞,湖南郡团练观察使,赠尚书右仆射。事见新、旧《唐书·吕渭传》。

据《山西通志·经籍》著录。《新唐书·艺文志》《宋史·艺文志》《崇文总目》经部乐类均著录。《广陵散》本为晋嵇康所作琴调,康被杀,此调失传。据李良辅《广陵止息谱序》云:"袁孝尼窃听而写其声,后绝其传。良辅传之于洛阳僧思古,思古传于长安张老,遂著此谱,总三十三拍,至渭又增为三十六拍。"

律 吕 问

明郭希汤撰。据《山西通志·人物》:"郭希汤,猗氏人。少孤力学,著有《四书目录》《性理三书一览》《律吕问》等书。"

据《山西通志·经籍》著录。

乐律心得二卷

清安清翘撰。清翘有《周易比例》,已著录。

《续修四库全书》第 115 册经部影印收录音乐研究所藏清嘉庆刻《数学五书》本。临猗县图书馆藏有嘉庆刻本。

小学类

尔雅注三卷

晋郭璞撰。璞有《周易髓》等，已著录。郭璞好经学，善古文奇字，通占筮、地理之术。著述甚丰。除本书外，尚有《尔雅音义》二卷、《尔雅图》十卷、《方言注》十卷、《三苍》三卷、《穆天子传注》六卷、《山海经注》二十三卷、《山海经赞》二卷、《水经注》三卷、《五姓葬图》一卷、《易林》十八卷、《周易新林占》三卷、《洞林》三卷、《卜韵》一卷、《楚辞注》二卷、《子虚上林赋注》一卷。有集十七卷，佚。今存《尔雅注》《方言注》《山海经注》以及文二十四篇、《尔雅图赞》四十八则、《山海经图赞》二百六十六则，见《全上古三代秦汉三国六朝文·全晋文》卷一二〇至卷一二三、韩理洲等《全三国两晋南朝文补遗》（三秦出版社2013年版）；诗十九首，残句等，见《先秦汉魏晋南北朝诗·晋诗》卷一一。

据《山西通志·经籍》著录。《隋书·经籍志》著录《尔雅》五卷，郭璞注。《旧唐书·经籍志》著录《尔雅》三卷。《新唐书·艺文志》著录《尔雅》郭璞注三卷。《崇文总目》《中兴馆阁书目》《郡斋读书志》《直斋书录解题》等均著录郭璞注《尔雅》三卷。此书今存。国家图书馆藏有宋刻十行本《尔雅注》一部，三卷，装为三册。另外还有元雪窗书院刻本、明嘉靖四年（1525）刻本等。《四库全书》所收为《尔雅注疏》十一卷本。

尔雅音义二卷

晋郭璞撰。璞有《周易髓》，已著录。

《旧唐书·经籍志》著录："《尔雅音义》一卷，郭璞注。"《新唐书·艺文志》著录《尔雅音义》二卷。《通志·艺文略》著录郭璞《尔雅音义》一卷，《尔雅音略》三卷。《阙目》《秘目》著录郭璞注《尔雅音略》。《晋书·郭璞传》："（璞）注释《尔雅》，别为音义、图谱。"此书今佚。《经典释文》及《太平御览》等书引郭璞《尔雅音》独多。黄奭《汉学堂丛书》、马国翰《玉函山房辑佚书》有辑佚。

尔雅图十卷（一作一卷）

晋郭璞撰。璞有《周易髓》，已著录。

据《山西通志·经籍》著录。《隋书·经籍志》著录郭璞《尔雅图》十卷，并云："梁有《尔雅图赞》二卷，郭璞撰。亡。"《旧唐书·经籍志》著录郭璞《尔雅图》一卷。《新唐书·艺文志》著录《尔雅图》一卷，未明撰者。《通志·艺文略》著录郭璞《尔雅图》十卷。《晋书·郭璞传》："注释《尔雅》，别为《音义》《图谱》……传于世。"郭璞《尔雅序》："别为《音》《图》，用祛未寤。"邢昺《疏》曰："谓于注解之外，别为《音》一卷、《图赞》二卷。字形难识者则审音以知之，物状难辨者则披图以别之。用此《音》《图》，以祛未晓寤者。"

此书已佚。今传影宋本《尔雅音图》三卷（下卷又分上、下），经文内有音，卷中、卷下有图。曾燠《叙》谓："当为毋昭裔音。其图则宋、元人所绘，甚精致，疑必有所本，即非郭氏之旧，亦或江灌所为也。"有清嘉庆六年（1801）江西南城曾燠重刻影宋本《尔雅》三卷，清姚之麟影宋钞绘图，日本文政十二年据以覆刻；后题《尔雅音图》，印本甚多，易得者有台北商务印书馆《人人文库》本、台北艺文印书馆《尔雅五种》、北京市中国书店影印本。

尔雅图赞二卷

晋郭璞撰。璞有《周易髓》等,已著录。

《隋书·经籍志》:"梁有《尔雅图赞》二卷,郭璞撰,亡。"《经典释文叙录》载《郭璞图赞》二卷。孙猛认为,此图赞当附于《尔雅图》,《经典释文叙录》载二卷者,疑后人析出郭《图》之赞语单行本。两《唐志》之《图》,亦其单行者。其《图赞》早佚。《图赞》辑佚有:王谟《汉魏遗书抄·经翼》,黄奭《黄氏逸书考·通德堂经解·尔雅古义》,钱熙祚《指海》第十八集,马国翰《玉函山房辑佚书·经编尔雅类》,严可均《全上古三代秦汉三国六朝文·全晋文》卷一二一,叶德辉《观古堂汇刻书》第一集。①

方言注十三卷

晋郭璞撰。璞有《周易髓》,已著录。

《晋书·郭璞传》:"(璞)又注《三苍》《方言》《穆天子传》《山海经》及《楚辞》《子虚、上林赋》数十万言,皆传于世。"《隋书·经籍志》:"《方言》十三卷,汉扬雄撰,郭璞注。"《旧唐书·经籍志》:"《别国方言》十三卷,扬雄撰。"《新唐书·艺文志》:"扬雄《别国方言》十三卷。"《崇文》:"《方言》十三卷,汉扬雄子云撰,晋郭璞注。"《中兴》:"《方言》十四卷。"衢本《郡斋》:"《方言》十三卷。汉扬雄子云撰,郭璞注。"袁本《郡斋》:"《方言》三卷,汉扬雄子云撰,郭璞注。"《直斋》:"《方言》十四卷,汉黄门郎成都扬雄子云撰,晋郭璞注。"《宋史·艺文志》:"扬雄《方言》十四卷。"此书今存。四库本《方言》十三卷,有晋郭璞注。其《自序》云:"盖闻《方言》之作,出乎䡊轩之使,所以巡游万国,采览异言,车轨之所交,人迹之所蹈,靡不毕载,以为奏籍……余少玩雅训,旁味《方言》,复为之解,触事广之,演其未及,摘其谬漏,庶以燕石之瑜补琬琰之瑕,俾后之瞻涉者可

---

① 孙猛:《日本国见在书目录详考》,上海古籍出版社2015年版,第313页。

以广窬多闻尔。"其《注》以今语释古语,多所补充。王国维认为《方言》中郭璞所注晋代方音"其字并见本文及注中而其音在注所引今语下,则其音实兼为注作而不徒为本文作"①。《注》中多江东语②,故此注应为郭璞南渡后所撰。《晋书》卷二八《五行志》中:"怀帝永嘉五年(311),鼩鼠出延陵。郭景纯筮之曰:'此郡东之县,当有妖人欲称制者,亦寻自死矣。'"据《晋书》本传,郭璞过江,附宣城太守殷祐为参军,祐迁石头督护,璞复随之,遂有鼩鼠之占。因此,孙猛认为故此注当成于永嘉五年(311)以后。③

陆心源《仪顾堂书目题跋汇编》有影宋抄《方言》跋,云:"《輶轩使者绝代语释别国方言》十三卷,前有郭璞序,庆元庚申李孟传序、朱质跋,后附刘歆书。每叶十六行,每行十七字,注小字,宋讳有缺笔。盖从庆元刊本影写者。"④《方言》通行本则有:《古今逸史》本(入《丛书集成初编·语文学类》)、《增订汉魏丛书》本,《抱经堂丛书》本,《四部丛刊》本(景江安傅氏双鉴楼藏宋刊本)等。

三苍三卷

晋郭璞注。璞有《周易髓》,已著录。

《隋书·经籍志》:"《三苍》三卷,郭璞注。"《旧唐书·经籍志》:"《三苍》三卷,李斯等撰,郭璞解。"《新唐书·艺文志》:"李斯等《三苍》三卷,郭璞解。"《晋书·郭璞传》:"璞好古文奇字……注释《尔雅》……又注《三苍》《方言》……皆传于世。"此书不见宋代目录,盖亡佚于五代之乱。今诸书所引,或作《三苍注》,或作《三苍解诂》。姚振宗《隋书经籍志考证》卷一○:"仓、苍,古今字,汉碑及六朝人作仓,知仓其本字;作苍者,后人为之也。"此书辑本较多,有二十余种。主要有:孙星衍《岱南阁丛书》(入《古经解汇函续附十种》《丛书集成初编》),任大椿《小学钩沉》(附《仓颉训

---

① 王国维:《观堂集林》卷五,世界书局1961年版。
② 据刘君惠等《扬雄方言研究》,郭璞注提及方言地域名凡二十一,其中江东最多,六十二次。
③ 孙猛:《日本国见在书目录详考》,上海古籍出版社2015年版,第321页。
④ 陆心源著、冯惠民整理:《仪顾堂书目题跋汇编》,中华书局2009年版,第305页。

诂》),陶方琦辑补本、诸可宝《附录》、龚道耕《校误》(今孙星衍辑本、任大椿辑续本,光绪十六年江苏书局刊本,民国二十三年渭南严氏重校补刊本),任兆麟辑本(《有竹居集》),黄奭《仓颉解诂》(《黄氏逸书考·经学堂经解》),梁章矩《仓颉篇校证》、《补遗》(光绪五年苏州宝华山房印本、民国十年刊本),陈其荣辑本(《观自得斋丛书》),马国翰《玉函山房辑佚书·经编小学类》,王仁俊《仓颉篇辑补斠证》三卷(光绪三十二年吴县王氏籀邠本),李滋然《仓颉辑补斠证小笺》(《李氏三种》,光绪三十四年排印本),王国维《重辑苍颉篇》(《海宁王静安先生遗书》)。这些辑本中,以王国维辑本为善。①

柳宗元注扬子法言十三卷

汉扬雄撰,唐柳宗元注。柳宗元有《非国语》,已著录。

据《山西通志·经籍》著录。《新唐书·艺文志》著录柳宗元注《法言》十三卷。《仪顾堂书目题跋汇编》:"宋椠纂图互注扬子法言跋:《纂图互注扬子法言》十卷,题曰:'晋李轨、唐柳宗元注,圣宋宋咸、吴祕、司马光重添注。'每叶二十二行,每行二十二字,小字双行,每行二十五字。前有宋咸序及进广注法言表、司马温公序、篇目、浑仪图、五声十二律图。宋咸序后有木记云:'本宅今将监本四子纂图互注附入重言重意,精加校正,殆无谬误,誊作大字刊行,务令学者得以参考,互相发明,诚为益之大也。建安□□□谨咨'六行。宋刊本。案:司马公《法言注》十三卷,本名'集四家注',见《宋史·艺文志》。故《直斋书录》李轨注《法言》,《解题》有'建宁四注不同'之言。振孙,宝庆时人,是理宗初建宁已有刊本,至景定时龚士卨刊入《六子全书》,改题'纂图互注',而'集四家注'之名遂不可见矣。"

---

① 孙猛:《日本国见在书目录详考》,上海古籍出版社 2015 年版,第 367 页。

楚辞注

晋郭璞注。璞有《周易髓》,已著录。

《晋书·郭璞传》:"(璞)又注《三苍》《方言》《穆天子传》《山海经》及《楚辞》《子虚、上林赋》数十万言,皆传于世。"

子虚赋注

晋郭璞注。璞有《周易髓》,已著录。

《晋书·郭璞传》:"(璞)又注《三苍》《方言》《穆天子传》《山海经》及《楚辞》《子虚、上林赋》数十万言,皆传于世。"

上林赋注

晋郭璞注。璞有《周易髓》,已著录。

《晋书·郭璞传》:"(璞)又注《三苍》《方言》《穆天子传》《山海经》及《楚辞》《子虚、上林赋》数十万言,皆传于世。"

四体书势一卷

晋卫恒撰。卫恒(?—291),字巨山,安邑(今夏县)人,瓘子,少辟司空齐王府,转太子舍人,尚书郎,秘书丞,太子庶子,黄门郎。恒善草隶书,为《四体书势》。及闻变,以何劭,嫂之父也,从墙孔中诣劭问,劭知而不告。还经厨下,收人正食,因遇害。后赠长水校尉,谥兰陵贞世子。恒尝考正汲冢书未讫,遭难。二子璪,玠。《晋书》卷三十六有传。

据《山西通志·经籍》著录。《隋书·经籍志》《旧唐书·经籍志》《新唐书·艺文志》经部小学类均著录卫恒《四体书势》一卷。

尔雅注五卷附音一卷

隋裴瑜撰。据《山西通志·职官》：裴瑜，绛州刺史。

据《山西通志·经籍志》著录。《宋史·艺文志》经部小学类著录《尔雅注》五卷。《玉海》《中兴馆阁书目》均著录此书，云："《尔雅注》五卷。唐裴瑜撰。其序云：'依六书八体，撮诸家注未尽之义，勒成五卷，并音一卷。'今本无音。"可见其音一卷宋时已佚。

刘氏经典集音二十卷

唐刘镕撰。镕字正范，绛州正平（今新绛县）人，咸通间晋州长史。

《新唐书·艺文志》经解类著录此书为三十卷。《通志·艺文略》著录亦为三十卷。《山西通志·经籍》作二十卷，误。据《经义考》，此书已佚。

尔雅音略三卷

五代毋昭裔撰。昭裔，河中龙门（今河津市）人。初为后唐孟知祥部，孟氏建后蜀后，历御史中丞，中书侍郎同平章事。

《郡斋读书志》经部小学类著录此书。约亡佚于宋末。

切韵指掌图一卷

宋司马光撰。光有《温公易说》，已著录。

据《山西通志·经籍》著录。《宋史》卷二〇二《艺文志一》著录"司马光《切韵指掌图》一卷"。南宋人董南一撰《切韵指掌图序》，也称"图盖先正温国司马文正公所述也"。《文渊阁书目》著录《切韵指掌图》一部一册，但未明撰者。四库馆臣以为此书久佚："第光《传家集》中，下至《投壶新格》之类，无不具载，惟不载此书，故传本久绝。今惟《永乐大典》尚有完本,谨详为校正,俾复见于世。"① 故从《永乐大典》中辑出,收入《四库全书》。卷首有司马光自序,称仁宗时贾昌朝、王洙奉诏编纂《集韵》,英宗治平四年(1067)改由司马光总其事,书成上之,"因讨究之暇,科别清浊为二十图,以三十六字母列其上,推四声相生之法,纵横上下,旁通曲畅,律度精密,最为捷径,名之曰《切韵指掌图》"。事实上此书传本尚多,现存有宋绍定三年(1230)越州刊本、清影宋钞本、四川严氏音韵学丛书本、上海同文书局石印宋本、丰城熊氏旧补史堂本、张海鹏墨海金壶本、十万卷楼丛书本等。②

类篇四十五卷

宋丁度、司马光等撰。司马光有《温公易说》,已著录。

《宋史·艺文志》经部小学类著录司马光《类编》四十四卷。《郡斋读书志》经部小学类著录《类篇》四十九卷,云:"右皇朝景祐中丁度受诏修《类篇》,至熙宁中司马光始奏音文三万一千三百一十九,重音二万一千八百四十六,以《说文》为本。"《直斋书录解题》著录作四十五卷,且云:"丁度等既修《集韵》,奏言今添字多与顾野王《玉篇》不相参协,乞委修韵官别为《类篇》与《集韵》并行。自宝元迄治平乃成书,历王洙、胡宿、范镇、司马光始上之。熙宁中颁行,凡十五篇,各分上中下,以《说文》为本,而例有九云。"随斋批注曰:"只十四篇,四十二卷。言称十五篇,恐是目录三卷亦与。"《文渊阁书目》著录一部四十三册。此书今存,书后跋语载:"宝元二年十一月,翰林学士丁度等奏:今修《集韵》,添字既多,与顾野王《玉篇》不相参协,欲乞委修韵官将新韵添入,别为《类篇》,与《集韵》相副施行。"其编修始于宝元二年(1039),奉诏而行,历时近三十年,当时参与修撰的官员主要是原来编撰《集韵》的官员,主持编修者也更换多人,有丁度、王洙、胡宿、掌禹锡、张次立、范镇。直至治平三年(1066)二月,范镇出知陈州,方由司马光代之。因此,四库馆臣认为:"光于是书特缮写奏进

---

① 纪昀等:《钦定四库全书总目》,中华书局1997年整理本,第557页。
② 李文泽编著:《宋元语文学著述考录》,四川大学出版社2008年版,第92页。

而已,传为光修,非其实也。"① 事实上,司马光总纂此书近两年,除缮写总成外,还做了细致的加工,如广收隶变后异字、俗字,武则天自造字,补《集韵》之缺,或探究隶变的原因等,凡此皆于书中以"臣光曰""臣光按"等形式出现。故宋景定癸亥董南一作司马光《切韵指掌图》序称:"光尝被命修纂《类篇》,古文奇字,搜猎殆尽。"此书今存有毛晋汲古阁影宋钞本,后上海古籍出版社于1988年影印。又有康熙四十五(1706)年扬州使院刊曹楝亭刻五种本,光绪二年(1876)归安姚氏咫进斋丛书本,四库全书本等。清丁士涵编有《类篇索隐》十四卷,可作为阅读该书的参考资料。②

名　苑

宋司马光撰。光有《温公易说》,已著录。

《文献通考》卷一八九《经籍考》一六著录此书。司马光《自序》称:"窃以为备万物之体用者无过于字,包众字之形声者无过于韵。今以《集韵》本为正,先以平上去入众韵正其声,次以《说文解字》正其形,次以训诂同异辨其理,次以经传诸书之言证其实,命曰《名苑》。其有法制云为时迁物变者,亦略叙其沿革,欲人知其源流变态云尔。至于鱼虫草木之类,虽纤苛烦碎,非慷慨君子所当用心,然亦重名之一节尔。至于三才、道德、礼乐、善恶、真伪之名,辅佐世治,其功亦不细哉!所谓'文武之道未坠于地,在人,贤者识其大者,不贤者识其小者',将来君子好学乐道,庶几亦有取焉。"③ 此书今已佚。④ 司马光集有《名苑序》,知该书作于庆历九年(1049)。

石鼓文正误二卷

明陶滋撰。陶滋(1484—1538),字时雨,陶琰子,绛州(今新绛县)人,

---

① 纪昀等:《钦定四库全书总目》,中华书局1997年整理本,第543页。
② 李文泽编著:《宋元语文学著述考录》,四川大学出版社2008年版,第140页。
③ 司马光:《温国文正司马公文集》卷六四,《四部丛刊初编》本。
④ 李文泽编著:《宋元语文学著述考录》,四川大学出版社2008年版,第142页。

正德甲戌进士。初官行人,值武庙南巡,抗疏力谏,伏辇下不起,诏廷笞之。几毙,谪国子监学正,擢刑部郎中,改兵部武选。大礼议起,以去本生二字,伏蒲哭谏,声彻大内,传旨廷杖,系狱三年。后仍谪戍世庙。上宾有诏录用已前二十年殁矣。滋学问渊博,为学正时,以石鼓文残缺,上下千古,考核精详。刊《石鼓正误》一书。隆庆初赠太常寺少卿。《明史》二百一《陶琰传》附其传。

《四库全书总目》经部小学类存目著录此书,曰:"是编以薛尚功、郑樵、施宿等石鼓训释不免舛讹,因亲至太学石鼓旁,抉剔刻文,一一校定。然年深缺画,仍多影响揣摩。其后序踵杨慎之说,谓曾见苏轼摹本六百一十一字,亦失考也。"国家图书馆藏有明嘉靖十二年(1533)刻本,收入《四库全书存目丛书》。

复古纠缪编

元刘致撰。据明陶宗仪《书史会要》卷七:"刘致,字时中,河东人。官至翰林待制。风情高简,蚤负声誉,能篆。有所著《复古纠缪编》行于世。行草宗晋人而不纯熟。"

据《山西通志·经籍》著录。

绛帖考

明韩霖撰。韩霖(1596—1649),字雨公,号寓庵居士,皈依天主教后教名多默,绛州(今新绛县)人。天启元年(1621)举人,好游历,多藏书。据《山西通志·人物》,霖"于读书之暇学兵法于徐光启,学铳法于高则圣,务为当世有用之士。顾未及一试,遽以避寇罹祸死。所著《守圉全书》《救荒全书》《祖绛帖考》《炮台图说》数十种,兵燹之余,存者亦仅矣。"

此据《山西通志·经籍》著录。《山西通志·艺文》录其序。

奇字审音二卷

明李恪撰。恪,安邑(今运城市)人。崇祯七年(1634)进士,山东兖西佥事道。

《贩书偶记续编》著录此书崇祯十三年刻本,未见。

训蒙文一卷

清李毓秀撰。李毓秀(1647—1729),字子潜,绛州(今新绛县)人。从党成游几二十年,守师说不敢变。晚而讲《易》敦复斋。生平行事见王奂曾撰《旭华堂文集》卷十一《李毓秀墓志铭》,《国史列传》卷四十、《国朝耆献类征初编》卷四六七,《皇明遗民传》卷三,《山西通志·人物》。

此据《山西通志·经籍》著录。

四书字类释义六卷

清李毓秀撰。毓秀有《训蒙文》,已著录。

据《山西通志·经籍》著录。此书今存,山西省图书馆藏有光绪十年(1884)刻本。《西京清麓丛书续编》收录此书。

故事韵言三卷

清刘创基撰。创基,字继之,号清渠。芮城人。

据《山西文献总目提要·晋人著述(一)》,山西省图书馆藏有此书民国十二年(1923)芮城石印本。

虚字注释附小雅释孟子释左传释

清张文炳撰,课虚斋主人增删。文炳有《易象数钩深图》,已著录。

据《山西文献总目·晋人著述(一)》小学类著录,国家图书馆藏有嘉庆二十五年(1820)刊本。

虚字考一卷

清张文炳撰。文炳有《易象数钩深图》,已著录。

据《山西文献总目提要·晋人著述(一)》经部小学类著录,上海图书馆藏有《如不及丛书》本。

虚字注释备考六卷

清张文炳撰。文炳有《易象数钩深图》,已著录。

据《山西文献总目提要·晋人著述(一)》经部小学类著录,日本国嘉靖堂文库藏有此书写本。

史 部

正史类

三国志注六十五卷

晋陈寿撰,南朝宋裴松之注。裴松之有《集注丧服经传》,已著录。

晋陈寿撰《三国志》,凡《魏志》三十卷,《蜀志》十五卷,《吴志》二十卷。《三国志》记叙三国魏、蜀、吴的历史史实,叙事简明,组织严密,是其优点。但相对于当时大量的第一手材料,陈寿叙事比较简略,又是此书最大的缺陷。宋元嘉中,裴松之受诏为注。全书于元嘉六年(429)完成,史称:"上使注陈寿《三国志》,松之鸠集传记,广增异闻。即成奏之,上览之曰:'裴世期为不朽矣。'"《郡斋读书志》著录此书:"《三国志》六十五卷,晋陈寿撰。魏四纪,二十六列传;蜀十五列传;吴二十列传。宋文帝嫌其略,命裴松之补注,博采群说,分入书中,其多过本书数倍。"《直斋书录解题》曰:"寿书初成,时人称其善叙事,张华尤善之。然乞米作佳传,以私憾毁诸葛亮父子,难乎免物议矣。王通谓寿有志于史,依大义而黜异端,然要为率略。松之在元嘉时,承诏为之注,鸠集传记,广增异文。大抵本书固率略而注又繁芜。"四库馆臣认为:"所注杂引诸书,亦时下己意。综其大致,约有六端:一曰引诸家之论以辨是非,一曰参诸书之文以核讹异,一曰传所有之事详其委曲,一曰传所无之事补其阙佚,一曰传所有之人详其生平,一曰传所无之人附以同类。其中往往嗜奇爱博,颇伤芜杂。……盖欲为之而未竟,又惜所已成,不欲删弃,故或详或略,或有或无,亦颇为例不纯。然网罗繁富,凡六朝旧籍今所不传者,尚一一见其厓略。又多首尾完具,不似郦道元《水经注》、李善《文选注》,皆剪裁割裂之文。故考证之家,取材不竭,转相引据者,反多于陈寿本书焉。"① 据今人统计,陈寿《三国志》本文三十六万余字,裴注三十二万余字。② 国家图书馆藏有宋刻配清影宋抄本及宋蜀刻小字本残卷。安徽省图书馆藏有宋刻元明递修本,辽宁省图书馆藏有元刻明嘉靖万历递修本。明清刻本较多,此不赘述。中华书局点校本较为通行。

史记集解一百三十卷

汉司马迁撰《史记》,南朝宋裴骃集解。裴骃,字龙驹,河东闻喜(今闻喜县)人,裴松之之子。刘宋时官至南中郎参军。博学多才。其事迹附见于《宋书·裴松之传》。

《隋书·经籍志》著录裴骃注《史记》八十卷。《旧唐书·经籍志》《新唐书·艺文志》著录裴骃集解《史记》均作八十卷。《山西通志·经籍》著录裴骃《史记注》八十卷应即源于此。四库馆臣云:"骃以徐广《史记音义》粗有发明,殊恨省略。乃采九经诸史,并《汉书音义》及众书之目,别撰此书。其所引证,多先儒旧说。张守节《正义》尝备述所引书目次。然如《国语》多引虞翻注,《孟子》多引刘熙注,《韩诗》多引薛君注,而守节未著于目,知当日援据浩博,守节不能遍数也。原本八十卷,隋、唐《志》著录并同。此本为毛氏汲古阁所刊,析为一百三十卷。原第遂不可考。然注文犹仍旧本。自明代监本以《索隐》、《正义》附入,其后又妄加删削,讹舛遂多。"似自明代毛氏汲古阁才析为一百三十卷。但《直斋书录解题》著录《史记》一百三十卷,裴骃集注。则宋时已按《史记》本文将裴骃《集解》析为一百三十卷了。国家图书馆藏有宋刻元明递修本,较为珍贵。别有多种明刻本散藏于各地图书馆。中华书局有整理本,较为通行。

---

① 纪昀等:《钦定四库全书总目》史部正史类,中华书局1997年整理本,第622页。
② 参见王廷洽:《应正确认识三国志裴注的价值》(《上海师范学院学报》1983年第4期)、《略谈三国志与裴注的数量问题》(《古籍整理研究学刊》1985年第3期)及崔曙庭:《三国志本文确实多于裴注》(《华中师范大学学报》1990年第2期)。

宋略二十卷

梁裴子野撰。裴子野有《丧服传》,已著录。

《隋书·经籍志》《旧唐书·经籍志》《新唐书·艺文志》《通志·艺文略》等均著录裴子野《宋略》二十卷。

晋 书

北魏裴伯茂撰。裴伯茂(497?—535),河东(今永济市)人,学涉群书,北魏末为行台郎中、散骑常侍、中书侍郎,后加中军大将军。《魏书》有传。

此据《山西通志·经籍》著录。《魏书·裴伯茂传》:"伯茂曾撰《晋书》,竟未能成。"

晋书一百三十卷

唐房玄龄等修。敬播、薛元超参撰。敬播(?—663),蒲州河东(今永济市)人,贞观初举进士。奉诏入秘书省佐颜师古、孔颖达修《隋史》。寻授太子校书,迁著作郎,兼修国史。因纂修实录有功,又迁太子司仪郎。高宗朝历任谏议大夫、给事中。新、旧《唐书》均有传。房玄龄曾赞他有良史之才,谓"陈寿之流"。薛元超(623—684),名振,以字行,蒲州汾阴(今万荣县)人,薛道衡之孙,薛收之子。早年以门荫入仕,历任太子舍人、给事中、中书舍人、黄门侍郎、饶州刺史、东台侍郎、简州刺史、正谏大夫,袭爵汾阴县男。仪凤元年(676)拜相,授中书侍郎、同中书门下三品。永隆二年(681),升任中书令,兼任太子左庶子,辅佐太子监国,并在唐中宗继位后因病致仕。光宅元年(684)卒,追赠光禄大夫、秦州刺史,谥号文懿,陪葬乾陵。新、旧《唐书》均有传。

据《山西通志·经籍》著录。《旧唐书·敬播传》:"(播)参撰《晋书》。播与令狐德棻、阳仁卿、李严等四人总其类。"此书各家书目多有著录。《郡斋读书志》曰:"唐房乔等撰。贞观中,以何法盛等十八家《晋史》未善,诏乔与褚遂良、许敬宗再加撰次,乃据臧荣绪书增损之。后又命李淳风、李义甫、李延寿等十三人分掌著述。敬播等四人考正类例。"《新唐书·艺文志》著录:"《晋书》一百三十卷。房玄龄、褚遂良、许敬宗、来济、陆元仕、刘子翼、令狐德棻、李义甫、薛元超、上官仪、崔行功、李淳风、辛丘驭、刘引之、阳仁卿、李延寿、张文恭、敬播、李安期、李怀俨、赵弘智等修而名为御撰。"《直斋书录解题》则云:"唐宰相房玄龄等修。题'御撰'。案《唐艺文志》为《晋书》者有王隐、虞预、臧荣绪、谢灵运、干宝等诸家。太宗以为未善,命玄龄修之,与其事者褚遂良、许敬宗、令狐德棻、李延寿、敬播、赵弘智等二十人。①《宣武纪》《陆机、王羲之传论》太宗自为之,故称'制曰',而总题其书曰'御撰'。其凡例则发于敬播云。"《晋书》传世版本较多,有百衲本、元大德九路刊本、明南北监本等。今中华书局点校本较为通行。

注汉书四十卷　汉书注要四十篇　汉书音义十二卷

唐敬播注。敬播有《晋书》,已著录。

据《山西通志·经籍》著录。《旧唐书·敬播传》:"房玄龄以颜师古所注《汉书》之繁,令敬播撮其要撰成四十卷,传于世。"《新唐书·艺文志》著录敬播《注汉书》四十卷,又《汉书音义》十二卷。

隋书八十五卷

唐颜师古、孔颖达等修。敬播参撰。敬播有《晋书》,已著录。

《旧唐书·敬播传》:"敬播,蒲州河东人也。贞观初举进士,俄有诏诣秘书内省,佐颜师古、孔颖达修《隋史》。寻授太子校书。史成,迁著作郎兼修国史。"《新唐书·艺文志》著录:"《隋书》八十五卷,《志》三十卷,颜师古、孔颖达、于志宁、李淳风、韦安化、李延寿与德棻、敬播、赵弘智、魏征等撰。"《山西通志·经籍》著录《隋书》一百五十卷,不知何据。此书今存宋、元、明、清各种刻本,但宋刻本已不全。中华书局点校本《隋书》较为通行。

---

① 此与《新唐书·艺文志》所载不同,应以《新唐书·艺文志》为是。

隋略二十卷

唐敬播撰。敬播有《晋书》，已著录。

据《山西通志·经籍》著录。《旧唐书·敬播传》："（播）又著《隋略》二十卷。"

隋　书

唐王绩撰。王绩（589？—644），字无功，古绛州龙门县（今万荣县）人。隋末举孝廉，除秘书正字。不乐在朝，辞疾，复授扬州六合丞。时天下大乱，弃官还乡。唐武德中，诏以前朝官待诏门下省。贞观初，以疾罢归河渚间，躬耕东皋，自号"东皋子"。

据《山西通志·经籍》著录。《旧唐书·王绩传》："撰《隋书》，未就而卒。"《新唐书·王绩传》则曰："兄凝为隋著作郎，撰《隋书》未成死。绩续余功，亦不能成。"

唐书一百三十卷　叙例目一卷

唐柳芳同吴兢等修撰。柳芳，字仲敷，蒲州河东（今永济市）人。开元末，擢进士第，由永宁尉直史馆。肃宗诏芳与韦述缀辑吴兢所次国史，会述死，芳绪成之。兴高祖，讫乾元，凡百三十篇。叙天宝后事，弃取不伦，史官病之。上元中，坐事徙黔中。后历左金吾卫骑曹参军、史馆修撰。然芳笃志论著，不少选忘厌。承寇乱，史籍沦缺。芳始谪时，高力士亦贬巫州，因从力士质开元、天宝及禁中事，具识本末。时国史已送官，不可追刊，乃推衍义类，仿编年法，为《唐历》四十篇，颇有异闻。然不立褒贬义例，为诸儒讥诎。改右司郎中、集贤殿学士，卒。事见《新唐书·柳芳传》。

据《山西通志·经籍》著录。《新唐书·艺文志》著录："《唐书》一百卷，又一百三十卷。兢、韦述、柳芳、令狐峘、于休烈等撰。"《宋史·艺文志》著录柳芳《唐书》一百三十卷。

编年类

穆天子传六卷

晋郭璞注。璞有《周易髓》，已著录。

据《山西通志·经籍》著录。《晋书·郭璞传》："（璞）又注《三苍》《方言》《穆天子传》《山海经》及《楚辞》《子虚、上林赋》数十万言，皆传于世。"《隋书·经籍志》史部起居注类著录《穆天子传》六卷，云："汲冢书，郭璞注。"《旧唐书·经籍志》著录《穆天子传》六卷，郭璞撰。《新唐书·艺文志》著录郭璞《穆天子传》六卷。《宋史·艺文志》史部别史类著录郭璞注《穆天子传》六卷。《郡斋读书志》史类传记类著录《穆天子传》六卷，云："晋太康六年，汲县民盗发古冢，所得凡六卷八千五百一十四字。诏荀勖、和峤等以隶字写之云。按《春秋左氏传》：'穆王欲肆其心，周行天下，将皆有车辙马迹焉。'此书所载即其事也。穆王始巡狩，得骅骝绿耳之乘，造父为御，以观四荒。北绝流沙，西登昆仑，与太史公记同。汲郡守书不谨，多毁缺。虽其言不典，皆古书，颇可观览。郭璞注本谓之《周王游行记》，勖之时古文已不能尽识，时有缺者，又转写益误，殆不可读。"《直斋书录解题》曰："其体制与起居注同。起居注者，自汉明德马皇后始，汉魏以来因之。"《文渊阁书目》著录《穆天子传》一部一册。

宋元嘉起居注

南朝宋裴松之撰。松之有《集注丧服经传》，已著录。

裴子野《宋略总论》："子野曾祖宋中大夫西乡侯以文帝之十二年受诏撰《元嘉起居注》。"《隋书·经籍志》著录《宋元嘉起居注》五十五卷，注曰："梁六十卷。"《旧唐书·经籍志》作六十卷，《新唐书·艺文志》则作七十一卷。《通志·艺文略》作五十五卷。此书久佚。

晋 纪

南朝宋裴松之撰。松之有《集注丧服经传》，已著录。

《宋书·裴松之传》："松之所著《文论》及《晋纪》，駰注司马迁《史记》并行于世。"此书久佚，不见于诸家书目著录。

高祖实录二十卷

唐敬播等撰。播有《晋书》，已著录。

据《山西通志·经籍》著录。《旧唐书·经籍志》著录此书为房玄龄撰。《宋史·艺文志》著录此书作"许敬宗、房玄龄等撰"。《旧唐书·许敬宗传》："高祖、太宗两朝实录，其敬播所修者，颇多详直。敬宗又辄以己爱憎曲事删改，论者尤之。"《新唐书·敬播传》曰："播与许敬宗撰《高祖实录》，兴创业，尽贞观十四年。"《郡斋读书志》亦曰："唐房玄龄等撰。太宗诏玄龄与许敬宗同修，起创业，尽武德九年。贞观十七年书成。"《直斋书录解题》则曰："唐给事中敬播撰。案《志》称房玄龄监修，许敬宗删改。今本首题监修国史许敬宗奉敕定，而第十一卷题司空房玄龄奉敕撰，不详其故。"《玉海》亦作"敬播撰，房玄龄监修，许敬宗删改"。

唐太宗实录二十卷

唐敬播等撰。播有《晋书》,已著录。

据《山西通志·经籍》著录。《旧唐书·经籍志》著录《太宗实录》二十卷,房玄龄撰。又著录《太宗实录》四十卷,长孙无忌撰。《新唐书·艺文志》著录:"《今上实录》二十卷,敬播、顾胤撰,房玄龄监修。"《旧唐书·敬播传》:"撰《太宗实录》,从贞观十五年至二十三年为二十卷,奏之。"《新唐书·许敬宗传》:"初,《高祖、太宗实录》,敬播所撰,信而详。及敬宗身为国史,窜改不平,专出己私。"《郡斋读书志》著录:"《唐太宗实录》四十卷。右唐许敬宗等撰。起即位,尽贞观二十三年。初,贞观十七年,房玄龄、许敬宗、敬播撰《今上实录》,止十四年,成二十卷。永徽五年,无忌与史臣续十五年后,尽昭陵事,合四十卷。其后敬宗改定。"《直斋书录解题》著录《唐太宗实录》四十卷,云:"案《艺文志》有《今上实录》二十卷,敬播等撰,房玄龄监修。又有长孙无忌《太宗实录》四十卷。今本惟题中书令许敬宗奉敕撰。盖敬宗当高宗时用事,以私意窜改国史。《中兴书目》言之详矣。但今本既云许敬宗撰,而以为恐止是玄龄、无忌所进,则不可改也。"

唐德宗实录五十卷

唐裴垍撰。裴垍(?—810),字弘中,河东闻喜(今闻喜县)人,弱冠举进士。贞元中制举贤良极谏科,对策第一,授美原县尉。秩满藩府交辟,皆不就。拜监察御史,转殿中侍御史、尚书礼部考功二员外郎。元和初,召入翰林为学士,转考功郎中,知制诰。寻迁中书舍人。后为中书侍郎,同平章事。次年,加集贤院大学士,监修国史。元和五年(810)中风病,后因病罢为兵部尚书。卒赠太子少傅。事见新、旧《唐书·裴垍传》。

据《山西通志·经籍》著录。《郡斋读书志》史部实录类著录:"《唐德宗实录》五十卷。右唐裴垍等撰。起即位,尽贞元二十一年,凡二十五年。元和二年,诏蒋乂、樊绅、林宝、韦处厚、独孤郁同修。五年,垍上之。"《直斋书录解题》著录:"《唐德宗实录》五十卷。称裴垍撰。亦监修宰相也。案《志》,蒋乂、樊绅、林宝、韦处厚、独孤郁撰。"据新、旧《唐书·裴垍传》,裴垍监修《实录》在拜相之后。据《资治通鉴·唐纪》,垍拜相乃元和三年(808)九月丙申。故此书修撰应在此之后。

唐穆宗实录二十卷

唐苏景胤等撰,裴休参撰。裴休(791—864),字公美,河东闻喜人。唐大和二年(828)进士,历任兵部侍郎,领诸道盐铁转运使,同中书门下平章事。罢为宣武军节度使,封河东县子。由太子太保分司东都。复起历任河东等四镇节度使。卒赠太尉。新、旧《唐书》有传。

《山西通志·经籍》著录王彦威、裴休《穆宗实录》二十卷,注云:"同赵凤等撰。"《新唐书·艺文志》史部实录类著录《穆宗实录》二十卷,注云:"苏景胤、王彦威、杨汉公、苏涤、裴休撰。路隋监修。"《宋史·艺文志》史部编年类、《通志·艺文略》实录类著录《唐穆宗实录》二十卷,署路随等撰。《郡斋读书志》著录《唐穆宗实录》二十卷,云:"唐路隋等撰。起即位,尽长庆四年。按《文宗实录》太和四年,隋与苏景胤等上《宪宗实录》后,有王彦威、杨汉公、苏涤、裴休并为史官云。"《直斋书录解题》著录《唐穆宗实录》二十卷,云:"亦路隋监修,史官则苏景胤、王彦威、杨汉公、苏涤、裴休也。"

宋高宗日历一百卷

宋赵鼎撰。赵鼎(1085—1147),字元镇,号得全居士,解州闻喜人。崇宁五年(1106)登进士第,受洛阳令。宋高宗南渡后,历任右司谏、殿中侍御史、御史中丞、参知政事等职,并曾两度为相。后因反对与金和议而为秦桧所陷,一贬再贬,最后在吉阳军(今广东崖县)绝食而死。其事迹具《宋史》卷三百六十《赵鼎传》。

民国《闻喜县志》卷十六上《名贤传·赵鼎》:"著《高宗日历》一百

卷。"《宋史·艺文志》史部编年类著录《宋高宗日历》一千卷,未明撰者。不知《闻喜县志》何据。

神宗实录考异二百卷

宋赵鼎撰。赵鼎有《宋高宗日历》,已著录。

《宋史·艺文志》史部编年类著录《神宗实录考异》二百卷,范冲撰。《直斋书录解题》史部起居注类著录《神宗实录考异》二百卷,云:"监修解梁赵鼎元镇、史官成都范冲元长等撰。建炎初,有诏重修。绍兴六年,先进呈五十卷。六年正月书成。《考异》者,备朱、墨、黄三书,而明著其去取之意也。阙百六十一至百七十一卷。初,蔡卞既改旧录,每一卷成,纳之禁中,盖将尽泯其迹,而使新录独行。谓朱墨本者,世不可得而见也。及梁师成用事,自谓苏氏遗体,颇招延元祐诸家子孙,若范温、秦湛之流。师成在禁中见其书,为诸人道之。诸人幸其书之出,因曰:'此不可不录也。'师成如其言。及败,没入。有得其书者,携以渡江,遂传于世。呜呼!此可谓非天乎?"《山西通志·经籍》作"《神宗实录》二百卷",误。

元经薛氏传十卷

隋王通撰,唐薛收续,并作传,宋阮逸注。薛收,蒲州汾阴(今万荣县)人。《旧唐书·王勃传》:"祖通,隋蜀郡司户书佐。大业末,弃官归,以著书讲学为业。依《春秋》体例,自获麟后,历秦汉至于后魏,著纪年之书谓之《元经》。"但《旧唐书·经籍志》《新唐书·艺文志》并未著录此书。《郡斋读书志·后志》著录《元经》十卷,曰:"隋王通撰,唐薛收传。皇朝阮逸学。起晋惠帝太熙元年,终于陈亡。予从兄子逸仕安康,尝得其本,归而示四父。四父读至'帝问蛙鸣',哂其陋曰:'六籍奴婢之言不为过。'按《崇文》无其目,疑逸依托为之。"《直斋书录解题》曰:"称王通撰,薛收传,阮逸补并注。按河汾王氏诸书,自《中说》之外,皆《唐艺文志》所无,其传出阮逸,或云皆逸伪作也。今考唐神尧讳渊,其祖景皇讳虎,故《晋书》戴渊、石虎皆以字行。薛收唐人,于传称戴若思、石季龙宜也。《元经》作于隋世太兴四年,亦书曰'若思',何哉？意逸之心劳日拙,自不能掩邪。此书始得于莆田才三卷,止晋成帝。后从石林叶氏得全本,录成之。"《宋史·艺文志》著录《王通元经薛氏传》十五卷。此书今存为十卷,始晋太熙元年,终隋开皇九年,凡九卷,称为通之原书。末一卷自隋开皇十年迄唐武德元年,称收所续。一般认为,此书为阮逸伪作,并非王通原书。如四库馆臣云："今考是书,晋成帝咸和八年,书张公庭为镇西大将军。康帝建元元年,书石虎侵张骏。公庭即骏之字,犹可曰书名书字,例本互通。至于康宁三年,书'神虎门'为'神兽门',则显袭《晋书》,更无所置辨矣。且于周大定元年,直书杨坚辅政。通生隋世,虽妄以圣人自居,亦何敢于悖乱如是哉？陈师道《后山谈丛》、何薳《春渚纪闻》、邵博《闻见后录》并称逸作是书,尝以稿本示苏洵。薳与博语未可知,师道则笃行君子,断无妄语,所记谅不诬矣。逸字天隐,建阳人。天圣五年进士,官至尚书屯田员外郎。《宋史·胡瑗传》,景佑初,更定雅乐,与镇东军节度推官阮逸同校钟律者,即其人也。王巩《甲申杂记》又载其所作诗,有'易立太山石,难芳上林柳'句,为怨家所告,流窜以终。生平喜作伪书,此特其一耳。《文献通考》载是书十五卷,此本止十卷,自魏太和以后,往往数十年不书一事,盖又非阮逸伪本之全矣。明邓伯羔《艺彀》,称是书为关朗作。朗,北魏孝文帝时人,何由书开皇九年之事？或因宋人记关朗《易传》与此书同出阮逸,偶然误记耶？其书本无可取,以自宋以来,流传已久,姑录存之,而参考诸说,附纠其依托如右。"① 国家图书馆藏有此书明抄本及明《汉魏丛书》本。《四库全书》本较为易得。

唐历四十卷

唐柳芳撰。柳芳有《唐书》,已著录。

《山西通志·经籍》著录柳芳《唐历》四十篇。《新唐书·艺文志》、《宋史·艺文志》史部编年类均著录柳芳《唐历》四十卷。《新唐书·柳芳

---

① 纪昀等：《钦定四库全书总目》史部编年类,中华书局1997年整理本,第648页。

传》:"肃宗诏芳与韦述缀辑吴兢所次国史,会述死,芳绪成之。兴高祖,讫乾元,凡百三十篇。叙天宝后事,弃取不伦,史官病之。上元中,坐事徙黔中。后历左金吾卫骑曹参军、史馆修撰。然芳笃志论著,不少选忘厌。承寇乱,史籍沦缺。芳始谪时,高力士亦贬巫州,因从力士质开元、天宝及禁中事,具识本末。时国史已送官,不可追刊,乃推衍义类,仿编年法,为《唐历》四十篇,颇有异闻。然不立褒贬义例,为诸儒讥诮。"《新唐书·韦偕传》:"柳芳作《唐历》,大历以后阙而不录。宣宗诏崔龟从、韦澳、李荀、张彦远及偕等分年撰次,尽元和以续云。"《郡斋读书志》著录《唐历》四十卷,云:"右唐柳芳撰。初,肃宗诏芳缀辑吴兢书,其叙天宝后事不伦。上元中,芳谪黔中,会高力士同贬,因从力士质开元、天宝及禁中事,识其本末。时旧史已送官,不可追刊,乃推衍义类,仿编年法作此书。起隋义宁元年,迄大历十三年。或讥其不立褒贬义例而详于制度,然景迁生亟称之,以为《通鉴》多取焉。"《直斋书录解题》亦著录《唐历》四十卷,云:"唐集贤学士河东柳芳仲敷撰。芳所辑《国史》,叙天宝后事不伦,及谪黔中,会高力士同贬,因从之质开元、天宝禁中本末,史已上送,不可追刊,乃用编年法作此书。起隋义宁元年,迄大历十三年。"《通志·艺文略》卷六十五著录:"《唐历》四十卷。唐柳芳撰。起隋义宁元年,讫建中三年。"《文献通考》卷一百九十三《经籍考》引李焘语曰:"肃宗诏芳与韦述同修吴兢所撰《国史》。述先死,芳独奏编。兴武德,讫乾元。而先天以来,芳所笔削多失其当,史官病之,芳亦自悔。及上元中,坐事徙黔中。适与高力士会贬所,因从力士质开元、天宝及禁中事,具识本末。念《国史》已送官,不可追改。乃用编年法别为此书,意欲以晚盖者也。本朝欧阳修、宋祁修《唐纪》志及传,司马公修《资治通鉴》,掇取四十卷中事几尽。然异闻嘉话,尚多遗弃。芳本书盖不可少。祁传指芳历不立褒贬义例,被诸儒讪讥。然祁所赞房、杜、姚、宋等语,则皆因芳之旧云。按:刘恕谓芳始为此书未成而先传,故世多异本。今此篇首注起隋义宁元年,迄建中三年,凡百八十五年。(当作百六十六年,此计数有误。)而所载乃绝于大历十四年。《资治通鉴》往往以《唐历》辨证,牴牾见于《考异》者,无虑百十余。而此皆无之。其脱亡又不止此也。疑此即恕所谓未成而先传者。或后人抄略芳书,故不得其全。倘遂零落至此,亦可惜也。

今以唐诸书参校谬误，颇加是正。其文或不可知，并事应有而无者皆列卷末，更竢考求。"

续唐历二十卷

唐韦澳、张彦远等撰。张彦远（815—907），字爱宾。蒲州猗氏（今临猗县）人。出身宰相世家，高祖张嘉贞、曾祖张延赏、祖父张弘靖三代宰相，时号"三相张氏"。其父张文规，官至殿中侍御史，"少耽墨妙，备尽楷模，彦远自幼及长，习熟知见"。张彦远初为左补阙，大中初年（847），迁任尚书祠部员外郎。咸通三年（862），任舒州刺史。乾符初年（874），任大理卿。是唐代著名画家、绘画理论家。著作有《历代名画记》《法书要录》《彩笺诗集》等。

此据《山西通志·经籍》著录。《新唐书·艺文志》著录《续唐历》二十二卷，云："韦澳、蒋偕、李荀、张彦远、崔瑄撰。崔龟从监修。"《宋史·艺文志》著录"崔龟从《续唐历》二十二卷。"《直斋书录解题》史部编年类著录《续唐历》二十二卷，云："唐监修国史崔龟从元吉撰。起大历十三年春，尽元和十五年，以续柳芳之书也。《艺文志》载韦澳、蒋偕、李荀、张彦远、崔瑄等撰，实大中时。"

正闰位历三卷

唐柳灿撰。柳灿，一作柳璨，字照之，一作炤之。河东人。柳公绰族孙。少孤贫好学，僻居林泉。光化中，登进士第。迁左拾遗。公卿朝野，托为笺奏，时誉日洽。以其博奥，目为"柳箧子"。召为翰林学士。以谏议大夫平章事，改中书侍郎。后为朱全忠所杀。

据《山西通志·经籍》著录。《新唐书·艺文志》史部编年类著录柳灿《正闰位历》三卷。《宋史·艺文志》著录柳灿补注《正闰位历》三卷。《通志·艺文略》著录《正闰位历》三卷，曰柳灿撰。《崇文总目》著录《正闰位历》"阙"。

资治通鉴二百九十四卷

宋司马光撰。光有《温公易说》,已著录。

《宋史·艺文志》著录此书。《郡斋读书志》正史编年类著录《资治通鉴》二百九十四卷,《目录》三十卷,《考异》三十卷,云:"右皇朝治平中,司马光奉诏编集历代君臣事迹,许自辟官属,借以馆阁书籍,在外听以书局自随,至元丰七年,凡十七年始奏御。上起战国,下终五代,凡一千三百六十二年。又略举事目,年经国纬,以备检阅,别为《目录》;参考同异,俾归一途,别为《考异》,各一编。公自谓精力尽于此书。神宗赐名《资治通鉴》,御制序以冠其首,且以为贤于荀悦云。公武心好是书,学之有年矣。见其大抵不采俊伟卓异之说,如屈原怀沙自沉,四皓羽翼储君,严光足加帝腹,姚崇十事开说之类,削去不录,然后知公忠信有余,盖陋子长之爱奇也。"《宋史·艺文志》著录此书为三百五十四卷,乃是合《目录》三十卷、《考异》三十卷而言。此书为司马光奉诏编集,其撰著分工,战国、秦为司马光,两汉为刘攽,唐为范祖禹,各家之说大体相同。惟三国、南北朝或作司马光,或作刘攽,南北朝当作刘恕;而五代应为刘恕撰稿,范祖禹修订补充。① 四库馆臣认为此书"网罗宏富,体大思精,为前古之所未有。而名物训诂,浩博奥衍,亦非浅学所能通"②。宋末胡三省为之作注,将司马光《资治通鉴考异》散注于正文之下。四库全书所收即为胡三省注本。此书自宋朝以来,有很多刻本。陆心源《北宋蜀费氏进修堂大字本通鉴跋》:"《资治通鉴》二百九十四卷,每页二十二行,每行十九字,小字双行,版心有字数及刊板衔名。宋讳'朗'、'匡'、'胤'、'殷'、'贞'、'敬'、'曙'、'徵'、'恒'、'偡'皆缺避,'桓'字不避,盖徽宗时刊本也。③ 间附音义于本文之下,如胡身之《释文

---

① 此据李裕民说。
② 纪昀等:《钦定四库全书总目》,中华书局1997年整理本,第649页。
③ 《资治通鉴》残本二二三卷。陆氏定为蜀广都费氏进修堂本,"盖徽宗时刊本"。傅增湘则定为元至元二十二年至二十八年间福建翻蜀本。详见傅增湘:《藏园群书经眼录》,中华书局2009年版,第233—234页。

辨误》所引,卷十七'三年,鄠令欲执之',费本注曰'鄠杜,古杜伯国京兆邑',卷一百廿六'三十年,武陵王军于溧州',费本注曰'溧,水名,出丹阳溧水县',卷一百六十五'三年,严超达自秦郡进围泾州',费本注曰'泾州,盖以泾水为名',卷二百八'二年,改赠后父韦玄贞为酆王',费本注'酆,郡名',与此本皆合,则为蜀广都费氏进修堂本无疑,宋人所谓'龙爪本'者是也。自胡梅磵注行,而史炤《释文》遂微,然世尚有传抄者;龙爪本则卷帙繁重,无人重刊,流传益罕,诚希世之秘笈也。每卷有'静江学系籍官书'朱文长印。卷六前有朱文木记曰:'关借官书,常加爱护,亦士大夫百行之一也。仍令司书明白,日簿一月一点,毋致久假,或损坏去失,依理追偿,收匿者闻公议罚。'案:静江府,宋属南西路,静江路,元属湖广省,即今广西桂林府。不曰路学,而曰静江学,盖宋时静江学藏书也。"①其《元版资治通鉴跋》:"《资治通鉴》二百九十四卷,题曰'朝散大夫右谏议大夫权御史中丞充理检史上护军赐紫金鱼袋臣司马光奉敕编集、后学天台胡三省音注'。前有兴文署刊版、翰林学士王磐序、仁宗御制序、胡三省《音注序》,后有温公进书表,同修刘攽、刘恕、范祖禹、检阅文字司马康等衔名及元丰七年奖谕书、元祐元年奉旨下杭州镂版校定范祖禹等衔名、绍兴二年两浙东路提举茶盐司公使库王然等、绍兴府余姚县刊版衔名、校勘监视张九成等衔名。元刊本,每页二十行,行二十字,小字双行。版心有刊工姓名及字数。案:元至元二十七年正月立兴文署,召集良工,刊刻诸经子史版本,以《通鉴》为起端,为胡梅磵注之祖本,亦元时官刊最善之本也。②闽中李鹿山旧藏,有'曾在李鹿山处'朱文长印。后归汪士钟,有'汪士钟曾读'朱文长印、'长洲汪文琛鉴藏书画印'白文长印。"③

今存《资治通鉴》主要刻本有宋代浙江余姚官刻本,即南宋高宗绍兴三年(1133)由两浙东路茶盐司公使库下绍兴府余姚县重刻本孝宗朝或稍后印本;明刊本有正德嘉靖年间兴文署原版本,天启陈仁锡评阅刻本;清嘉庆

---

① 陆心源著、冯惠民整理:《仪顾堂书目题跋汇编》,中华书局2009年版,第49页。
② 陆氏定为元兴文署刊,为胡注之祖本。傅增湘则云:"此书藏书家多有之,然往往失去王磐序,此本王序尚存,自足珍秘。即印工尚不及余家藏本之圆湛精劲,则为时略晚,然以视明代印本相去天渊矣。余于宝应刘翰臣启瑞家曾靓一残本,出自内阁大库,墨气浓郁,锋棱毕露,更胜余家所藏,实为初印本。"见《藏园群书经眼录》卷三,中华书局2009年版,第239页。
③ 陆心源著、冯惠民整理:《仪顾堂书目题跋汇编》,中华书局2009年版,第50页。

二十一年（1816）胡克家仿刻兴文署本；清同治江苏书局依据嘉庆二十一年（1816）胡克家覆元兴文本的补刻本。民国元年（1912）涵芬楼铅印本，民国八年（1919）商务印书馆附设图书馆影印本及中华书局1956年6月第1版的标点本等。① 目前通行的中华书局标点本乃是据清胡克家翻刻的元刊胡注本标点排印。

资治通鉴考异三十卷

宋司马光撰。光有《温公易说》，已著录。

此书于元丰七年随《通鉴》同奏上。高似孙《纬略》载，光编集《通鉴》有一事用三四出处纂成者。"其间传闻异词，稗官既喜造虚言，正史亦不皆实录。光既择可信者从之，复参考同异，别为此书。辨证谬误，以袪将来之惑。昔陈寿作《三国志》，裴松之注之，详引诸书错互之文，折衷以归一是，其例最善，而修史之家，未有自撰一书，明所以去取之故者。有之，实自光始。"② 此书原与《通鉴》分别刊行，自胡三省作注，始将其内容散入《通鉴》正文之下。但《考异》单行本仍有流传。四库全书所收，乃据明初所刊单行本录入。陆心源《宋椠通鉴考异跋》云："《资治通鉴考异》三十卷，每卷题曰'端明殿学士兼翰林侍读学士大中大夫提举西京嵩山崇福宫上柱国河内郡开国公食邑二千六百户实封一千户臣司马光奉敕编集'。'光'字空一格，'敕'字空一格。每页二十二行，每行大字十九，小字二十三。版心有字数及刻工姓名。楚王殷之'殷'、蹇朗之'朗'、王匡之'匡'、敬晖之'敬'、李守贞之'贞'、萧炅之'炅'、杨思勖之'勖'、杨慎矜之'慎'、构异谋之'构'，有缺有不缺，字体与三山蔡氏所刻《陆状元通鉴》相近，且多破体，当为孝宗时闽中坊本。余插架又有明嘉靖、万历两刻：嘉靖本每页二十行，每行大小皆二十字，版心无字数及刻工姓名；万历本即翻嘉靖本，版心有'万历十四年'及字数、刻工姓名。此本颇多墨钉，明本无之，或所据本又在此本之前耳。"③

---

① 据翁长松：《清代版本叙录》，上海远东出版社2015年版，第175页。
② 纪昀等：《钦定四库全书总目》史部编年类，中华书局1997年整理本，第650页。
③ 陆心源著、冯惠民整理：《仪顾堂书目题跋汇编》，中华书局2009年版，第48页。

资治通鉴目录三十卷

宋司马光撰。光有《温公易说》,已著录。

此书亦与《资治通鉴》同奏上,即《进书表》所谓"略举事目以备检阅者也"。四库馆臣认为:"其法年经国纬,著其岁阳岁名于上,而各标《通鉴》卷数于下。又以刘羲叟《长历》气朔闰月及列史所载七政之变著于上方,复撮书中精要之语散于其间。次第厘然,具有条理。盖《通鉴》一书,包括宏富,而篇帙浩繁。光恐读者倦于披寻,故于编纂之时,提纲挈要,并成斯编,使相辅而行,端绪易于循览。其体全仿年表,用《史记》《汉书》旧例。其标明卷数,使知某事在某年,某年在某卷,兼用目录之体,则光之创例。《通鉴》为纪、志、传之总会,此书又《通鉴》之总会矣。至五星凌犯之类,见于各史《天文志》者,《通鉴》例不备书,皆列上方,亦足补本书所未及。"①

通鉴前例一卷

宋司马光撰。光有《温公易说》,已著录。

《宋史·艺文志》史部编年类著录司马光《通鉴前例》一卷。《直斋书录解题》著录《通鉴前例》一卷,《修书帖》一卷,《三十六条四图》共一卷,云:"司马光记集修书凡例,诸帖则与书局官属刘恕、范祖禹往来书简也。其曾孙侍郎伋季思裒为一编,又以《前例》分为三十六条,而考其离合,稽其授受,推其甲子,括其卷帙,列为四图。"《遂初堂书目》亦著录《通鉴前例》。《文渊阁书目》著录《资治通鉴前例》一部二册。此书今存。《四库全书》本题名《通鉴释例》,馆臣云:"皆其修《通鉴》时所定凡例,后附与范祖禹《论修书帖》二通。有光曾孙尚书吏部员外郎伋跋语称'遗稿散乱,所藏仅存,脱略已甚,伋辄掇取分类为三十六例。'末题丙戌仲秋,乃孝宗乾道二年。胡三省《通鉴释文辨误序》谓'光没后,《通鉴》之学其家无传,后因金使问司马光子孙,

---

① 纪昀等:《钦定四库全书总目》,中华书局1997年整理本,第651页。

朝廷始访其后之在江南者,得从曾孙伋,使奉公祀。凡言书出于司马公者,必锓梓行之,盖伋之始末如此。'其编此书时,尝有浙东提举常平茶盐司版本。惟伋跋称三十六例,而今本止分十二类,盖并各类中细目计之也。伋又称,'文全字阙者伋亦从而阙之。'而今本并无所阙,则已非原刻之旧。胡三省又云:'温公与范梦得修书二帖,得于三衢学宫,与刘道原十一帖,则得于高文虎氏,伋取以编于前例之后。'今本止有与梦得二帖,而道源十一帖无之。殆后人以《通鉴问疑》别有专本,而削去不载欤?其书杂出于南渡后,恐不无以意损益,未必尽光本旨。而相传已久,今故与《问疑》并著于录以备参考焉。"①

通鉴举要历八十卷

宋司马光撰。光有《温公易说》,已著录。

《宋史·艺文志》著录《通鉴举要历》八十卷。《郡斋读书志》史部编年类著录云:"右皇朝司马光撰。《通鉴》奏御之明日,辅臣亟请观焉。神宗出而示之,每编始末识以'睿思殿宝章',盖尊崇其书如此。公尚患本书浩大,故为《举要》云。"《直斋书录解题》称:"光患本书浩大难领略,而《目录》无首尾,晚著《通鉴举要历》八十卷,其稿在晁说之以道家。绍兴初,谢克家任伯得而上之。"此书今佚。

通鉴节文六十卷

宋司马光撰。光有《温公易说》,已著录。

《宋史·艺文志》著录《通鉴节要》六十卷。《郡斋读书志》史部编年类著录《通鉴节文》六十卷,云:"右题司马温公自钞纂《通鉴》之要,然实非也。"此书今佚。

---

① 纪昀等:《钦定四库全书总目》,中华书局 1997 年整理本,第 651 页。

历年图六卷　帝统编年纪事珠玑十二卷　历代累年二卷

宋司马光撰。光有《温公易说》，已著录。

《宋史·艺文志》著录司马光《历年图》六卷、《帝统编年纪事珠玑》十二卷、《历代累年》二卷。《直斋书录解题》著录《累代历年》二卷，曰："司马光撰，即所谓《历年图》也。治平初所进，自威烈王至显德，本为图五卷，历代皆有论。今本陈辉晦叔刻于章贡，为方策以便观览。而自汉高帝始。"司马光《记〈历年图〉后》曰："光顷岁读史，患其文繁事广，不能得其纲要。又诸国分列，岁时先后参差不齐。乃止采共和以来，下讫五代，略记国家兴衰大迹，集为五图。每图为五重，每重为六十行。每行纪一年之事，其年取一国为主，而以朱书他国元年缀于其下。盖欲指其元年，以推二三四五，则从可知矣。凡一千八百年，命曰《历年图》。其书杂乱无法，聊以私便于讨论，不敢布于他人也。不意赵君摹刻于版，传之蜀人。梁山令孟君得其一通以相示。始光率意为此书，苟天下非一统，则漫以一国主其年，固不能辨其正闰，而赵君乃易其名曰《帝统》，非光志也。赵君颇有所增损，仍变其卷帙。又传写多脱误。今此浅陋之书，既不可掩，因刊正使复其旧而归之。"《帝统编年纪事珠玑》十二卷当即是司马光所言赵君所刊蜀本《历年图》。《遂初堂书目》同时著录了《历代累年》和《历年图》。或亦是内容相类，版本不一。

稽古录二十卷

宋司马光撰。光有《温公易说》，已著录。

《宋史·艺文志》著录《稽古录》二十卷。《郡斋读书志》史部编年类著录此书，云："右皇朝司马光君实编。起自三皇，止本朝英宗治平末。至周共和庚申，始为编年。"《直斋书录解题》亦著录此书，云："司马光撰。其表云：'由三晋开国，迄于显德之末造，臣既具之于《历年图》，自六合为宋，接于熙宁之元，臣又著之于《百官表》，乃威烈丁丑而上，伏羲书契以来，悉从论纂，皆有依凭。'盖元祐初所上也。此书始刻于越，其后再刻于潭。越本《历年图》诸论聚见第十六卷,盖因图之旧也。潭本诸论各系于国亡之时,故第十六卷惟存总论。"《朱子语录》曰:"《稽古录》一书,可备讲筵官僚进读,小儿读六经了,令读之,亦好。末后一表,其言如蓍龟,一一皆验。"四库馆臣认为:"今观其诸论,于历代兴衰治乱之故,反复开陈,靡不洞中得失,洵有国有家之炯鉴,有裨于治道者甚深。故虽非洛学之派,朱子亦不能不重之,足见其不可磨灭矣。"① 此书今存,国家图书馆藏有明弘治十年(1497)刻本、明正德二年(1507)刻本、涵芬楼影印明翻宋本。山西省图书馆藏有乾隆五十二年(1787)刻本及同治、光绪刻本。《四库全书》《四部丛刊》均收录此书。

通鉴释文六卷

宋司马康撰。司马康(1050—1090),字公休,陕州夏县(今夏县)人。本为司马光长兄司马旦之子,后过继给司马光为子。② 宋神宗熙宁三年(1070)进士。熙宁五年,监西京粮料院。光修《资治通鉴》,为检阅文字。授签书山南东道节度判官公事。元丰末擢秘书省正字。元祐初为校书郎,后为修神宗实录检讨官,提举西山崇福宫。

据《山西通志·经籍》著录。《宋史·艺文志》史部编年类著录司马康《通鉴释文》六卷。《郡斋读书志》史部编年类著录《资治通鉴释文》二十八卷,云:"右奉议郎行秘书省著作佐郎兼侍讲赐绯鱼袋司马康所集也。康,字公休,温公之子也。"《直斋书录解题》著录此书为二十卷,云:"司课司马康公休撰,温公之子。"此书不见后世书目著录,疑南宋末佚。

三代治本五卷　唐编年五十卷

元陈庚撰。庚有《春秋解》,已著录。

元程文海《雪楼集》卷二十一《故平阳路提举学校官陈公墓碑》:"所著有《经史要论》三十卷,《三代治本》五卷,《唐编年》二十卷。"

---

① 纪昀等:《钦定四库全书总目》史部编年类,中华书局 1997 年整理本,第 652 页。
② 颜中其:《司马康为司马光兄亲子》,《古籍整理研究学刊》1988 年第 3 期。

通鉴类抄纲目摘异

明廖永量撰。《山西通志·人物》:"廖永量,夏县人,隆庆间贡。南郑主簿,升清涧丞,署褒城沔县事。所至绰有声望,吏民怀之。居家日,亲书所著,有《通鉴类抄纲目摘异》《性理摘言》《群书摘粹》《教家要略》诸书。"

据《山西通志·经籍》著录。

通鉴纂要

明赵钦汤撰。赵钦汤,字新盘,解州(今运城市)人。隆庆二年进士。初任掖县令。擢户曹,出守凤翔。岁荒赈饥,兵备甘州。司臬山东理疑狱,多所平反。累迁浙辖,靖倭乱。擢南勋卿,迁京兆尹。转南户部侍郎,总督粮饷。告归卒。谕祭葬,赠户部尚书。

《山西通志·人物·赵钦汤传》:"著《通鉴纂要》《关公祠志》诸书行世。"

历代帝王年表

清安清翘撰。清翘有《周易比例》,已著录。

是表志于道光初年,上始唐尧,下迄道光,一年一格,便于检录。山西省图书馆藏有民国十一年(1922)《垣曲安氏三先生遗稿》本。

历朝统系

清介元佑撰。元佑,字右人,解州(今运城市)人。岁贡,淹博能文。

光绪《山西通志·文学录》著录。

别史类

救襄阳上都府事一卷

晋王愆期撰。愆期有《公羊传注》十三卷,已著录。

据《山西通志·经籍》著录。《旧唐书·经籍志》著录《救襄阳上都督府事》一卷,王愆期撰。《新唐书·艺文志》著录王愆期《救襄阳上都府事》一卷。《册府元龟》卷五百五十五:"王愆期为散骑常侍,撰《救襄阳上都督府事》一卷。"

国史要览二十卷

南朝宋裴松之撰。松之有《集注丧服经传》,已著录。

据《山西通志·经籍》著录。《宋史·艺文志》著录裴松之《国史要览》二十卷。

抄合后汉事四十卷

梁裴子野撰。子野有《丧服传》,已著录。

据《山西通志·经籍》著录。《梁书·裴子野传》:"子野少时集注《丧服》,续《裴氏家传》各二卷。抄合后汉事四十余卷,又敕撰《众僧传》二十卷,《百官九品》二卷,《附益谥法》一卷,《方国使图》一卷,文集二十卷,并行于世。又欲撰《齐梁春秋》,始草创未就而卒。"

秦记十一卷　拓跋凉录十卷

宋裴景仁撰。裴景仁,河东(今永济市)人,曾为殿中员外将军。

据《山西通志·经籍》著录。此书又名《前秦记》或《秦书》《苻书》。《隋书·经籍志》著录《秦记》十一卷,云:"宋殿中将军裴景仁撰,梁雍州主簿席惠明注。"《旧唐书·经籍志》著录《秦记》十一卷,裴景仁撰,杜惠明注。《新唐书·艺文志》著录裴景仁《秦记》十一卷,《拓拔凉录》十卷。《宋书·沈昙庆传》:"大明元年督徐、兖二州及梁郡诸军事、辅国将军、徐州刺史。时殿中员外将军裴景仁助戍彭城,本伧人,多悉戎荒事。昙庆使撰《秦记》十卷,叙苻氏僭伪本末,其书传于世。"《南史·沈昙庆传》"伧人"作"北人"。《册府元龟》引此段,作《秦记》十一卷。

开皇平陈记十二卷

隋裴矩撰。裴矩有《大唐书仪》十卷,已著录。

据《山西通志·经籍》著录。《册府元龟》卷五百五十六:"裴矩为吏部尚书,撰《开皇平陈记》十二卷。"《隋书·经籍志》史部起居注类著录《开业平陈记》二十卷,未明作者。《旧唐书·经籍志》史部杂史类著录《隋开业平陈记》十二卷,裴矩撰。《旧唐书·裴矩传》:"撰《开业平陈记》十一卷行于代。"《新唐书·艺文志》史部杂史类著录裴矩《隋开业平陈记》十二卷。《宋史·艺文志》史部传记类著录《隋平陈记》一卷。《通志·艺文略》云"称臣悦,亡其姓",与裴矩《平陈记》并非一书。

邺都故事十卷

隋裴矩撰。矩有《大唐书仪》,已著录。

据《山西通志·经籍》著录。《新唐书·艺文志》史部故事类著录裴矩《邺都故事》十卷。已佚。

晋王北伐记十五卷

隋柳䛒撰。柳䛒,字顾言,河东(今永济市)人。永嘉之乱徙家襄阳。仕梁,释褐著作佐郎。后萧察据荆州,以为侍中,领国子祭酒、吏部尚书。及梁国废,拜开府,通直散骑常侍。寻迁内史侍郎,以无吏干去职。转晋王谘议参军。仁寿初为东宫学士,加通直散骑常侍、检校洗马,为太子之所亲狎。炀帝嗣位,拜秘书监,封汉南县公。从幸扬州,遇疾卒,赠大将军,谥曰康。

《隋书·柳䛒传》:"撰《晋王北伐记》十五卷,有集十卷行于世。"

承祚实迹一卷

唐裴烜之撰。裴烜之,生平不详,疑亦出于河东裴氏。

据《山西通志·经籍》著录。《宋史·艺文志》史部故事类著录裴烜之《承祚实迹》一卷。《通志·艺文略》史部杂史类著录《高宗承祚实迹》一卷,裴烜之撰。

唐圣述一卷

唐裴烜之撰。烜之有《承祚实迹》,已著录。

《通志·艺文略》史部杂史类著录《唐圣述》一卷,裴烜之撰。

唐太宗建元实迹一卷

唐裴煜之撰。据柳宗元《龙城录》,裴煜之为唐开元年间集贤院学士。

《山西通志·经籍》著录此书,作者作"裴裕之"。《宋史·艺文志》著录裴煜之《唐太宗建元实迹》一卷。《文渊阁书目》卷二著录《唐太宗建元实迹》一部一册。可见此书至明时尚存。

文贞公传事四卷

唐敬播撰。播参撰《晋书》等,已著录。

据《山西通志·经籍》著录。《新唐书·艺文志》史部故事类著录敬播《文贞公传事》四卷。

瑶山往则一卷

唐裴光庭撰。光庭有《续春秋经》,已著录。

据《山西通志·经籍》著录。《旧唐书·玄宗本纪》开元十九年:"裴光庭上《瑶山往则》《维城前轨》各一卷。"《新唐书·艺文志》作"摇山往则"。《裴光庭碑》则作《摇山往记》。

新修太和辨谤略三卷

唐裴潾撰。裴潾(？—838),河东闻喜(今闻喜县)人,以门荫入仕,元和初累迁右拾遗转左补阙。迁起居舍人。宝历初拜给事中。太和四年出为汝州刺史兼御史中丞赐紫。贬左庶子分司东都。七年迁左散骑常侍充集贤殿学士。八年转刑部侍郎,寻改华州刺史。九年复拜刑部侍郎。开成元年转兵部侍郎,二年加集贤院学士判院事。寻出为河南尹,入为兵部侍郎。三年四月卒。赠户部尚书,谥曰敬。新、旧《唐书》有传。

据《山西通志·经籍》著录。《新唐书·艺文志》著录裴潾《太和新修辨谤略》三卷。《宋史·艺文志》史部别史类著录裴潾《大和新修辨谤略》三卷。

王 政 记

唐裴遵庆撰。裴遵庆(约685—775),字少良,绛州闻喜人。幼强学,该综图传,外晦内明,不干当世。累官至黄门侍郎,同中书门下平章事。新、旧《唐书》有传,据《山西通志·经籍》著录。《旧唐书·裴遵庆传》:"遵庆初登省郎,尝著《王政记》,述今古礼体,识者览之,知有公辅之量。"《新唐书·艺文志》著录裴遵度《王政记》,"度"字乃"庆"字之误。

平贼记一卷

唐裴肃撰。《山西通志·人物》:裴肃,绛州闻喜人,侨济源。贞元时为浙东观察使,剧贼栗锽诱山越为乱,陷州县。肃引州兵破擒之。自记平贼一篇上之,德宗嘉美。

《山西通志·经籍》著录,云:"纪平浙东栗锽事。"

续会要十四卷

唐崔铉等撰。薛逢参撰。薛逢,字陶臣,河东(今永济市)人。会昌初进士擢第,释褐秘书省校书郎。崔铉罢相镇河中,辟为从事。铉复辅政,奏授万年尉,直弘文馆。累迁侍御史尚书郎。出为巴州刺史。杨收拜相,出为蓬州刺史。收罢相,入为太常少卿。迁秘书监卒。新、旧《唐书》有传。

据《山西通志·经籍》著录。《旧唐书·宣宗本纪》:大中七年(853),"弘文馆大学士崔铉进《续会要》四十卷,修撰官杨绍复、崔瑑、薛逢、郑言等赐物有差"。《通志·艺文略》卷六十五著录此书,云:"唐崔铉撰,次德宗以来至大中间事。"《宋史·王溥传》:"溥好学,手不释卷。尝集苏冕《会要》及崔铉《续会要》,补其阙漏为百卷,曰《唐会要》。"

群牧故事六卷

宋王曙撰。王曙有《周书音训》,已著录

《宋史》卷二百三《艺文志》第一百五十六:"王曙《群牧故事》三卷,《两朝誓书》一卷(景德中与契丹往复书)。"《宋史》卷二八六列传第四十五《王曙传》:"王曙,字晦叔,隋东皋子绩之后。世居河汾,后为河南人。中进士第,再调定国军节度推官,咸平中举贤良方正,科策入等。迁秘书省著作佐郎,知定海县,还为群牧判官。考集古今马政为《群牧故事》六卷上之。"《续资治通鉴长编》卷六十景德二年六月条:"丙辰,群牧判官王曙上《群牧故事》六卷,诏藏于本司。"宋曾巩撰《隆平集》卷十《枢密》:"初,玉清昭应宫灾,守卫者皆系御史狱,值议修复。晦叔上言:'昔桓宫灾,桓僖亲尽当毁者也。汉高庙及高园便殿灾,董仲舒以为高庙不当居陵旁,故灾。玉清昭应宫,非应经义,宜思灾变之来。'上与太后悟,遂薄守卫者责而罢修宫。晦叔方严简重,有大臣体。虽通显而俭约如贫时,知益州,蜀人比之张咏,有前张后王之誉。有文集四十卷,《周书奇训》十二卷,《唐书备问》二卷,《庄列指归》四篇,《群牧故事》六卷,藏于家。"《通志·艺文略》卷六十五《艺文略》第三史类第五:"《群牧故事》三卷,王晓撰。"宋孙逢吉撰《职官分纪》卷十九:"《群牧故事》六卷,景德二年群牧判官王晓上《群牧故事》六卷,上嘉其详博,诏奖之。"宋章如愚编《群书考索》后集卷五十:"咸平置群牧司,景德置群牧使,所以重其事也。牧马之盛,至二十万,非徒盛也。观王明《群牧故事》一书,则见其生息之方,训习之制,莫不咸载。是盖知马政之所先者。""咸平三年,置群牧司,总以内外马政。其后岁遣判官一人,巡行诸监。景德中群牧司判官王明上《群牧故事》六卷,采摭旧闻,次其类例。"王晓、王明应为"王曙"之误。

边陲利害三卷

宋薛向撰。薛向,字师正。河东万泉(今万荣县)人,以祖颜任太庙斋郎,为永寿主簿,权京兆户曹。为邠州司法参军。监在京榷货务。知鄜州。入为开封度支判官,权陕西转运副使、制置解盐。罢知汝州。复以为陕西转运副使,进为使。凡将漕八年。罢知绛州,再贬信州,移潞州。神宗知向材,以为江、浙、荆、淮发运使。进龙图阁直学士。加枢密直学士、给事中、知定州。迁工部侍郎。元丰元年,召同知枢密院。出知颍州。又改随州,元祐中,录其言,谥曰恭敏。《宋史》卷三二八有传。

据《山西通志·经籍》著录。《宋史·艺文志》史部故事类著录薛向《边陲利害》三卷。

杂史类

东观奏记

唐裴庭裕撰。庭裕,一作廷裕,字膺余,闻喜人,官右补阙。据《新唐书·宰相世系表》,出裴氏东眷。据劳格《郎官石柱题名考》裴庭裕于昭宗大顺中官右补阙兼史馆修撰,乾宁时迁司封郎中、翰林学士知制诰,坐事改左散骑常侍,复因事贬湖南,唐亡后犹存。

据《山西通志·经籍》著录。《新唐书·艺文志》著录裴庭裕《东观奏记》三卷,云:"大顺中,诏修宣、懿、僖《实录》,以日历注记亡阙,因撼宣宗政事奏记于监修国史杜让能。庭裕,字膺余,昭宗时翰林学士、左散骑常侍,贬湖南,卒。"《郡斋读书志》著录此书,云:"右唐裴廷裕撰。昭宗时长安寇乱相仍,自武宗以后,日历、起居注散轶不存。诏史臣撰宣、懿、僖三朝实录。廷裕次宣宗录,特采大中以来耳目闻见,撰次此书,奏记于监修杜让能,以备史阁讨论云。"《宋史·艺文志》亦著录《东观奏记》三卷。此书今存,《四库全书》史部杂史类收录。馆臣认为:"书中记事颇具首尾,司马光作《通鉴》多采其说,而亦不尽信之。盖闻见所及,记近事者多确,恩怨未尽,记近事者亦多诬。自古而然,不但此书矣。"[1] 国家图书馆藏有此书明抄本及清乾隆三十七年(1772)吴翌抄本。

---

[1] 纪昀等:《钦定四库全书总目》,中华书局1997年整理本,第716页。

三朝见闻录八卷

佚名撰。

《直斋书录解题》卷五杂史类著录。谓："不知作者,起乾符戊戌至天祐末年及庆宗中兴后唐河东事迹。三朝者,僖、昭、庄也。其文直,述多鄙俚。"佚。

建炎笔录三卷

宋赵鼎撰。赵鼎有《宋高宗日历》,已著录。

赵鼎《忠正德文集》收录。今有《函海》本、《丛书集成》初编本《建炎笔录》三卷。国家图书馆藏有清抄本。

辩诬笔录一卷

宋赵鼎撰。赵鼎有《高宗日历》,已著录。

赵鼎《忠正德文集》收录。今有《函海》本《辩诬笔录》一卷。国家图书馆藏有清抄本。

阉党逆案一卷

明韩爌等撰。韩爌(1564—1644),字象云,蒲州(今永济市)人,明代大臣,东林党元老。万历二十年(1592)进士,历官庶吉士、少詹事、礼部右侍郎等,泰昌元年(1620),任礼部尚书兼东阁大学士,入阁参赞机务。天启元年(1621),加太子太保、文渊阁大学士,后加少保武英殿大学士、少傅、太子太傅、建极殿大学士、内阁首辅。因忤魏忠贤去职。《明史》卷二百四十有传。

《四库全书总目》史部杂史类存目著录,云:"明崇祯二年正月,大学士韩爌等奉敕定。以党附魏忠贤诸臣分别首从,拟为等次,每名之下,各著罪状,皆当日之爰书,其夹注科分、籍贯,则似乎后人附益也。"国家图书馆藏有此书清钞《明季野史》本,题作《钦定逆案》,《四库全书存目丛书》收录。

诏令奏议类

两汉诏议四十卷

宋王曙撰。曙有《周书音训》十二卷,已著录。

据《山西通志·经籍》著录。《宋史·王曙传》:"有《集》四十卷,《周书音训》十二卷,《唐书备问》三卷,《庄子旨归》三篇,《列子旨归》一篇,《戴斗奉使录》二卷,集《两汉诏议》四十卷。"

奏　议

宋司马光撰。光有《温公易说》,已著录。

据《山西通志·经籍》著录。

忠简公奏议

宋赵鼎撰。赵鼎有《宋高宗日历》,已著录。

据《山西通志·经籍》著录。

都府奏议

明赵载撰。赵载（1482—1543），初名君琰，正德辛未（1511）登进士第，赐今名，因字文载。垣曲县人。初官户部主事，历员外郎中，奉命督漕运，抗疏言漕政利病，擢陕西参议，分守商洛道。削平叛寇，赐白金文绮。会土鲁番侵哈密，为边郡害总督，杨一清以副使荐，备兵甘凉，廷议掩击为便，载请仿赵充国故事，乃兴屯练兵，开盐召商，士马饱腾，所向克捷。番约苏穆尔与特默格等各率其众来降，迁参政，仍备兵其地，擢佥都御史，巡抚甘肃数年，政教修明，威声远播。异域相率詟伏。晋南京右副都御史，提督操江濒行，条列边务十二事，为忌者所中，事白寻卒。遣官谕祭，治其墓，荫子入监。

据《山西通志·经籍》著录。《山西通志·人物·赵载》：“所著有《都府奏议》及《忠贞录》《忠节祠集》诸书。”

杨襄毅公奏疏四卷　历官奏议七十卷　经略疏议二卷 职方郎官疏六卷　抚台疏议二卷

明杨博撰。杨博（1509—1574），字惟约，号虞坡。蒲州（今永济市）人。嘉靖八年（1529）进士，被严世蕃认为是天下三才之一。嘉靖年间累官至兵部尚书、太子少保。后受命总督宣府、大同和山西军务，深受明世宗倚重，改吏部尚书。明穆宗时接连加封少傅兼太子太傅、少师兼太子太师。万历元年（1573）因病重致仕归乡。次年去世。赠太傅，谥号襄毅。著有《虞坡集》及各类奏议共八十四卷。《皇明经世文编》收录有其文及奏疏。《明史》卷二一四有传。

许国撰《杨襄毅公神道碑》云：“所著《虞坡文集》《诗集》《杂著》《历官奏议》凡八十四卷。”《千顷堂书目》卷三十制诰类著录：“杨博《杨襄毅公奏疏》四卷，又《历官奏议》七十卷，又《经略疏议》二卷，又《职方郎官疏》六卷，又《抚台疏议》二卷，又《本兵疏议》二十四卷，又《太宰杨公献纳稿》十卷。”

蒲板杨太宰献纳稿十卷

明杨博撰。博有《杨襄毅公奏疏》，已著录。

《明史·艺文志》集部别集类著录杨博《献纳稿》十卷，《千顷堂书目》卷三十表奏类著录杨博《太宰杨公献纳稿》十卷。此书国家图书馆有藏，题为"蒲板杨太宰献纳稿"，仅存八卷，为明万历端揆堂刻本。

本兵疏议二十四卷

明杨博撰。博有《杨襄毅公奏疏》，已著录。

《千顷堂书目》著录杨博《本兵疏议》二十四卷。《四库全书总目》史部诏令奏议类存目著录，云："此集为其子士俊所编，始嘉靖三十四年，迄隆庆六年，皆博为兵部尚书时所上。是时倭寇乱于南，谙达侵于北。请饷请兵，羽檄旁午，故案牍之繁，至于如是。考本传，称博于肃州奏金塔之功，蓟镇著马兰之绩，大同有牛心之捷。西北兵机，为所素习，宜其言之颇悉。然当时倭患之不熄，由经略内倚权相，颠倒是非，博身居本兵，不能纠赵文华之奸，辨张经之枉，其依违牵就，抑亦不无可议矣。"[①] 此书今存。浙江图书馆藏有明万历十四年（1586）师贞堂刻本，《四库全书存目丛书》史部第61册影印收录。

督府奏议

明王崇古撰。王崇古（1515—1588），字学甫，号鉴川，山西蒲州（今永济市）人。嘉靖二十年（1541）进士，为安庆、汝宁知府。历任刑部主事、陕西按察使、河南布政使。嘉靖三十四年（1555）为常镇兵备副使，击倭寇于夏港。嘉靖四十三年（1564）升任右佥都御史，巡抚宁夏。隆庆初年，受任总督陕西、延、宁、甘肃军务。隆庆四年（1570），改总督山西、宣、大军务，力主与俺答议和互市，自是边境休宁，史称"俺答封贡"。万历元年（1573）九

---

① 纪昀等：《钦定四库全书总目》，中华书局1997年整理本，第784页。

月,入京,督理军营,万历三年(1575)九月,任刑部尚书。万历五年(1577)任兵部尚书。是年十月,告老还乡。万历十六年(1588)病故,赠太保,谥襄毅。《明史》二百二十二有传。

《千顷堂书目》卷三十表奏类著录王崇古《督府奏议》五卷,注曰"一作十卷"。《明史·艺文志》集部别集类著录王崇古《奏议》五卷。北京大学图书馆藏有明万历刻本《少保鉴川王公督府奏议》十五卷。此书亦称《王襄毅公奏议》。

奏　议

明杨俊民撰。杨俊民(1531—1599),字伯章,号本菴,故兵部尚书杨博之子。嘉靖四十一年(1562)进士。拜官户部主事,历任礼部郎中。卒赠少傅兼太子太傅。

据《山西通志·经籍》著录。

蓟门奏议

明翟绣裳撰。翟绣裳,号左溪,闻喜人。嘉靖壬戌(1562)进士,授雄县知县,补商丘,入为兵部主事,条陈边计,擢关西分巡道。回民叛,单骑入宝鸡诸山寨宣谕之,众皆伏。迁山东参议,转参政,分守辽海。迁按察使兵备密云,晋山东右布政使,擢右佥都御史,巡抚顺天氂、山海关牛栏山熊儿峪等城。寻以边警起,力主用兵,不合,再疏乞致仕。优游闾里二十余年卒。

据《山西通志·经籍》著录。民国《闻喜县志》卷十六《名贤传·翟绣裳》:"著有《蓟门奏议》等集。"

保甲议　盐法条议

明刘有纶撰。刘有纶有《麟旨》,已著录。

据《山西通志·经籍》著录。

谏垣奏议

明韩楫撰。楫,蒲州(今永济市)人。嘉靖四十四年(1565)进士,官右通政。

乾隆《蒲州府志》卷二十二《艺文撰著》著录。

奏　议

明任赞化撰。任赞化,闻喜人。万历十四年(1586)进士。天启壬戌进士,授直隶枣阳知县,调景陵。秩满擢贵州道监察御史,论杨维垣反复不忠已,复论温体仁蔽贤攘位,与怀宗忤,召辅臣及五府六部官庭鞠之。赞化持议侃侃,又与体仁奏辨数四,有旨降二级,调外用,补河南布政使都事,后起礼部主事,迁河南督学副使,陕西关南道参政,卒于官。

据《山西通志·经籍》著录。

畿南奏议六卷

明王纪撰。纪字惟理,号宪葵,芮城人。万历己丑(1589)进士,官至刑部尚书。事迹具《明史》本传。

此书存。《四库全书总目》史部诏令奏议类存目著录,云:"此其自万历四十一年至四十五年巡抚保定时所上奏疏也。于间闾灾病,言颇详尽。史亦称其居四年,部内大治云。"①

治黄判语疏草

明庞尚廉撰。庞尚廉,字国维,河津人。万历丙辰(1616)进士,授内黄知县,仁爱廉明。邑人为立生祠,拜河南道御史,秉正触邪,不避权贵,以不附

---

① 纪昀等:《钦定四库全书总目》史部诏令奏议类存目,中华书局1997年整理本,第788页。

魏阉,转河南佥事。遂引疾告休。

据《山西通志·经籍》著录。

历官奏疏

明杨世芳撰。世芳,蒲州(今永济市)人。杨博曾孙,万历四十七年(1619)进士,官詹事府少詹。

乾隆《蒲州府志》卷二十二《艺文撰著》著录。

筹海代言

明张璞撰。璞号荆山,猗氏(今临猗县)人。天启拔贡,官辽东通判、陕州知州。擅诗文。

《山西通志·经籍》、乾隆《蒲州府志·艺文撰著》著录。

台垣奏议二卷

清朱裴撰。朱裴(1619—1688),本名棐,以榜讹裴。因字小晋,号绯公。闻喜县人。少为督学袁继咸所赏,中顺治乙酉(三年)乡试第一,丙戌成进士。初授易州知州,例改徽州,诖误去官,久之事白,补禹州。擢刑部员外郎。尚书张秉贞奇其才,会择部曹有声望者试太和殿,奏对称旨,授陕西道监察御史。疏陈八款,在台十一年,出按山东。又巡陕西茶马,入巡五城,直登闻鼓院,累掌浙江京畿道,遂掌河南道,管理京察大计军政,胥以风力。着补礼科给事中,疏请复詹事,禁殉葬,命主考湖广,得吴甫生为第一,内升太仆寺少卿,再迁太常寺卿。擢工部右侍郎,监造奉先殿,充殿试读卷官,转户部右侍郎。引疾得原品致仕,家居凡二十年卒。事见《清史稿》卷二百六十四,《清史列传》五十一。

据《山西通志·经籍》著录。

抚秦政略

清崔纪撰。纪有《成均课讲周易》,已著录。

乾隆《蒲州府志》卷二十二《艺文撰著》著录。

传记类

列女后传

晋王接撰。王愆期集。接有《汲冢周书论》，已著录。愆期，王接子。

据《山西通志·经籍》著录。《晋书·王接传》："撰《列女后传》七十二人，杂论、议、诗、赋、碑、颂、驳难十余万言，丧乱尽失。长子愆期，流寓江南，缘父本意，更注《公羊》，又集《列女后传》。"《册府元龟》卷五百五十五："王接为临汾公相国，撰《列女后传》七十二人。"此书已佚。《晋书》录有王愆期《列女后传》序。

裴氏家传四卷

南朝宋裴松之撰。松之有《集注丧服经传》，已著录。

据《山西通志·经籍》著录。《隋书·经籍志》著录《裴氏家传》四卷，裴松之撰。

裴氏家记三卷

南朝宋裴松之撰。松之有《集注丧服经传》，已著录。

《旧唐书·经籍志》史部杂谱牒类著录《裴氏家记》三卷,裴松之撰。《新唐书·艺文志》史部传记类亦著录。

家传二卷　续家传二卷

梁裴子野撰。子野有《丧服传》,已著录。

据《山西通志·经籍》著录。《梁书·裴子野传》:"子野少时《集注丧服》《续裴氏家传》各二卷。"

仁政传

南朝梁柳惔撰。柳惔(462—507),字文通,河东解(今运城市)人。父世隆,齐司空。惔年十七,齐武帝为中军,命为参军,转主簿。齐初,入为尚书三公郎,累迁太子中舍人。王子响为荆州,惔随之镇。子响昵近小人,惔知将为祸,称疾还京。及难作,惔以先归得免。历中书侍郎,中护军长史。出为新安太守,居郡,以无政绩,免归。久之,为右军谘议参军事。建武末,为西戎校尉,梁南秦二州刺史。及高祖起兵,惔举汉中应义。和帝即位,以为侍中,领前军将军。高祖践阼,征为护军将军,未拜,仍迁太子詹事,加散骑常侍。论功封曲江县侯,邑千户。寻迁尚书右仆射。天监四年,临川王宏都督众军北伐,以惔为副。军还,复为仆射。以久疾,转金紫光禄大夫,加散骑常侍,给亲信二十人。未拜,出为使持节、安南将军、湘州刺史。卒赠侍中、抚军将军。谥曰穆。《梁书》有传。

《梁书·柳惔传》:"惔著《仁政传》及诸诗赋,粗有辞义。"《山西通志·经籍》作"《仁人传》",误。

家传一卷

唐裴若弼撰。作者生平不详,疑出河东裴氏。

据《山西通志·经籍》著录。《旧唐书·经籍志》《新唐书·艺文志》均著录裴若弼《家传》一卷。

韦氏续曹大家女训十二章

唐韦氏撰。韦氏,韦温女,河东薛蒙妻。薛蒙字仲明,开成中进士第。

《山西通志·经籍》著录韦氏《续曹大家女诫》。《旧唐书·韦温传》:"温无子,女适薛蒙,善著文,续曹大家《女训》十二章,士族传写,行于时。"《新唐书·艺文志》史部杂传记类著录薛蒙妻韦氏《续曹大家女训》十二卷。

续文士传十卷

唐裴朏撰。裴朏,开元中怀州司马,疑出河东裴氏。

据《山西通志·经籍》著录。《新唐书·艺文志》著录裴朏《续文士传》十卷。

河东张氏家传三卷

唐张茂枢撰。张茂枢,字休府,猗氏人,张弘靖孙。及进士第。天祐中累迁祠部郎中知制诰,坐柳璨事贬博昌尉。

据《山西通志·经籍》著录。《新唐书·艺文志》《通志·艺文略》均著录张茂枢《河东张氏家传》三卷。《崇文总目》著录此书阙。

戴斗奉使录一卷

宋王曙撰。曙有《周书音训》,已著录。

《宋史·艺文志》史部传记类著录王曙《戴斗奉使录》一卷。《山西通志·经籍》作"奉使录"。《宋史·王曙传》:"有《集》四十卷,《周书音训》十二卷,《唐书备问》三卷,《庄子旨归》三篇,《列子旨归》一篇,《戴斗奉使录》二卷,集《两汉诏议》四十卷。"《郡斋读书志》史部伪史类著录《戴斗奉使录》二卷,云:"右皇朝王曙撰。曙景德三年为契丹主生辰使、祥符二年为吊慰使所录也。"尹洙《王曙神道碑》:"再使北庭,作《戴斗奉使录》二卷。"

日记一卷　文中子传一卷　河外谙目　温公朔记　续温公斋记

宋司马光撰。光有《温公易说》,已著录。

据《山西通志·经籍》著录。《直斋书录解题》史部传记类著录《温公日记》一卷,云:"司马光熙宁在朝所记。凡朝廷政事、臣僚差除及前后奏对,上所宣谕之语,以及闻见杂事皆记之。起熙宁元年正月,至三年十月出知永兴而止。"《文献通考》引李焘语曰:"文正公初与刘道原共议取实录正史,旁采异闻,作《资治通鉴后纪》。属道原早死,文正起相元祐后终卒不果成。今世所传《记闻》及《日记》并《朔记》皆《后纪》之具也。自嘉祐以前甲子不详则号《记闻》,嘉祐以后乃名《日记》。若《斋记》则书略成编矣。始,文正子孙藏其书祖庙谨甚,党祸既解,乃稍出之。旋经离乱,多所亡逸。此八九纸草稿或非全幅,间用故牍,又十数行别书牍背,往往剪开黏缀,事亦有与正史、实录不同者,盖所见所闻。所传闻之异,必兼存以求是。此文正长编法也。"《宋史·艺文志》著录司马光《文中子传》一卷。苏轼《司马文正公光行状》云:"有《文集》八十卷,《资治通鉴》二百九十四卷,《考异》三十卷,《历年图》七卷,《通历》八十卷,《稽古录》二十卷。《本朝百官公卿表》六卷,《翰林词草》三卷,《注古文孝经》一卷,《易说》二卷,《注系辞》二卷,《注老子道德论》二卷。《集注太玄经》八卷,《大学中庸义》一卷,《集注扬子》十三卷,《文中子传》一卷,《河外谙目》三卷,《书仪》八卷,《家范》四卷,《续诗话》一卷,《游山行记》十二卷,《医问》七篇。"

和边录五卷

宋陈伯疆撰。陈伯疆,河东人。徽宗时为右正言,以忤权倖废。

据《山西通志·经籍》著录。《直斋书录解题》史部传记类著录,并谓:

"承议郎河东陈伯疆撰。载胡世将承公宣抚陕事。"约南宋末佚。

元符陇右录

宋高永年撰。高永年，河东蕃官。为麟州都巡检。崇宁初，知岷州。蔡京议复两州，王厚使永年帅兵二万出京玉关，克安川堡，遂至湟，即知州事。自皇城副使进四方馆使、利州刺史，为熙、秦两路兵都统制。迁贺州团练使，知其州。后被劾信任降羌，坐受执缚，赠恤不及。《宋史》有传。

据《山西通志·经籍》著录。《宋史·高永年传》："永年略知文义，范纯仁尝令赘所著书诣阙，作《元符陇右录》。"

历代登科记

金孙镇撰。孙镇，字安常，绛州人，高才博学，尝中省试魁。承安二年（1197），五赴廷试，赐第，以陕令致仕。年八十四卒。

据《山西通志·经籍》著录。《中州集》卷七孙镇条："有《注东坡乐府》《历代登科记》行于世。"《补元史艺文志》著录，约金元之际佚。

薛文清行实录五卷

明王鸿撰。鸿，河津人。官石灰山关税大使，薛瑄之曾孙婿。

此书存。《四库全书总目》史部传记类存目著录，云："是编第一卷为瑄像赞、行状、神道碑、事实。二卷为请从祀疏七篇，三卷为祠堂、书院诸记六篇、祭文三篇，四卷为读录录、文集诸序四篇、诗五首，第五卷则杂录柱联之类，而附以薛氏历世科贡传芳图。前有乔宇序，作于正德辛未。而奏疏有隆庆五年，祭文有万历二十六年，所记科贡有崇祯壬午癸未，则瑄后人以次续入，非鸿之旧也。"①《四库全书存目丛书》史部第83册影印收录私藏明万历

---

① 纪昀等：《钦定四库全书总目》，中华书局1997年整理本，第834页。

十六年吴达可刻崇祯重修本。山西省图书馆藏有万历十六年（1588）河津正学书院重刊本。

月川先生年谱一卷

明谢琚撰。据《山西通志·人物》："谢琚，蒲州人，永乐癸卯举人，授西安府学训导，历南北国子学正，升河南道监察御史。疏言修德弭灾十事，多见施行。著有《修治绳墨》《襁褓法言》《月川年谱》《太极图说》《酒诰刑诰》等书。"

据《山西通志·经籍》著录。

温公年谱六卷

明马峦撰。马峦，字子端，夏县人。骙仲子。好学饬躬励行，游邑庠。遘家难，吟诵诗书，手不释卷。

此书今存。《四库全书总目》史部传记类存目著录，云："明马峦撰。峦字子端，夏县人，与司马光为同里。以光旧无年谱，因撰此编以补史传所不及。其大指以《光行状》为主，参以史传及《名臣言行录》，证以光所著《传家集》，其余诗话、小说皆详为考订，分年编载，其不可专属一年者，则总附录于末焉。"《四库全书存目丛书》史部第85册影印收录此书明万历四十六年刻本。

涑水司马氏源流集略八卷

明司马晰编。晰字宗晦，夏县人。万历癸卯举人，宋司马光十七世孙。

此书今存。卷首自序云："自先文正公居于河洛，寓于鸣条，而曾孙开国公扈迁东粤，家于会稽。南北相距殆四千里，代次相承凡十余世。于是北人以涑水氏为无后，南人以山阴氏为失祖。"《四库全书总目》史部传记类存目著录，云："是编所辑，先之以行事系籍之实，继之以制诰图跋之传，终之以纪述标题之富，其意盖将搜采以备家乘。而第八卷中有积德之什，乃载晰由山阴复归于夏县，万历癸卯乡试第一，里人赠贺之作。是又蔓延附载，不出谱牒之窠臼矣。"① 《四库全书存目丛书》史部第 84 册传记类影印收录北京大学图书馆藏明万历十五年司马祉刻三十五年司马露增修本。中国社科院历史研究所藏有万历十五年刻本。

河南忠臣集八卷　烈女集五卷

明杨俊民撰。杨俊民有《奏议》，已著录。

《千顷堂书目》卷十传记类著录杨俊民《河南忠臣集》八卷、《河南烈女集》五卷。《明史·艺文志》史部传记类著录杨俊民《河南忠臣集》八卷，《烈女集》五卷。

忠孝节义录

明陶琰撰。陶琰（1449—1532），字廷信，别号逸庵。成化十七年（1471）进士。授刑部主事。弘治初，进员外郎，晋固原兵备副使。万历九年，部内晏如，迁福建按察使，浙江左布政使。正德初，以右副都御史巡抚河南，迁刑部右侍郎。陕西游击徐谦讦、御史李高厚赂刘瑾，琰往按，直高、瑾怒，假他事下琰诏狱，褫其职，罚米四百石。起左副都御史，总督漕运，兼巡抚淮扬诸府，转南京刑部侍郎，进右都御史，巡视浙江。总督漕运，七疏乞归。世宗初，起故官。寻加户部尚书。嘉靖元年（1522）召拜工部尚书，冬改南京兵部，加太子少保。末期，屡乞休，加太子太保，乘传归有司，岁时存问。卒赠少保，谥恭介。《明史》有传。

据《山西通志·经籍》著录。

累世忠贞录　忠节祠录

明赵载撰。赵载有《都府奏议》，已著录。

此据《山西通志·经籍》著录。

---

① 纪昀等：《钦定四库全书总目》，中华书局 1997 年整理本，第 837 页。

关公祠志

明赵钦汤撰。赵钦汤有《通鉴纂要》,已著录。

《山西通志·人物·赵钦汤》:"著《通鉴纂要》《关公祠志》行于世。"此书有明万历刻本,《中国善本书提要》著录,美国国会图书馆有藏。

关圣志四卷

明辛全撰。辛全有《周易指掌》,已著录。

此据《山西通志·经籍》《新绛县志》著录。

理学名臣录参定六卷

明辛全撰。全有《周易指掌》,已著录。

此据《山西通志·经籍》著录。《新绛县志》作四卷。《山西通志·艺文》录有辛全《理学名臣录序》,光绪《直隶绛州志》作"理学言行录序",误。《四库全书总目》史部传记存目著录清范鄗鼎撰《理学备考》三十四卷,云:"卷一至卷六掇取辛全《理学名臣录》。"

伊洛渊源续编

明辛全撰。全有《周易指掌》,已著录。

据民国《新绛县志》、光绪《直隶绛州志》著录。

存烈编

明辛全撰。全有《周易指掌》,已著录。

据民国《新绛县志》、光绪《直隶绛州志》著录。《山西通志》录辛全

《存烈编序》。刘宗周《征君辛复元传》亦明云辛全著此书。

存亲编

明辛全撰。全有《周易指掌》，已著录。

据民国《新绛县志》、光绪《直隶绛州志》著录。

谏论解　忠谏通编　布粟录　黔鸣录

明裴巑撰。裴巑，字竹溪，夏县人，明经，慎子。尝从曹真予、辛复元游，习闻忠孝大义，少事父母孝，居丧哀毁，庐墓三年。性恬澹，结庐僻地，足迹不一入城市。布衣芒鞋，萧然自放间，著书以自见。然非其人不出示也。

据《山西通志·经籍》著录。

清风录

明韩霖撰。韩霖有《绛帖考》，已著录。

据《山西通志·经籍》著录。

东雍士女志二卷

清黄希声撰。希声有《尚书谱》，已著录。

《山西通志·经籍》著录。此书有康熙四十四年段洁然刻本，国家图书馆藏。

关圣类编六卷　补编一卷

清黄希声撰。希声有《尚书谱》，已著录。

《山西通志·经籍》著录。浙江省图书馆藏有清顺治十三年（1656）稷册葛承讲刻本。

风忠录

清翟凤翥撰。翟凤翥,字象陆,闻喜人。清顺治三年(1646)进士,授刑部主事,迁江西饶州知府,擢屯田道,再擢陕西按察司使,迁湖广右布政使、福建左布政使,左迁福建盐驿道,卒于官。

民国《闻喜县志》卷十六下《名贤传·翟凤翥》:"著有《涑水编》《风忠录》《裴氏世牒》行于世。"《四库全书总目》史部传记类史珥《胡忠烈遗事》提要曰:"是编纪建文末大理寺少卿胡闰遗事与后人题咏诗文,而闰女郡姐及连坐亲属并载焉。珥十一世祖秉方为闰之壻,闰既死节,壻家亦连坐。故珥述其殉节始末,成此书。先是,纪闰事者有《英风纪异史》,桂芳所刊,而杨际会名之者也。又有《风忠录》,瞿(翟)凤翥所刊,而文德翼序之者也。"

丁祀存考七卷

清翟熠撰。翟熠,字青黎,闻喜人,举人。康熙七年(1668)大同左云川卫教授,博学识大体,考正礼器、乐器,详请乐舞生演礼习乐,申明条约,严束士子,立文武二社,课文校艺,边陲之地,彬彬有文物之风。会试在京,闻母讣,即日归里,通庠士子制轴,遣人在籍致祭后,补太原府学,待士一如云川,考正礼乐,捐俸置奁十间,照正祀考,制名宦神牌一百三十位,制乡贤神牌一百九位,修文中子祀,奉檄纂修《山西通志》,以疾归,卒于家。所著有《丁祀考》《崇祀录》《寿宪楼》等集行于世。

据《山西通志·经籍》著录。

忆往编一卷

清宋在诗撰。在诗有《读诗遵朱近思录》,已著录。

《中国丛书综录》著录宋在诗《忆往编》一卷,《埜柏先生类稿》本。国家图书馆藏有清刻本《忆往编》一卷,《北京图书馆古籍珍本丛刊》收录。

事贤录一卷

清谢丕振撰。谢丕振,字光宗,号莲仙,又号九一居士,绛县人。少聪慧博学,偶有心得,辄手录之。曾置义田,储办公务。晚年以恩贡司教平遥。

《中国丛书综录》传记类著录谢丕振《事贤录》一卷,有青云洞遗书初刻本。

善教名臣忠介先生(海瑞)言行录一卷

清谢丕振辑。谢丕振有《事贤录》一卷,已著录。

《中国丛书综录》传记类著录谢丕振辑《善教名臣忠介先生(海瑞)言行录》一卷,有青云洞遗书本。

友仁录一卷

清谢丕振撰。谢丕振有《事贤录》,已著录。

《中国丛书综录》传记类著录谢丕振撰《友仁录》一卷,有青云洞遗书初刻本。

朱子师友传一卷

清谢丕振撰。谢丕振有《事贤录》,已著录。

《中国丛书综录》传记类著录谢丕振撰《朱子师友传》一卷,有青云洞遗书初刻本。

河汾渊源一卷

清谢丕振撰。谢丕振有《事贤录》,已著录。

《中国丛书综录》传记类著录谢丕振撰《河汾渊源》一卷,有青云洞遗书初刻本。

朱少农年谱

清柴鼎铉撰,孙子昶参订。鼎铉,字象九,闻喜人。康熙十五年(1676)进士。子昶,字日永,号主一,闻喜人。康熙十八年进士。

此书今存,运城市图书馆藏有康熙二十八年刻本。

谱牒类

裴氏家牒二十卷

唐裴守贞撰。裴守贞有《神岳封禅仪注》十卷,已著录。

《旧唐书·经籍志》《新唐书·艺文志》史部谱牒类均著录裴守贞《裴氏家牒》二十卷。《玉海》卷五十谱牒著录《裴氏家谱》二十卷,裴守贞撰。

大唐姓系录二百卷

唐柳冲撰。柳冲,蒲州虞乡(今永济市东虞乡)人。天授初,为司府寺主簿,诏遣安抚淮南,使有指,封河东县男。中宗景龙中,迁左散骑常侍,修国史。历太子宾客、宋王师、昭文馆学士,以老致仕。《旧唐书》卷一八九、《新唐书》卷一九九有传。

《山西通志·经籍》著录《大唐族姓系录》二百卷。《新唐书·柳冲传》:"初,太宗命诸儒撰《氏族志》,甄差群姓。其后门胄兴替不常,冲请改修其书。帝诏魏元忠、张锡、萧至忠、岑羲、崔湜、徐坚、刘宪、吴兢及冲共取德功时望国籍之家等而次之,夷蕃酋长袭冠带者析著别品。会元忠等继物故,至先天时,复诏冲及坚、兢与魏知古、陆象先、刘子玄等讨缀,书乃成,号《姓系录》。"《通志·氏族略》："柳冲撰《大唐姓系录》二百卷。"《新唐书·艺文志》史部谱牒类著录。

姓氏韵略六卷

唐柳灿撰。柳灿有《正闰位历》,已著录。

《山西通志·经籍》著录。《新唐书·艺文志》史部谱牒类著录柳灿《姓氏韵略》六卷。《崇文总目》著录《姓氏韵略》六卷阙。

薛氏家谱一卷

唐佚名撰。作者不详,应出自河东薛氏。

《山西通志·经籍》著录。《新唐书·艺文志》史部谱牒类著录《薛氏家谱》一卷。

姓系录论

唐柳芳撰。柳芳有《唐书》,已著录。

《山西通志·经籍》著录。

永泰新谱二十卷

唐柳芳撰。芳有《唐书》,已著录。

《新唐书·艺文志》史部谱牒类著录。一作《皇室新谱》。《旧唐书·代宗本纪》："(永泰二年)冬十月癸未朔。己丑,宗正卿吴王祗奏上《皇室永泰新论》二十卷,太常博士柳芳撰。"《通志·艺文略》卷六十五史部职官类著录《永泰新谱》二十卷。

百氏谱五卷

宋裴扬休撰。扬休,闻喜人。曾任国子助教。
《宋史·艺文志》史部谱牒类著录,佚。

宗室世表三卷　臣僚家谱一卷

宋司马光撰。光有《温公易说》,已著录。
《山西通志·经籍》著录。《宋史·艺文志》史部谱牒类著录司马光《宗室世表》三卷,《臣僚家谱》一卷。

陶氏族谱

明陶琰撰。陶琰有《忠孝节义录》,已著录。
据《山西通志·经籍》著录。

（临晋）王氏族谱

明王宫纂。宫,临晋（今临猗县）人。
《山西文献总目提要》卷二谱牒类著录。佚。

（猗氏）王村王氏家谱

清王含光撰。含光有《易学三述》,已著录。
《山西文献总目提要》卷二谱牒类著录,佚。

桐园谱　裴氏家谱

清翟凤翯撰。翟凤翯有《风忠录》,已著录。

《山西通志·经籍》著录。《山西通志·人物·翟凤翯》:"著《涑水篇》《桐园谱》《裴氏家谱》《闻喜乘》行于世。"民国《闻喜县志》卷十六下《名贤传·翟凤翯》:"著有《涑水编》《风忠录》《裴氏世牒》行于世。"

（闻喜）卫氏家谱

清闻喜县郭家庄卫氏族人修。

《山西文献总目提要》卷二谱牒类著录。记清乾隆六年（1741）至光绪十三年（1887）卫氏世系。闻喜县档案馆藏。

地理类

蒲坂地记

《山西通志·经籍》著录。汉代,作者不详。

地形方丈图一卷

晋裴秀撰。秀有《易论》,已著录。

《北堂书钞》卷九十六《方丈图》条引:"《晋诸公赞》云:'司空裴秀以旧天下大图用缣八十匹,省视既难,事又不审,乃裁减为《方丈图》。以一分为十里,一寸为百里,备载名山都邑,王者可以不下堂而知四方也。'"《晋诸公赞》见于《隋书·经籍志》,西晋秘书监傅畅撰。傅畅距裴秀时代很近,记载应该非常可靠。唐张彦远《历代名画记》卷三著录:"《地形方丈图》一,裴秀。"已佚。

冀州记

晋裴秀撰。裴秀有《易论》,已著录。

此书已佚。《史记·封禅书》索隐有引文。

水经注三卷

晋郭璞注。璞有《周易髓》,已著录。

据《山西通志·经籍》著录。《隋书·经籍志》著录《水经》三卷,郭璞注。《旧唐书·经籍志》著录《水经》三卷,郭璞撰。《新唐书·艺文志》著录桑钦《水经》三卷,云"一作郭璞撰"。《通志·艺文略》著录《水经》三卷,桑钦撰,郭璞注。

山海经注二十三卷

晋郭璞注。璞有《周易髓》,已著录。

《山西通志·经籍》著录《山海经注》二十三卷,注曰"一作十八卷"。《晋书·郭璞传》:"(璞)又注《三苍》《方言》《穆天子传》《山海经》及《楚辞》《子虚、上林赋》数十万言,皆传于世。"

山海经音二卷　山海经图十卷　山海经图赞二卷

晋郭璞撰。璞有《周易髓》,已著录。

据《山西通志·经籍》著录。

方国使图一卷

梁裴子野撰。子野有《丧服传》,已著录。

据《山西通志·经籍》著录。《梁书·裴子野传》:"敕仍使撰《方国使图》,广述怀来之盛,自要服至于海表,凡二十国。""子野少时《集注丧服续》、《裴氏家传》各二卷,抄合后汉事四十余卷。又敕撰《众僧传》二十卷,《百官九品》二卷,《附益谥法》一卷,《方国使图》一卷,《文集》二十卷,并行于世。又欲撰《齐梁春秋》,始草创未就而卒。"

西京记三卷　代都略记三卷

北周薛寘撰。薛寘,生卒年不详,大约生活在北魏末年到北周孝闵帝之间。河东汾阴(今万荣县西南宝鼎)人。祖父薛遵颜,曾任北魏平远将军,河东郡守,安邑侯等职。父亲薛义,北魏尚书吏部郎,清河郡和广平郡二郡守。

《山西通志·经籍》著录。《隋书·经籍志》史部杂传类著录《西京记》三卷,未明作者。《旧唐书·经籍志》《新唐书·艺文志》史部地理类均著录《西京记》三卷,薛冥(应为"寘")撰。《北史·薛寘传》:"(寘)又撰《西京记》三卷。"

中岳颍州志五卷

北周樊深撰。深有《丧服问疑》,已著录。

《山西通志·经籍》著录。新、旧《唐志》史部地理类均著录樊文深《中岳颍州志》五卷。

西域图记三卷

隋裴矩撰。裴矩有《大唐书仪》,已著录。

据《山西通志·经籍》著录。《隋书·裴矩传》:"时西域诸蕃多至张掖,与中国交市,帝令矩掌其事。矩知帝方勤远略,诸商胡至者,矩诱令言其国俗山川险易,撰《西域图记》三卷,入朝奏之。"《新唐书·艺文志》史部地理类著录裴矩《西域图记》三卷。

高丽风俗一卷

隋裴矩撰。矩有《大唐书仪》,已著录。

据《山西通志·经籍》著录。《旧唐书·经籍志》《新唐书·艺文志》史部地理类均著录裴矩撰《高丽风俗记》一卷。

吴兴杂录七卷

唐张文规撰。张文规，蒲州猗氏（今临猗县）人。曾祖张嘉贞、祖张延赏、父弘靖，三代宰相。著名画家张彦远之父。裴度秉政，引文规为右补阙。转吏部员外郎，出为安州刺史，累迁御史中丞。官终桂管观察使。工书法。少耽墨妙，备尽楷模。

《新唐书·艺文志》著录张文规《吴兴杂录》七卷。《文献通考·经籍考》引陈振孙《直斋书录解题》，曰："《吴兴杂录》七卷，唐湖州刺史张文规撰。末载义兴造茶及风物杂占甚详。文规，张荐之后，彦远之父。其为郡当会昌二年。"

辽上京临潢府记

宋薛映撰。《山西通志·人物》："薛映，汾阴人，第进士，以直昭文馆为河东转运使，兼河西随军，求便亲知相州后，以尚书左丞知并州，累拜工部尚书兼御史中丞。仁宗初，迁礼部，卒谥文恭。映为治严明，吏不能欺。每五鼓冠带，黎明据案，决事虽寒暑，无一日异也。"

《山西通志·经籍》著录。

龙门记三卷

宋王向弼撰。作者生平不详。

《山西通志·经籍》著录。《宋史·艺文志》史部地理类著录王向弼《龙门记》三卷。已佚。

游山行记十二卷

宋司马光撰。光有《温公易说》，已著录。

据《山西通志·经籍》著录。苏轼《司马文正公光行状》云光有《游山行记》十二卷。

盐池录一卷

宋高宰撰。作者生平不详。

《山西通志·经籍》著录。《宋史·艺文志》著录高宰《盐池录》一卷。《玉海》卷一百八十一:"高宰《盐池录》一卷,宣和六年考解池事迹,写山川沟渠器用等为图,各立说系下方。"已佚。

王官谷图集

明丁守中撰。丁守中,嘉靖二年(1523)临晋知县。

据《山西通志·经籍》著录。《千顷堂书目》卷八地理类著录丁守中《王官谷图集》四卷。

蒲州志

明边象修。边象,生平不详。

《千顷堂书目》地理类著录边象《蒲州志》,注曰嘉靖间修。

临晋县志

明董邦辅修。董邦辅,生平不详。

《文渊阁书目》著录《蒲州志》,未明卷数、作者。《千顷堂书目》地理类著录董邦辅《临晋县志》,注曰万历间修。

荣河县志

明宋纲修。宋纲,生平不详。

《千顷堂书目》著录宋纲《荣河县志》,注曰嘉靖间修。此志今存。

万泉县志

明吴汝兰修。吴汝兰,生平不详。

《千顷堂书目》地理类著录吴汝兰《万泉县志》,注曰万历间修。

河津县志

明张汝乾修。张汝乾,陕西洛南人。隆庆四年,由贡士知河津县。治邑若家。修复《县志》。事见《山西通志·名宦》。

《千顷堂书目》地理类著录张汝乾《河津县志》,注曰嘉靖间修。

解 州 志

明吕柟修。吕柟(1479—1542),原字大栋,后改字仲木,号泾野,学者称泾野先生。陕西高陵人。正德进士,授翰林修撰。因宦官刘瑾窃政,引疾返乡。后复官,入史馆纂修《正德实录》。又贬山西解州判官,摄行州事,居解梁书院从事讲学。嘉靖六年(1527)升南京吏部考功郎中、尚宝司卿,公暇在柳湾精舍、鹫峰寺讲学。十一年升南京太常寺少卿,又在任所讲学。十四年调国子监祭酒,以整顿监规,使公侯子弟亦乐于听讲而知名。次年升南京礼部侍郎,仍在任所讲学。十八年致仕返乡,再讲学于北泉精舍。《明史》二八二有传。

《千顷堂书目》地理类著录吕柟《解州志》,注曰嘉靖间修。

安邑县志

明佚名修。

《千顷堂书目》地理类著录《安邑县志略》。

夏县志二卷

明马峦修。马峦有《温公年谱》,已著录。

《千顷堂书目》地理类著录马峦《夏县志》二卷。

汉中府志

明张良知撰。张良知字幼养,安邑(今运城市)人。

《千顷堂书目》卷七地理类著录张幼养《汉中府志》,注曰"嘉靖间修"。张良知嘉靖间官汉中同知。

闻喜县志

明李汝宽修。李汝宽,字严夫,闻喜人。嘉靖丙辰进士,授清丰知县。擢大理评事,以平反著。解组归,购书数百卷,筑楼藏之。日坐其中,吟披不释手。著有《在涧集》藏于家。

《千顷堂书目》地理类著录李汝宽《闻喜县志》,注曰万历间修。

平陆县志

明崔汝孝撰。汝孝有《禹贡便蒙》,已著录。

《千顷堂书目》地理类著录崔汝孝《平陆县志》,注曰隆庆间修。

芮城县志

明刘良臣修。刘良臣（1482—1551），字尧卿，号凤川，芮城人。弘治十四年（1501）举人，历官扬州、平凉通判，刚正不阿，有政声。后因直言忤当道，遂弃官归隐。其事迹具《山西通志·人物》。

《千顷堂书目》地理类著录刘良臣《芮城县志》，注曰隆庆间修。

绛 州 志

明王文鸣修。王文鸣，生平不详。

《千顷堂书目》地理类著录王文鸣《绛州志》，注曰正德间修。

绛 州 志

明赵相修。赵相，生平不详。

《千顷堂书目》地理类著录赵相《绛州志》，注曰万历间修。

稷山县志

明梁文济修。梁文济，生平不详。

《千顷堂书目》地理类著录梁文济《稷山县志》，注曰正德间修。

绛 县 志

明吉大来修。吉大来，绛县人，蓝田知县。

《千顷堂书目》地理类著录吉大来《绛县志》，注曰嘉靖间修。

垣曲县志

明朱衮修。朱衮,生平不详。

《千顷堂书目》地理类著录朱衮《垣曲县志》,注曰嘉靖间修。

万历济宁州志八卷

明王国桢撰。国桢字翼廷,安邑人。万历己丑进士,官至济宁河道副使。

《四库全书总目》史部地理类存目著录,云:"以州志旧本残缺,属诸生朱梦得、张维屏分纂,而国桢为之裁定。列目凡八,又分子目五十。仅三月而成书,故其间踳驳挂漏,不一而足。"①

平阳府志

清李复泌参修。李复泌,字则叶,新绛人,康熙二十一年(1682)进士,选翰林院庶吉士授检讨,转行人司行人。后归里。

民国《新绛县志》卷五《文儒传》李复泌条:"岁戊子(康熙四十七年),平阳刘郡守延修《府志》,称其学有本原云。"

延镇图说二卷

明刘敏宽撰。刘敏宽,安邑(今运城市)人,万历丁丑进士,官至兵部尚书,总督三边。太子太保赐飞鱼蟒玉,以军功荫子锦衣卫指挥世袭。卒后进阶少保。事见《山西通志·人物》。

《明史·艺文志》史部地理类、《续通志·图谱略》著录刘敏宽撰《延镇图说》二卷。《千顷堂书目》著录刘敏宽延镇图说一卷。

---

① 纪昀等:《钦定四库全书总目》,中华书局1997年整理本,第1000页。

庄浪漫记八卷

明王崇古撰。王崇古有《少保鉴川督府奏议》,已著录。

《明史·艺文志》史部地理类著录王崇古《庄浪漫记》八卷。

徽州府志二十二卷

明何东序撰。何东序字崇教,号肖山,猗氏(今临猗县)人。嘉靖三十二年(1553)进士。尝守徽州。以右佥都御史巡抚延绥。

《明史·艺文志》史部地理类著录何东序《徽州府志》二十二卷。《千顷堂书目》著录同,注云"嘉靖间修"。国家图书馆有嘉靖四十五年刻本。

地理中庸

清郭嶷然撰。郭嶷然有《中庸衍义》,已著录。

据《山西通志·经籍》著录。《山西通志·人物》:"郭嶷然,字石潜,号柏崖,荣河人。忾于庠,博综经籍。著《中庸衍义》《河洛经世》《地理中庸》诸书,《柏崖稿》亦成一家言。"

职官类

魏官仪

魏卫觊撰。卫觊有《孝经固》，已著录。

此据《山西通志·经籍》著录。《三国志·魏志》："觊历汉魏，时献忠言率如此。受诏典著作。又为《魏官仪》，凡所撰述数十篇，好古文鸟篆，隶、草无所不善。"姚振宗《三国艺文志》史部职官类著录。

百官九品二卷

梁裴子野撰。子野有《丧服传》，已著录。

据《山西通志·经籍》著录。《梁书·裴子野传》载裴子野撰《百官九品》二卷。

选谱十卷

唐裴行俭撰。裴行俭（619—682），绛州闻喜（今闻喜县）人。隋朝礼部尚书裴仁基次子。高宗废王立武时，裴行俭因私议论，贬为西州都督府长史。麟德二年（665）拜安西大都护。还朝，与李敬玄、马载同掌选事十余年。率军叛,功勋卓著。追赠幽州都督,谥号宪。著有文集二十卷和《选谱》。又撰《草字杂体》及营阵、部伍、料胜负、别器能等四十六诀,今均佚。《旧唐书》卷八十四、《新唐书》卷一〇八有传。

据《山西通志·经籍》著录。《旧唐书·裴行俭传》载裴行俭撰《选谱》十卷。《新唐书·艺文志》史部职官类有著录。

大唐宰相表三卷

唐柳芳撰。芳有《唐书》,已著录。

据《山西通志·经籍》著录。《新唐书·艺文志》史部职官类著录柳芳《大唐宰相表》三卷。《通志·艺文略》卷六十五史部职官类著录柳芳《唐宰相表》三卷。

百官公卿表一百四十二卷

宋司马光撰。光有《温公易说》,已著录。

《宋史·宰辅表》:"元丰间,司马光尝叙宋兴以来百官公卿沿革除拜作《年表》,上之史馆。"《郡斋读书志》史部职官类著录《百官公卿表》一百四十二卷,云:"右皇朝司马光等撰。熙宁中,光以翰林学士兼史馆修撰,建议欲据国史,旁采异闻,叙宋兴以来百官除拜,效《汉书》作表,以便御览,诏许之。光请宋敏求同修,及敏求卒,又请赵彦若继之,历十二年,书成奏御。"苏轼《司马光行状》云此集六卷。《文献通考·经籍考》卷二十九载李焘《续百官公卿表自序》则云十卷,《直斋书录解题》编年类、《玉海》引《中兴馆阁书目》、《宋史·艺文志》则均作十五卷。《直斋书录解题》云:"案晁氏《读书志》有一百四十二卷,未详。"据李焘《续百官公卿表自序》云,其家藏司马光《表》止七卷,焘取以厘析整治,续编至宣和,元符以前皆从《实录》,治平而止,又参诸正史,元符以后,不免有所传闻。总一百四十二卷。因此,此一百四十二卷本实为李焘续成本。而司马光原作参杂其中。

中都储志十卷

明张良知撰。良知有《汉中府志》，已著录。嘉靖二十六年（1547）任中都监储部曹使。

《千顷堂书目》卷九典故类著录《中都储志》十卷，未明作者。据《中国善本书提要》，此书为张良知所撰。美国国会图书馆藏有明钞本，半页九行，行十八字。另，中央党校图书馆藏有旧钞本，比明钞本多附录一卷。

政书类

政大论八篇

后魏王虬撰。王虬,太和中为并州刺史,家河汾。为隋末大儒王通五世祖,称晋阳穆公。

据《山西通志·经籍》著录。王通《中说·王道篇》:"晋阳穆公之述曰《政大论》八篇,其言帝王之道著矣。"

政小论八篇

后魏王彦撰。王彦,隋大儒王通曾祖。同州刺史。

据《山西通志·经籍》著录。王通《中说·王道篇》:"同州府君之述曰《政小论》八篇,其言王霸之业尽矣。"

皇极谠议九篇

后魏王济撰。王济,王通祖父,曾任济州刺史。称安康献公。

据《山西通志·经籍》著录。王通《中说·王道篇》:"安康献公之述曰《皇极谠议》九篇,其言三才之去就深矣。"

兴衰要论七篇

隋王隆撰。王隆,隋末大儒王通之父。

据《山西通志·经籍》著录。王通《中说·王道篇》:"铜川府君之述曰《兴衰要论》,余小子获睹成训,勤九载矣。"

解盐须知一卷

撰人未详。

《通志·艺文略》食货类著录。

盐池利害一卷

撰人未详。

《通志·艺文略》食货类著录。未详作者。《宋史·雷有终传》:"有终入奏盐池利害。"《宋史》卷四百八十四:"又有张崇诂者,周广顺初为枢密承指,二年出为解州刺史,两池榷盐使,多规画盐池利害。"

政要一卷

宋张戒撰。张戒,字定夫,绛州正平(今新绛县)人。宋宣和六年进士,授国子监丞,后任监察御史、殿中侍御史,曾助赵鼎削夺武将兵权,被秦桧排挤出朝,出知泉州。又以反对和议,被弹劾削职免官。秦桧死,复官。

《宋史·艺文志》子部故事类著录张戒《政要》一卷。

腻庵政迹录

明毛深撰。《山西通志·人物》:毛深,夏县人,天顺己卯举人,授山东聊城知县,历升参政,听讼明决,吏民莫能遁情,所在多善政。民为建生祠,立去思碑。后祀名宦,有《腻庵政录》传于世。

据《山西通志·经籍》著录。

政 迹 集

明翟绣裳撰。绣裳有《蓟门奏议》,已著录。

据《山西通志·经籍》著录。

从政录一卷

明薛瑄撰。瑄有《定次孝经今古文》,已著录。

《明史·艺文志》史部刑法类、《千顷堂书目》卷十政刑类著录。此书今存,有明万历《宝颜堂秘笈》本、《丛书集成》初编本等。

救 荒 书

明韩霖撰。韩霖有《绛帖考》,已著录。

据《山西通志·经籍》著录。《山西通志·人物》韩霖条:"所著《守圉全书》《救荒全书》《祖绛帖考》《炮台图说》数十种,兵燹之余,存者亦仅矣。"

便民时政

明乔应甲撰。应甲,猗氏(今临猗县)人。万历二十年(1592)进士,授襄阳推官,入为御史,与徐魁等力排东林,为尚书孙丕扬所恶,出为宁夏副使,辞病不赴。后任陕西巡抚等职,有文名。

乾隆《蒲州府志·艺文撰著》著录。

恤稿　天水时政

明郭迎褒撰。郭迎褒，字光忠，河津人。万历三十四年（1606）举人。官至昌平兵备道副使致仕。

据《山西通志·经籍》著录。

当官三事录三卷

明梁纲撰。《山西通志·人物》："梁纲，字正夫，号承斋。稷山人。给事格子。孝廉纪弟也。嘉靖壬子解元，壬戌成进士，授户部主事。筦天津易州仓，督密云饷，搜括频年，乾没及羡余三千余金，悉以上闻，迁河南副使。条上利病数十事，大吏嘉之，命通省共为遵守，迁湖广参政，请归，与兄纪侍母甘旨，不复出。纲喜临池，大小书法俱精工。既归，筑知止轩，读书其中。前后荐章二十余上，俱不赴。所著《高梁生集》计十三种，共二百一十卷。"

《千顷堂书目》刑政类著录梁纲《当官三事录》三卷，注曰："隆庆中，稷山人，三事言清、慎、勤。"

河东盐政汇纂六卷

清苏昌臣撰。昌臣，康熙时人。曾任转运使，理河东盐政，后擢江西藩司，督粮运。

清华大学图书馆藏有此书康熙刻本。

运司盐政便览

清康行侗撰。行侗，字锷霜，安邑（今运城市）人。康熙三十三年（1694）进士，历官韩城知县、工部主事。

光绪《山西通志·文学录》著录。

河东盐法调剂纪恩录十四卷

清沈业富撰。业富（1721—1807），字方谷。乾隆十九年（1754）进士，四十六年擢河东盐运使。

山西大学图书馆藏有此书乾隆四十六年（1784）盐运司刻本。

敕修河东盐法志十二卷

清觉罗石麟等修，朱一凤等纂。石麟，山西巡抚。一凤，河东陕西都御转运盐司使。

是书于雍正五年（1721）奉敕纂修，今存雍正五年（1721）刻本，山西大学图书馆、山西省图书馆有藏。

河东盐法备览十二卷

清蒋兆奎编。兆奎（？—1802）为乾隆三十一年（1766）进士，乾隆五十年授河东盐运使，累官山西巡抚。

此书为蒋兆奎任河东盐运使期间参阅《河东盐政汇纂》《河东盐政便览》编订而成。复旦大学图书馆藏有稿本。山西省图书馆、山西大学图书馆藏有乾隆五十四年（1789）刊本。

杨漪春侍御奏稿一卷

清杨深秀撰。杨深秀（1849—1898），原名毓秀，字漪春、仪村等，闻喜人。光绪十五年进士，官至山东道监察御使。戊戌政变时被害。生平事迹见《清史稿》卷四六四，《碑传集补》卷十，《清代七百名人传》，《同光风云录》上，《清画家诗史》壬上，《近代名人小传·官吏》、《全身照像——中国近代史参考图录》、《中国近百年历史图集》等。

《中国丛书综录》史部政书著录杨深秀《杨漪春侍御奏稿》一卷，有《戊戌六君子遗集》本。

刑法类

律　令

隋裴政修定。裴政，字德表，河东闻喜人。梁豫州刺史邃孙。初为邵陵王府法曹参军，转起部郎、枝江令。湘东王召为宣惠府记室，除通直散骑侍郎。侯景之乱，加壮武将军，封夷陵侯。征授给事黄门侍郎，加平越中郎将、镇南府长史。入周，为员外散骑侍郎，授刑部下大夫，转少司宪。隋受禅，转率更令，加上仪同三司。进散骑常侍，转左庶子，出为襄州总管。卒年八十九。有《承圣降录》十卷。《隋书》有传。

据《山西通志·经籍》著录。《隋书·裴政传》："诏与苏威等修定《律令》。政采魏晋刑典，下至齐梁沿革轻重，取其折衷。同撰著者十有余人，凡疑滞不通皆取决于政。"

武德律十二卷　令三十一卷

唐裴寂撰。裴寂（573—629），字玄真，蒲州桑泉（今临猗县）人，隋末曾任晋阳宫副监，与唐高祖交好，后参与策划太原起兵。入唐为尚书右仆射，封魏国公，升任左仆射、司空等要职。贞观三年（629），受僧人法雅牵连，免官削邑，放归原籍，后流放静州。不久病逝，追赠相州刺史、工部尚书、河东郡公。《旧唐书》卷五十七、《新唐书》卷八十八有传。

据《山西通志·经籍》著录。《新唐书·艺文志》史部刑法类著录《武德律》十二卷，又《式》十四卷，《令》三十一卷，云："尚书左仆射裴寂、右仆射萧瑀、大理卿崔善为、给事中王敬业、中书舍人刘林甫、颜师古、王孝达、泾州别驾靖延、太常丞丁孝乌、隋大理丞房轴，天策上将府参军李桐客、太常博士徐上机等奉诏撰定，以五十三条附新律，余无增改，武德七年上。"《旧唐书·经籍志》史部刑法类著录裴寂《令律》十二卷，《武德令》三十一卷。

永徽律十二卷

唐柳奭同长孙无忌等奉诏撰。柳奭（？—659），字子邵，一字子燕，蒲州解县（今运城市）人，高宗王皇后舅父。历任中书舍人、兵部侍郎、中书侍郎、同中书门下三品、中书令。后因皇后失宠，请辞相位，罢为吏部尚书。历贬遂州刺史、荣州刺史、象州刺史。显庆四年（659），许敬宗诬其谋反，处死。中宗年间平反。

《山西通志·经籍》著录。《新唐书·艺文志》著录《永徽律》十二卷，又《式》十四卷，《式本》四卷，《令》三十卷，《散颁天下格》七卷，《留本司行格》十八卷，云："太尉无忌、司空李绩、左仆射于志宁、右仆射张行成、侍中高季辅、黄门侍郎宇文节、柳奭、尚书右丞段宝玄、太常少卿令狐德棻、吏部侍郎高敬言、刑部侍郎刘燕客、给事中赵文恪、中书舍人李友益、少府丞张行实、大府丞王文端、大理丞元绍、刑部郎中贾敏行等奉诏撰定。分格为二部，以曹司常务为《行格》，天下所共为《散颁格》，永徽三年上，至龙朔二年，诏司刑太常伯源直心、少常伯李敬玄、司刑大夫李文礼复删定。唯改官曹局名而已。题行格曰'留本司行格中本'。散颁格曰'天下散行格中本'。"

永徽留本司格后十一卷

唐裴行俭、裴炎同刘仁轨等奉诏撰。裴行俭有《选谱》，已著录。裴炎

(？—684），字子隆，绛州闻喜（今闻喜县）人，明经及第，历任濮州司仓参军、御史、起居舍人等职，后以黄门侍郎之职拜相，加授同三品，又进拜侍中。为唐中宗顾命大臣，受遗诏辅政，改任中书令。光宅元年（684），支持武则天废黜唐中宗，改立唐睿宗，赐爵河东县侯，不久因反对立武氏七庙而得罪。在扬州叛乱期间，主张还政睿宗，被诬以谋反，斩于洛阳都亭。景云年间平反，追赠太尉，谥号忠。

据《山西通志·经籍》、《新唐书·艺文志》著录。

垂拱式二十卷　新格散格三卷　留司格六卷

唐裴居道撰。裴居道（？—690），绛州闻喜人，隋兵部侍郎镜民孙。父熙载，贞观中为尚书左丞。居道以女为太子妃，则天时，历位纳言、内史、太子少保，封翼国公。载初元年春，为酷吏所陷，下狱死。

据《山西通志·经籍》著录。《旧唐书·经籍志》著录《垂拱式》二十卷，《垂拱格》二卷，《垂拱留司格》六卷，裴居道撰。《新唐书·艺文志》著录《垂拱式》二十卷，又《格》十卷，《新格》二卷，《散颁格》三卷，《留司格》六卷，注云："秋官尚书裴居道、夏官尚书同凤阁鸾台三品岑长倩、凤阁侍郎同凤阁鸾台平章事韦方质、删定官袁智弘、咸阳尉王守慎奉诏撰。加计帐、勾帐二式，垂拱元年上《新格》，武后制序。"

删定开元后格令式六十卷

唐裴漼同宋璟等撰。裴漼（？—736），绛州闻喜人。父琰之，历任仓部郎中，以老疾废于家。漼色养劬劳，十数年不求仕进。父卒后，应大礼举，拜陈留主簿，累迁监察御史。三迁中书舍人。转兵部侍郎，开元五年（717），迁吏部侍郎，典选数年，多所持拔。再转黄门侍郎，代韦抗为御史大夫。擢拜吏部尚书，寻转太子宾客。卒赠礼部尚书，谥曰懿。新、旧《唐书》有传。

据《山西通志·经籍》著录。《新唐书·艺文志》史部刑法类著录《开元后格》十卷，又三十卷，《式》二十卷，云："吏部侍郎兼侍中宋璟、中书侍郎苏颋、尚书左丞卢从愿、吏部侍郎裴漼、慕容珣、户部侍郎杨滔、中书舍人刘令植、大理司直高智静、幽州司功参军侯郅琎等删定,开元七年上。"

唐开元格令科要一卷

唐裴光庭撰。光庭有《续春秋经》,已著录。

据《山西通志·经籍》著录。《新唐书·艺文志》《宋史·艺文志》史部刑法类有著录。

格后长行敕六卷

唐裴光庭等撰。光庭有《续春秋经》,已著录。

《新唐书·艺文志》著录《格后长行敕》六卷,"侍中裴光庭、中书令萧嵩等删次,开元十九年上"。

目录类

西堂书目

唐柳仲郢撰。柳仲郢(？—864),字谕蒙。柳公绰子。史称其京兆华原(今陕西铜川)人,《山西通志》云其解州(今运城市)人。大中二年(848)封河东男爵。

《山西通志·经籍》著录,佚。

卉乘楼书目

明韩霖撰。韩霖有《绛帖考》,已著录。

《山西通志·经籍》著录。据《山西通志·人物·韩霖》:"先是,年舞象时,从兄游云间。窥见娄东指趣,后遂益嗜游。为聚书计,尝南至金陵,东览虎丘、震泽,泛舟南下武林。又西南探匡庐,观瀑布水。复由淮南北上,谒孔林,抚手植桧。前后购书数万卷,法书数千卷。既归,筑卅乘藏书楼以贮之。日与二三弟子校勘编摩。"知此书目乃韩霖私家藏书目录。

四书目录

明郭希汤撰。希汤有《律吕问》,已著录。

《山西通志·人物》:"郭希汤……著有《四书目录》《性理三书一览》《律吕问》等书。"

史评类

汉书指瑕

唐王勃撰。王勃有《周易发挥》,已著录。

据《山西通志·经籍》著录。据《新唐书·王勃传》:"(勃)九岁得颜师古注《汉书》,读之作《指瑕》以摘其失。"此书后世无传。

唐书备问三卷

宋王曙撰。王曙有《周书音训》,已著录。

《宋史·王曙传》:"有《集》四十卷,《周书音训》十二卷,《唐书备问》三卷,《庄子旨归》三篇,《列子旨归》一篇,《戴斗奉使录》二卷,集《两汉诏议》四十卷。"

史剡一卷

宋司马光撰。光有《温公易说》,已著录。

此书不见宋人书目著录。但南宋绍兴初刻《温国文正司马公文集》有《史剡》《迂书》一卷。今有明末刻《稽古堂新镌群书秘笈》本,藏于北京市文物局。《明抄九种》本,藏于上海市图书馆。司马光序曰:"愚观前世之史有存之不如其亡者,故作《史剡》。"

经史要论十三卷

元陈庚撰。庚有《春秋解》,已著录。

元程文海《雪楼集》卷二十一《故平阳路提举学校官陈先生墓碑》:"其所著有《经史要论》三十卷。"

子 部

儒家类

荀子二十卷

战国赵荀卿撰。荀卿（约前313—前238），名况，战国末期赵国猗氏（今新绛县安泽）人。曾在齐，游学稷下，三为祭酒。去齐至楚，春申君任以兰陵令。晚年专事著述，终老兰陵。战国末著名政治家韩非、李斯，曾师事其门。事见《史记·孟子荀卿列传》。

《汉书·艺文志》诸子略儒家类著录《孙卿子》三十三篇，荀子"名况，赵人，为齐稷下祭酒，有列传"。师古注曰："本曰荀卿，避宣帝讳，故曰孙。"《隋书·经籍志》著录《孙卿子》十二卷，注云楚兰陵令荀况撰。其后诸家书目著录《荀子》均为二十卷。《郡斋读书志》著录杨倞注《荀子》二十卷，云："右赵荀况撰，汉刘向校定。除其重复，著三十二篇为十二卷，题曰《新书》。称：卿，赵人，名况。当齐宣王、威王之时，聚天下贤士稷下。是时，荀卿为秀才，年十五始来游学。① 至齐襄王时，荀卿最为老师。后适楚，楚相春申君以为兰陵令。已而归赵。按威王死，其子嗣立，是为宣王。楚考烈王初，黄歇始相。《年表》自齐宣王元年至楚考烈王元年，凡八十一年，则荀卿

---

① 《史记·孟子荀卿列传》作"年五十"。

去楚时近百岁矣。① 杨倞，唐人，始为之注。且更《新书》为《荀子》，易其篇第，析为二十卷。其书以性为恶，以礼为伪，非谏诤，傲灾祥，尚强伯之道。论学术，则以子思、孟轲为'饰邪说、文奸言'，与墨翟、惠施同诋焉。论人物，则以平原、信陵为辅拂，与伊尹、比干同称焉。其指往往不能醇粹，故后儒多疵之。"此书历代传本甚多，详参高正《荀子版本源流考》一书。

中说十卷

隋王通撰。王通有《续书》，已著录。

《旧唐书·经籍志》《新唐书·艺文志》均著录王通《中说》五卷，《崇文总目》《玉海》《文献通考》等均著录王通《中说》十卷。《郡斋读书志》著录阮逸注《中说》十卷，云："右隋王通之门人共集其师之语为是书。通行事于史无考，独《隋唐通录》称其有秽行，为史臣所削。今观《中说》，其迹往往僭圣人，模拟窜窃，有深可怪笑者。独贞观时，诸将相若房、杜、李、魏、二温、王、陈皆其门人。予尝以此为疑。及见关朗、李德林、薛道衡事，然后知其皆妄也。通生于开皇四年，而德林卒以十一年，通适八岁，固未有门人。通仁寿四年，尝一到长安，时德林卒已九载矣，其书乃有子在长安，德林请见，归，援琴鼓《荡》之什，门人皆沾襟。关朗在太和中见魏孝文，自太和丁巳，至通生之年甲辰，盖一百七年矣，而其书有问《礼》于关子明。《隋书·薛道衡传》称道衡仁寿中，出为襄州总管，至炀帝即位，召还。《本纪》：仁寿二年九月，襄州总管周摇卒。道衡之出，当在此年也。通仁寿四年始到长安，是年高祖崩，盖仁寿末矣。又《隋书》称'道衡子收，初生即出继族父孺，养于孺宅，至于长成，不识本生。'其书有'内史薛公见子于长安，语子收曰：汝往事之。'用此三事推焉，则以房、杜辈为门人，抑又可知也。"洪迈《洪斋随笔》亦指出其书内容与史传相抵牾处，认为是阮逸伪作。四库馆臣认为："考杨炯

---

① 《郡斋读书志》卷十孙猛注：按公武据《别录》"当（今《佚文》作"方"）齐宣王、威王之时"一语，检《史记》卷十五《六国年表》所载宣王纪年之始，遂疑荀卿年龄不得久老如此。然姚振宗《隋书·经籍志〉考证》卷二十四云：威王在宣王之前，此"宣王"二字似衍文；又下文云"是时"，乃谓孙卿之时，非齐宣王之时，孙卿实以襄王时年五十游稷下。是公武所据《别录》不可全信。

集有《王勃集序》,称祖父通,隋秀才高第,蜀郡司户书佐,蜀王侍读,大业末,退,讲艺于龙门。其卒也,门人谥之曰'文中子'。炯为其孙作序,则记其祖事必不误。杜牧《樊川集》首有其甥裴延翰序,亦引'文中子曰:言文而不及理,王道何从而兴乎'二语,亦与今本相合。知所谓文中子者,实有其人,所谓《中说》者其子福郊、福畤等纂述遗言,虚相夸饰,亦实有其书。第当有唐开国之初,明君硕辅,不可以虚名动,又陆德明、孔颖达、贾公彦诸人,老师宿儒,布列馆阁,亦不可以空谈惑,故其人其书,皆不著于当时,而当时亦无斥其妄者。至中唐以后,渐远无征,乃稍稍得售其说耳。宋咸必以为实无其人,洪迈必以为其书出阮逸所撰,诚为过当;讲学家或竟以为接孔、颜之传,则慎之甚矣!据其伪迹炳然,诚不足采,然大旨要不甚悖于理。且摹拟圣人之语言,自扬雄始,犹未敢冒其名。摹拟圣人之事迹,则自通始,乃并其名而借之。后来聚徒讲学,酿为朋党,以至祸延宗社者,通实为之先驱。"[1] 此书今存,国家图书馆藏有宋刻阮逸注本、宋王氏取瑟堂刻本、明嘉靖四年郑庆云刻本。《四库全书》本、《四部备要》本、《新编诸子集成》本较易得。

维城前轨一卷

唐裴光庭撰。光庭有《续春秋经》,已著录。

此书据《新唐书·艺文志》子部儒家类著录。《旧唐书·裴光庭传》:"光庭乃撰《瑶山往则》及《维城前轨》各壹卷上,表献之。"已佚。

疑孟一卷

宋司马光撰。光有《温公易说》,已著录。

《郡斋读书志》子类儒家类著录,云:"右皇朝司马光君实撰。光疑《孟子》书有非轲之言者,著论是正之,凡十一篇。光论性不以轲道性善为然。"《文献通考·经籍考》将其列入经部孟子类。此书今存。天津图书馆藏有清

---

[1] 纪昀等:《钦定四库全书总目》子部儒家类,中华书局 1997 年整理本,第 1201 页。

稿本《一瓻笔存》丛书本。

温公集注太玄经十卷

宋司马光撰。光有《温公易说》，已著录。

《郡斋读书志》子类儒家类著录，云："右皇朝司马光君实集汉宋衷《解诂》、吴陆绩《释文》、晋范望《解赞》、唐王涯注《经》及《首测》、宋惟幹《通注》、陈渐《演玄》、吴祕《音义》七家，为此书。自庆历至元丰，凡三十年始成。其直云宋者，衷也；小宋者，惟幹也。惟幹、渐、祕皆国朝人物。"《直斋书录解题》卷九、《玉海》卷三十六引《中兴书目》、《宋史·艺文志》均作六卷。今本有六卷者，如《道藏》太清部所收本；有十卷者，如《子书百家》本。十卷者，其后四卷乃宋襄陵许翰仿韩康伯注《系辞》合王弼注为全书例，通司马光书为十卷也。许书单行本，题《玄解》四卷，见《直斋书录解题》卷九。今本卷七注《测》《冲》《错》《摛》《莹》，卷八注《数》《挽》，卷九注《文》，卷十注《图》《告》。《续修四库全书》第1048册子部影印收录国家图书藏明抄本《集注太玄》六卷。

温公集注法言十三卷

宋司马光撰。光有《温公易说》，已著录。

《郡斋读书志》子类儒家类著录，云："右皇朝司马光君实集晋李轨、唐柳宗元、国朝宋咸、吴祕注。光自言：'少好此书，历年已多，今辄采诸家所长，附以己意，名曰《集注》。凡观书者，当先正其文，辨其音，然后可以求其义。故宋相公庠家有李祠部注本及《音义》，最为精详。宋、吴亦据李本，而其文多异同。今参以《汉书》，取其通者，以为定本。先审其音，乃解其义'"云。

家范十卷

宋司马光撰。光有《温公易说》，已著录。

《郡斋读书志》子类儒家类著录,云:"右皇朝司马光君实纂取经史所载圣贤修身齐家之法,分十九门,编类以训子孙。"《宋史·艺文志》《文献通考·经籍考》《国史经籍志》《澹生堂藏书目》等均著录为十卷,《四库全书总目》认为:"卷目俱与此相合,盖犹原本。"① 但苏轼撰《司马温公行状》却载有《家范》四卷,郑樵《通志·艺文略》则著录为六卷,《文献通考·经籍考》引后溪刘氏序曰:"《温公家范》十有二卷,其自序首《易·家人》,明以大经大训,凡后世上自公卿下至匹夫匹妇,一言一行与经训合者,莫不纂集,以垂法于将来。于是既总述治家之要,又分门而事别之,由祖若父若母,由子若女若孙,由诸父若兄若弟若姑姊妹,由夫若妻,由舅姑若妇,由妾若乳母,终焉。门有其事,事有其法。呜呼!可谓备矣。公以其所躬行者,合之于古人之所躬行,以古人之所躬行,合之于六经与前哲之所尝言。其书反复详重,可谓至深、至切矣。"② 从后溪刘氏序可以看出,其所述十二卷内容与今传十卷本内容基本一致。因此,各家书目著录不同,应为历代传本卷数分合不同造成。此书今常见版本有《四库全书》本、《丛书集成续编》本、天津古籍出版社 1995 年出版的注释本等。③ 南京图书馆藏有明万历七年(1879)莫与斋刻本。吉林师范大学图书馆藏有明天启六年(1626)司马露刻本。临猗县图书馆藏有清刻本。

潜虚一卷

宋司马光撰。司马光有《温公易说》等,已著录。

据《山西通志·经籍》著录。《宋史·艺文志》《通志·艺文略》著录同。《郡斋读书志》子部儒家类著录《潜虚》一卷,云:"光拟《太玄》撰此书,以五行为本,五五相乘为二十五,两之得五十。首有气、体、性、名、行、变、解七图,然其辞有阙者,盖未成也。其手写草稿一通,今在子健侄房。"《直斋书录解题》卷九云此书:"言万物皆祖于虚,玄以准《易》,虚以准玄。"朱

---

① 纪昀等:《钦定四库全书总目》,中华书局 1997 年版,第 775 页。
② 马端临:《文献通考》卷二〇九《经籍考》,景印《文渊阁四库全书》本。
③ 赵振:《中国历代家训文献叙录》,齐鲁书社 2014 年版,第 45 页。

熹《书张氏所刻潜虚图后》云:"范仲彪炳文家多藏司马文正公遗墨,尝示予《潜虚》别本,则其所阙之文甚多。问之,云:'温公晚注此书,未竟而薨。故所传止此。尝以手稿属晁景迂补之,而晁谢不敢也。'近见泉州所刻乃无一字之阙,始复惊疑。然读至数行,乃释然曰:此赝本也。"元吴师道《潜虚旧本后题》:"某少好占筮等书,尝购得司马公《潜虚》,附以张敦实《发微》诸论者,不知何人所刻。其书完具无缺,意为善本也。又得里中孙氏写本,盖提刑公宪文故物,纸背有梁充家为福建安抚使韩彦直知泉州时手书名,当时往来书札也。于是百五六十年矣,特爱之。甚见其文阙,因以前本令学子补书之后。数年,读朱子《跋张氏潜虚图记》所得范炳文别本首末,乃知完本为赝书,赧然流汗,愧前日之轻率而增加,猥杂不可削除,以为大恨。因与许君益之言之,君遂出藏本,亦阙文者。归以参校,用朱子法,非其旧者悉以朱圈别之,仍前录跋语于卷后,以识愚之愧恨。又以示儿辈,俾之广见闻,慎取予,而毋蹈予之失也。按:朱子所记行变解之数,此本亦不合,未有所考,特命图之后跋语之前一条凡例二十六字注六字,所谓命图之关纽,占法之变者,此独有之,而许君本亦阙。则此本岂范公所传之旧欤?因抄其二条以示许君,而并记其说于此云云。张敦实,徽婺源人,其乡有刊本完书,又闻昭武有艮斋谢氏所注释,未见。"①瞿镛《铁琴铜剑楼藏书目录》有影宋抄本,云:"当时建阳、邵武俱有刻本,邵武惟阙《系辞》,此乃泉州教授陈应行乞诸公曾孙温陵守某,得家藏全本,合张氏《发微论》以刊者。云《系辞》悉备,岂温公后人所增入欤?抑张氏作《发微论》时为之补全耶?古人作一书,经后人拾遗订坠者恒多,何独于《潜虚》而议之也。"四库馆臣认为今传《潜虚》已非司马光之旧,"姑以源出于光而存之",故收入《四库全书》。

诸儒鸣道集七十二卷

宋周敦颐、司马光、张载等撰。光有《温公易说》等,已著录。

《郡斋读书志》附志集部总集类著录,云:"右濂溪、涑水、横渠、二程、上

---

① 吴师道:《礼部集》卷十七,景印《文渊阁四库全书》本。

蔡、元城、龟山、横浦诸公议论著述也。"《直斋书录解题》子部儒家类著录，云："不知何人所集涑水、濂溪、明道、伊川、横渠、元城、上蔡、无垢以及江民表、刘子翚、潘子醇凡十一家，其去取不可晓。"《宋史·艺文志》子部儒家类著录《诸儒鸣道集》七十二卷，注曰："濂溪、涑水、横渠等书。"

家训笔录一卷

赵鼎撰。赵鼎有《宋高宗日历》，已著录。

该书写于绍兴十四年（1144）潮州贬所。《善本书室藏书志》《八千卷楼书目》有著录，除《四库全书》收录的赵鼎《忠正德文集》卷十载有全文外，另有乾隆、道光、光绪刻《函海》本、《丛书集成新编》本。整理本有大象出版社2008年《全宋笔记》（第三编）本。

凤川子克己示儿编一卷

明刘良臣撰。刘良臣有《芮城县志》，已著录。

是书未见有关书目著录，乃作者于嘉靖十三年（1534）隐居乡间时撰写的一部修身治家之作。其跋曰："良臣幼读《论语》'克己复礼'之训，'四勿'之目，即曰：'为学而不克己私，非学也。'四目之中，又尝以'言''视'为切要。司马公（司马光）自不妄语始自言，谢上蔡（谢良佐）屏去所爱砚之事，真可师也。然志锐力殚，天不胜人。此心虽不敢放，私意遇感即发，安在其能克也。……省侍归来，课农颇暇，年日就衰，旧习犹在，恐懈意一生，终于自弃。乃以所尝经历体验之真切，或偶有一得者，笔之于书，题曰《克己示儿编》，不拘体裁，不限条目，意不求异，语不求工，尽吾力而止焉。录成，时省玩以自励，示诸子孙能遵信而行，庶可以寡过矣。中间言涉于激，意若未平者，即己私犹未克也，益愧益惧。他日有进，别加删削，藏之箧笥，勿以示人。"[①] 该书正文前附有《孝弟堂训》一篇，正文部分包括正心、持身、居家、

---

① 刘良臣：《克己示儿编·跋》，《续修四库全书》本。

理财、明经、接人、崇礼、治官、识微、归田等十篇。此书常见版本有《续修四库全书》影印明嘉靖本和中国书店1983年影印出版的《刘凤川遗书》本。①国家图书馆、芮城县图书馆藏有明嘉靖刻本。

经世石画三卷

明辛全撰。辛全有《周易指掌》等，已著录。

此书《山西通志》《直隶绛州志》《新绛县志》、刘宗周《征君刘复元传》、陆陇其《答山西范彪进士书》均作"《经世石画》"。《四库全书总目》子部儒家类存目著录作"《经世硕画》"。馆臣曰："辑前代事迹议论之，有关治道者分为二门：一曰圣典采据，皆纪明太祖至英宗五朝善政。二曰定论采据，皆宋明诸儒之说，而以北魏至唐共四条附焉。书为其门人所刊，故卷末并载全试策一首，其论取士，不过调停于科目保举之间，别无创见，当事者遽称其学术经济，俱于是见。殆未必然。"山西省图书馆藏有明末刻《辛复元先生著述六种》本，《四库全书存目丛书》子部第16册影印收录。

衡门芹一卷

明辛全撰。辛全有《周易指掌》，已著录。

据民国《新绛县志》《四库全书总目》子部儒家类存目著录。馆臣曰："是书皆论治天下之法，分治本三纲，治具八目。三纲曰君志、君心、君学。八目曰迁贤才以转士习、破资格以定臣品、行限田以足民生、定里甲以防奸宄、驱游民以务本业、正礼乐以兴教化。其宗藩、军政二目则有录无书。自序称：'屏伏衡门，芹曝之献，不能自己，故名其书曰《衡门芹》。'然全意主匡救时弊，而实剿袭旧文。其限田之法于事理尤断不可行，亦只儒生之迂论而已。"国家图书馆藏有明晋淑健等刻本，《四库全书存目丛书》子部第16册影印收录。

---

① 赵振：《中国历代家训文献叙录》，齐鲁书社2014年版，第159页。

治学一贯录

明辛全撰。全有《周易指掌》,已著录。

此据《山西通志》、民国《新绛县志》著录。

养心录

明辛全撰。全有《周易指掌》,已著录。

此据民国《新绛县志》、光绪《直隶绛州志》、《山西通志·经籍》著录。曹于汴有《养心录序》。高攀龙《答曹真予论辛复元书》:"弟得其《乐天集》,如饮沆瀣,不忍释手,故不能奉璧。更望翁台再见,赐其《养心录》。"①

养性录

明辛全撰。全有《周易指掌》,已著录。

据《千顷堂书目》子部儒家类著录。

四子心传

明辛全撰。全有《周易指掌》,已著录。

据民国《新绛县志》著录。

性理三书一览

明郭希汤撰。希汤有《律吕问》,已著录。

《山西通志·经籍》、乾隆《蒲州府志·艺文撰著》著录。

---

① 高攀龙:《高子遗书》卷八,景印《文渊阁四库全书》本。

铎书一卷

明韩霖撰。韩霖有《绛帖考》等,已著录。

据《山西通志·经籍志》著录。书名源于《夏书·胤征》:"每岁孟春,遒人以木铎徇于道路。"取其教化之意。书成于崇祯十四年(1641)。陈垣云:"是书则取明太祖《圣谕六言》,以中西古近圣贤之说,为之逐条分疏演绎详解,而一本于敬天爱人之旨,独标新意,扫除一切迂腐庸熟之谈。其真切感人,能令读竟者忘其为循例宣讲之书,渊然以思,蘧然以觉,泰然以安。而凡与生俱来及习俗熏染之种种恶德,如骄、如傲、如忿、如妒、如贪、如吝、如怠、如饕、如淫等,均将飘然远飏,不敢为祟,而其人乃可以见上帝,是真救世之奇书也。"① 常见的版本有1918年刊新会陈氏(陈垣)铅印本、台湾方济出版社1996年出版的《徐家汇藏书楼明清天主教文献》本及华夏出版社2008年出版的《〈铎书〉校注》本等。②

祀先睦族录

明杨瞻撰。瞻,一作赡,字叔俊,蒲州(今永济市)人。正德己卯举人,知扶风县。秩满擢监察御史,疏请薛文清瑄从祀孔庙。出按江北,激扬清浊,贪墨敛迹。相水势筑石堤,居民利之。迁四川川北道,寻谢政归。著《祀先睦族录》行于世。后以子博贵赠兵部尚书。事具《山西通志·人物》。

据《山西通志·经籍》著录。

读书录十卷 续录十二卷

明薛瑄撰。薛瑄有《定次孝经今古文》,已著录。

---

① 孙尚扬、肖清和等:《〈铎书〉校注》,华夏出版社2008年版,第50页。
② 赵振:《中国历代家训文献叙录》,齐鲁书社2014年版,第251页。

《明史·艺文志》著录薛瑄《读书录》十卷,《续录》十卷。此书今存。两"录"之首,皆有自记,言其因程子"心有所开,不思则塞"之语,是以自录随时所得,以备屡省。其后万历中,有侯鹤龄者,因所记错杂,更为编次,删去重复,名《读书全录》,邹元标作《读书全录序》。四库馆臣认为《读书全录》"去取之间,颇失瑄本意"①,故将薛瑄原书收录入《四库全书》中。

国家图书馆藏有明赵府味经堂刻本。重庆市图书馆藏有嘉靖二年(1523)萧鸣凤刻本。山西省图书馆藏有嘉靖四年刻本、万历二十四年刻本。首都图书馆藏有嘉靖三十四年沈藩刻本。另,明钟惺将《读书录》中读《诗》部分,辑入《古名儒毛诗解》中,为《读诗录》一卷。北京大学图书馆存有明拥万堂刊本。

从政名言二卷

明薛瑄撰。瑄有《定次孝经今古文》,已著录。

《四库全书总目》子部儒家类存目著录此书,云:"案瑄年谱:宣德元年四月,服阕至都,上章愿就教职。宣宗特擢为御史,寻差监沅州银场。此书第二条称'吾居察院',第四条称'余始自京师来湖南',则作于奉使沅州时也。其言皆切实通达。然精要已见《读书录》中,此其绪余矣。"② 今首都图书馆藏明崇祯十六年薛继岩薛昌胤刻本《薛文清公从政名言》一卷,十行十八字,白口,四周单边。嘉靖十四年胡缵宗序,崇祯十六年刘达《弁言》。序后镌"崇祯十六年岁次癸未仲春吉旦九代孙壬午科举人薛继岩薛昌胤重刊"③。《四库全书存目丛书》补编第77册影印收录明隆庆四年刻畜德十书本。

薛子粹言三卷

明薛瑄撰。薛瑄有《定次孝经今古文》,已著录。

---

① 纪昀等:《钦定四库全书总目》子部儒家类存目,中华书局1997年整理本,第1225页。
② 同上书,第1250页。
③ 崔建英辑,贾卫民、李晓亚整理:《明别集版本志》,中华书局2006年版,第528页。

《千顷堂书目》卷十一儒家类著录《河东先生粹言》二卷。今国家图书馆藏有明刻蓝印本《薛子粹言》一册三卷,或即此书。

薛子道论一卷

明薛瑄撰。薛瑄有《定次孝经今古文》,已著录。

《四库全书总目》子部儒家类存目著录,云:"旧本题明薛瑄撰。皆自瑄《读书录》中摘出,别立此名,以眩俗听。盖明末诡诞之习,凡属古书多改易其面目以求售。虽习见如《读书录》,尚不免删窜以市欺也。"① 此书有《百陵学山》本。

就正稿　一得稿

明史英撰。史英,字廷珍,稷山人。读书得体,要为诸生,即以薛文清自期待。成化戊戌进士,知枣强县,革奸弊,靖盗贼,垦荒赈饥,一时复业者百二十户,五百三十二口。捐俸资药饵,完婚丧者一千五百余人。擢监察御史,清理长淮盐课,按苏松,首劾周驸马兄贪横寘于法,入掌河南道。再按徽宁,以刚直忤刘瑾,调河南副使。径拂衣归,不赴。著《就正》《一得》诸稿,所言皆主敬穷理之学。事具《山西通志·人物》。

据《山西通志·经籍志》著录。

太极图说　襁褓法言　修治绳墨　酒诰刑诰

明谢琚撰。谢琚有《月川年谱》等,已著录。

据《山西通志·经籍志》著录。

---

① 纪昀等:《钦定四库全书总目》子部儒家类存目,中华书局 1997 年整理本,第 1250 页。

性理纂要

明令狐鏓撰。鏓有《大学衍义日抄》,已著录。

据《山西通志·经籍》著录。

性理摘言　教家要略

明廖永量撰。廖永量有《通鉴类抄》,已著录。

据《山西通志·经籍》著录。

自省编

明王珂撰。王珂,蒲州(今永济市)人,正德间举人。卒业成均。时诏纂修《武宗实录》,遂膺首荐。嘉靖丙戌登进士,授中书舍人,命侍经筵,多所启沃。尝著《自省篇》,杨少保博称之曰:"议论切实,与濂洛关闽相为表里。"编修张四维为之注释。事见《山西通志·人物》。

《山西通志·经籍》著录。

趋庭问答　约言　语录　思道篇

明裴一谏撰。《山西通志·人物》:"裴一谏,夏县人,唐晋国裴文忠公之后也。徙居夏,万历间贡,事亲极孝,操行敦笃。与真予曹总宪友善,以理学交相励,授中部训导,士风丕变。丁内艰归,诸生泣涕,追送不忍舍。后补唐山教谕,升山阳知县。地瘠民贫,逋逃甚众。极意招徕流民复归,革纸户税,革里支费,革收头陋规。日以《孝弟事实》《阴骘录》二书劝谕百姓。疗疫赈荒,筑垣修堤,百姓绘像祀之。乞归,行李萧然。著有《语录》诸集行世。"

据《山西通志·经籍》著录。

明诚续言

明刘有纶撰。刘有纶有《麟旨》,已著录。

据《山西通志·经籍》著录。《山西通志·人物》刘有纶条:"著《四书自言》《明读诚续言》《三忠诗文》《保甲仪》《盐法条议》《麟旨》诸书。"

问途赘一卷

明鲁世任撰。鲁世任,字媿尹,垣曲人。从安邑曹于汴学,又交绛州辛全学。天启末举于乡,崇祯十年(1637)知郑州,建天中书院。十五年,流贼来犯,世任勒民兵御之河干,战败自刭死,士民祀之书院中。《明史》卷二九三有传。

《山西通志·经籍》著录。

太极图说　道一九篇

明谭登仕撰。谭登仕有《四书事天象略》等,已著录。

据《山西通志·经籍》著录。《山西通志·人物·谭登仕》:"所著有《太极图解》《四书事天象略》《道一九论》等书行世。"

河洛经世书

清郭嶷然撰。郭嶷然有《中庸衍义》,已著录。

据《山西通志·经籍》著录。《山西通志·人物·郭嶷然》:"著《中庸衍义》《河洛经世》《地理中庸》诸书,《柏崖稿》亦成一家言。"山西省图书馆藏有清光绪刻本。

太极图说集注一卷

清孙子昶撰。子昶有《朱少农年谱》,已著录。

《清朝文献通考》卷二二六著录作《太极图集注》一卷。此书今存,《四库全书总目》子部儒家类存目著录《太极图说集注》一卷,云:"是书取朱子之解分配周子之图,列为十章。分裂原图,各系于下。又解周子原说亦分为十章,而句解字释。所释各注右解之几章,释某义,全摹朱子《大学章句》之体。图之后附以子昶所演《易图》,说之后附以诸家之说,大抵皆可已而不已。前有康熙丁卯范镐序,亦颇著微词云。"①

读周子札记

清崔纪撰。纪有《成均课讲周易》,已著录。

《四库全书总目》子部儒家类存目著录此书,云其"以《中庸》之旨发明《太极图说》《通书》之理"。

近思录摘读

清令狐亦岱撰。亦岱字太峰,乾隆二十五年(1760)举人。

据《山西文献总目提要·晋人著述(二)》著录。临猗县图书馆藏有乾隆三十二年刻本。

灵峡学则一卷

清薛于瑛撰。薛于瑛(1807—1878),字贵之,号仁斋,芮城人。生平见王守恭撰《薛仁斋先生年谱》《杂记先生遗事》,《清史列传》卷六十七,

---

① 纪昀等:《钦定四库全书总目》子部儒家类存目,中华书局1997年整理本,第1241页。

《道学渊源录·圣清渊源录》卷二十八。

《中国丛书综录》著录薛于瑛《灵峡学则》一卷,津河广仁堂所刻书。

养正俚吟七种

清薛于瑛撰。于瑛有《灵峡学则》,已著录。

《山西文献总目提要》卷九《晋人著述(二)》2455条著录。山西省图书馆藏有光绪十四年刻本。

考亭遗矩一卷

清谢丕振撰。谢丕振有《事贤录》,已著录。

《中国丛书综录》儒家类著录谢丕振撰《考亭遗矩》一卷,有青云洞遗书初刻本。光绪《直隶绛州志·艺文》著录谢丕振著述有《河汾渊源》《事贤录》《友仁录》《考亭遗矩》《儒林楷模》《东雍耆旧传》数种。

河东先儒遗训一卷　河东先儒醒世文一卷

清谢丕振撰。谢丕振有《事贤录》《善教名臣忠介先生言行录》《友仁录》《河汾渊源》《考亭遗矩》,已著录。

《中国丛书综录》儒家类著录谢丕振撰《河东先儒遗训》一卷、《河东先儒醒世文》一卷,有青云洞遗书初刻本。

六 经 考

清李复泌辑。李复泌有《平阳府志》,已著录。

民国《新绛县志》卷五《文儒传》李复泌条:"归里后裒辑儒先著述,名曰《六经考》。"

矩堂语录一卷

清安清翘撰。清翘有《周易比例》,已著录。

《山西文献总目提要》卷九《晋人著述(二)》著录。山西省图书馆藏有民国十一年《垣曲安氏三先生遗稿》本。

儒学辨正录一卷　友于集三卷

清李生光撰。《山西通志·人物》:李生光,字闇章,绛州人。年十岁,从阎隆宇受《尚书》。父殁,窭,或劝易业,迄不肯。曰:父命也。后闻辛复元讲道河汾,负笈就弟子列。尝著《儒教辨正》《崇正辟邪汇编》及《自警诗》《友于篇》诸书,学者多传诵之。

《山西通志·经籍》著录。

冰壑全书

清党成撰。党成,字宪公,绛州人,世居城北山厓下,近明藩府藏冰地,故号冰壑居士。学者因称冰壑先生。幼为学,即有志圣贤,村居键户,日诵贯濂洛关闽诸书,以身体之家甚贫,取与画,然一介不苟,与人语率本诸经。尝为贾舍人荆生作一斋解,援周元公、程正公说,无厄辞。又尝为人辨朱陆异同,探本原,穷归宿,是非疑似,了如指掌。著《学庸澹言》《日知》若干种,见者谓笃实精醇,可拟《读书录》。魏大司寇环极闻其名,寄书讲学,三返卒不答。魏益高之。年将髦,贫日益甚,读书好古晏如也。卒后数年,州守为树碑于墓上。事见《山西通志·人物》。

《山西通志·经籍》著录。

兵家类

安置军营行阵等四十六诀一卷

唐裴行俭撰。裴行俭有《选谱》等,已著录。

《山西通志·经籍》著录。《旧唐书·裴行俭传》:"有《集》二十卷,撰《草字杂体》数万言,并传于代。又撰《选谱》十卷,《安置军营》《行阵部统》《克料胜负》《甄别器能》等四十六诀。"《新唐书·艺文志》子部兵书类著录裴行俭《安置军营行阵等四十六诀》一卷,《通志·艺文略》著录同。

陕西建明一卷

宋薛向撰。薛向有《边陲利害》三卷,已著录。

据《山西通志·经籍》著录。《宋史·艺文志》著录薛向《陕西建明》一卷。

益智兵书一百卷　武库益智录六卷

明何东序撰。何东序有《徽州府志》,已著录。

《千顷堂书目》《明史·艺文志》子部兵书类著录何东序《益智兵书》一百卷,《武库益智录》六卷。《山西通志·经籍》著录何东序《息盗兵书》

《益智兵书》一百卷。贵州省图书馆藏有明天启二年（1622）刘懋勋刻本《删定武库益智录》二十卷。

守圉全书八卷末一卷

明韩霖撰。韩霖有《绛帖考》等，已著录。

《山西文献总目提要·晋人著述（二）》著录。《山西通志·人物·韩霖》："所著《守圉全书》《救荒全书》《祖绛帖考》《炮台图说》数十种，兵燹之余，存者亦仅矣。"山西省图书馆藏有明崇祯九年（1636）刻本。

防沧要略二卷

明杨梦熊撰。杨梦熊，字征我，闻喜人。万历丁酉举人，授永清知县。课农桑，循行阡陌，民德之，立祠以祀。调大兴，时史可法应童子试，首拔之，众哗以冒籍。梦熊曰："天子畿无内外，天下人皆得试，何为冒籍？"力请于学院。又冠多士，后可法为一代名臣。升刑部主事，历员外郎，延安知府，长芦盐运使，剔弊除奸，却羡恤商，升分守关南道参政，未任卒。事见《山西通志·人物》。

据《山西通志·经籍》著录。

六 韬

明赵标撰。赵标，解州（今运城市）人。南京户部侍郎赵钦汤长子。万历十三年（1585）举于乡，次年第进士，为苑马寺卿，巡按四川。

《山西文献总目提要》卷九《晋人著述（二）》著录。临猗县图书馆有藏。

握机经解一卷

清王畹撰。畹字始旦，绛州人。

《四库全书总目》子部兵家类存目著录,云:"是编据《李卫公问对》,以《握机经》三百八十四字皆太公增衍之文,因捃摭往说,并摅已见为之集注。考《李卫公问对》三卷,本宋阮逸伪撰。瞰乃据以定此书为太公之文,殊不足信。后附增衍《握奇经》六十八字,自注云:'相传宋阮逸拟作。'则亦明知其伪矣。"①

---

① 纪昀等:《钦定四库全书总目》子部兵家类存目,中华书局1997年整理本,第1303页。

天文历算类

大唐千岁历

唐王勃撰。王勃有《周易发挥》等,已著录。

《山西通志·经籍》著录王勃《千岁历》。《旧唐书·王勃传》:"勃聪警绝众,于推步历算尤精。尝作《大唐千岁历》,言唐德灵长千年,不合承周隋短祚。其论大旨云:'以土王者五十代而一千年,金王者四十九代而九百年,水王者二十代而六百年,木王者三十代而八百年,火王者二十代而七百年。此天地之常期,符历之数也。自黄帝至汉,并是五运真主。五行已遍,土运复归。唐德承之宜矣。魏晋至于周隋,咸非正统五行之渗气也。故不可承之。'大率如此。"此书久佚。

五行类

周易洞林解三卷

郭璞撰。璞有《周易髓》,已著录。

《晋书·郭璞传》:"璞撰前后筮验六十余事名为《洞林》。"《隋书·经籍志》五行类著录郭璞《易洞林》三卷。《旧唐书·经籍志》《新唐书·艺文志》五行类均著录郭璞撰《周易洞林解》三卷。《宋史·艺文志》子部蓍龟类著录郭璞《周易洞林》一卷。朱彝尊《经义考》卷十一:"郭氏璞《周易洞林》:《隋书·经籍志》五行家三卷,《宋史·艺文志》一卷,佚。"《玉函山房辑佚书》有辑本。

周易新林四卷

郭璞撰。璞有《周易髓》,已著录。

《晋书·郭璞传》:"(璞)又抄京、费诸家要撮,更撰《新林》十篇。"《隋书·经籍志》五行类著录郭璞撰《周易新林》四卷及《周易新林》九卷,且云:"梁有《周易林》五卷,郭璞撰,亡。"《通志·艺文略》五行类著录郭璞《周易林》五卷。朱彝尊《经义考》卷十一:"《周易新林》:《隋书·经籍志》五行家九卷,又四卷。佚。"

卜韵一篇

郭璞撰。璞有《周易髓》,已著录。

《晋书·郭璞传》:"(璞)又抄京、费诸家要撮,更撰《新林》十篇,《卜韵》一篇。"此书久佚。

周易玄义经一卷

郭璞撰。璞有《周易髓》,已著录。

《宋史·艺文志》五行类著录郭璞《周易玄义经》一卷。朱彝尊《经义考》卷十一:"《周易玄义经》:《宋史·艺文志》一卷,佚。"

易八卦命录斗内图一卷　佚

郭璞撰。璞有《周易髓》,已著录。

《隋书·经籍志》五行类著录。朱彝尊《经义考》卷十一:"《易八卦命录斗内图》:《隋志》五行家一卷,佚。"

易斗图一卷　佚

郭璞撰。璞有《周易髓》,已著录。

《隋书·经籍志》五行类著录。朱彝尊《经义考》卷十一:"《易斗图》:《隋志》五行家一卷,佚。"

周易察微经一卷　周易鬼眼算一卷　周易逆刺一卷　易鉴三卷　三命通照神白经三卷　八五经一卷　狐首经一卷　青囊补注三卷

晋郭璞撰。璞有《周易髓》,已著录。

据《山西通志·经籍》著录。《宋史·艺文志》子部五行类分别著录郭璞《三命通照神白经》三卷、郭璞《周易玄义经》一卷、《周易察微经》一卷、《周易鬼御算》一卷、《周易逆刺》一卷、《易鉴》三卷、郭璞《山海经》十八卷、郭璞《葬书》一卷、《山海图经》十卷（郭璞序，不著姓名）。《郡斋读书志》著录《青囊补注》三卷，云："右晋郭璞撰。世传《葬书》之学，皆云无出郭璞之右者。今盛行多璞书也。按《璞传》载葬母事，世传盖不诬矣。璞未几为王敦所杀，若谓祸福皆系于葬，则璞不应择凶地以取祸。若谓祸福有定数，或它有以致之，则葬地不必择矣。呜呼！璞自用其术尚如此，况后遵其遗书者乎？"著录《八五经》三卷，曰："右序云黄帝书，八五谓八卦五行。虽后人依托者，而其辞亦驯雅。相墓书也。"《直斋书录解题》卷十二著录《八五经》一卷，云："《序》称大将军记室郭璞，后序言：'余受郭公囊书数篇，此居一。公戒以秘之。丞相王公尽索余书，余以公言告之得免。'末称太兴元年六月，盖晋元帝时。王公谓导也。然皆依托尔。其书为相墓作。八五者，其五行八卦之谓欤。"著录郭璞《狐首经》一卷，云："不著名氏，称郭景纯序，亦依托也。胡汝嘉始序而传之，其文亦雅驯，言颇有理。阴阳备用中全载。"著录《续葬书》一卷，云："称郭景纯，鄙俗依托。"这些书除《山海经》外，大都不见于《隋书·经籍志》及《旧唐书·经籍志》《新唐书·艺文志》记载，应为后人伪托。

龟经三卷　龟经秘要三卷

南朝齐柳世隆撰。柳世隆（442—491），字彦绪，河东解（今永济市）人，南北朝时期宋、齐大臣，尚书令柳元景之侄。早年曾任上庸太守，后起兵响应宋明帝，历任尚书仪曹郎、太子洗马、前军长史等职。后任侍中、尚书右仆射，封贞阳县侯。入齐，历任南豫州刺史，南兖州刺史、侍中、尚书右仆射、尚书左仆射、湘州刺史、尚书令，晋爵贞阳县公。永卒赠司空，谥忠武。《南齐书》卷二十四有传。

《山西通志·经籍》著录。《南齐书·柳世隆传》："著《龟经秘要》二卷行于世。"《旧唐书·经籍志》著录柳彦询《龟经》三卷。《新唐书·艺文志》同时著录柳彦询《龟经》三卷、柳世隆《龟经》三卷,则二书非一。

十杖龟经

南朝梁柳恽撰。柳恽(465—517),字文畅,祖籍河东解州(今运城市),梁天监元年(502)为侍中,历任散骑常侍、左民尚书,持节、都督、仁武将军、平越中郎将、广州刺史。又"征为秘书监、领左军将军"。曾两次出任吴兴太守。卒赠侍中,中护军。《南史》卷三十八、《梁书》卷二十一有传。

《山西通志·经籍》著录。《南史·柳恽传》:"恽著《十杖龟经》。"

梦隽一卷

唐柳璨撰。柳璨有《正闰位历》等,已著录。

此据《山西通志·经籍》著录。《新唐书·艺文志》《宋史·艺文志》子部五行类均著录柳璨《梦隽》一卷。《崇文总目》著录此书阙。

铜函记一卷　五家通天局一卷　金镜图一卷　玉函记一卷　黄囊大卦诀一卷

唐丘延翰撰。丘延翰,一作邱延翰,闻喜人,永徽时游太山,于石室中遇神人授玉经,即《海角经》也。洞晓阴阳,依法扦择,罔有不吉。开元中为县人卜葬地,星气交现。太史奏曰:"河东闻喜有异气。"朝廷忌之,遣使断其所扦山,诏捕之。大索勿得,诏原其罪。诣阙陈阴阳之说,以天机等书进呈,秘以金函玉篆,号八字天机,拜亚大夫之官,祀山仙祠。事见《山西通志·人物》。

《宋史·艺文志》子部五行类著录丘延翰《金镜图》一卷,《铜函记》一卷,《五家通天局》一卷。《通志·艺文略第六》著录邱氏《曜气细断》一卷、《铜函记》一卷、《腾灵正诀》一卷、《拨沙经纶诗》一卷。"邱氏"当亦指邱延翰。

易镜三卷

宋王鄯撰。王鄯,生平不详,中条山道士。

《宋史·艺文志》子部蓍龟类著录宋中条山道士王鄯《易镜》三卷。《通志·艺文略第六》易占类亦著录《易镜》三卷,云中条山道士无惑子撰。

农家类

乘舆月令十二卷

唐裴澄撰。裴澄,河东闻喜人,德宗朝登第,贞元十一年(795)为国子司业,官至苏州刺史。生平见《新唐书·宰相世系表一上》、《吴郡志》卷一一。

《山西通志·经籍》著录。《新唐书·艺文志》子部农家类著录裴澄《乘舆月令》十二卷。已佚。

医家类

医语纂要一卷

唐王勃撰。王勃有《周易发挥》等，已著录。

据《山西通志·经籍》著录。《宋史·艺文志》子部医书类著录王勃《医语纂要》一卷。《通志·艺文略第七》著录王勃《医语序》一卷，《医语纂要论》一卷。

伤寒论一卷

唐张果撰。张果，即民间传说八仙之一的张果老。武则天时术士，隐于中条山，往来汾晋间。时人传其有长年秘术，自云年数百岁。尝著《阴符经玄解》。则天遣使召之，果佯死不赴。玄宗召之，号曰通玄先生。事见《旧唐书·方伎传》。

据《山西通志·经籍》著录。《宋史·艺文志》子部医书类著录张果《伤寒论》一卷。《通志·艺文略第七》著录张果先生《伤寒论》一卷。《崇文总目》著录此书阙。

发焰录一卷

唐司空舆撰。司空舆,河中虞乡(今永济市虞乡)人。图之父。大中时商州刺史,终户部郎中。善书,以书受知于裴公休。

《新唐书·艺文志》子部医术类著录,云:"舆,图父,大中时商州刺史。"《宋史·艺文志》子类医书类亦著录。《通志·艺文略》医方类著录,云"司空舆述治风方。"《崇文总目》著录此书阙。

古今集验方十卷

唐薛景晦撰。薛景晦,河东人。元和刑部郎中,贬道州刺史。

《山西通志·经籍》著录。《新唐书·艺文志》《通志·艺文略第七》著录同。刘禹锡《传信方述》:"余为连州四年,江华守河东薛景晦以所著《古今集验方》十通为赠。"

五色旁通五脏图一卷

唐裴王庭撰。裴王庭,生平不详,疑亦出河东裴氏。

《山西通志·经籍》著录。《新唐书·艺文志》子部医术类著录裴王廷《五色旁通五藏图》一卷。《宋史·艺文志》子部医书类著录裴王庭《五色旁通五藏图》一卷。

兵部手集方三卷

唐薛弘庆撰。薛弘庆,太和河中少尹。

《山西通志·经籍》著录。《新唐书·艺文志》子部医术类著录,云:"兵部尚书李绛所传方。弘庆,太和河中少尹。"

医问七卷

宋司马光撰。光有《温公易说》，已著录。

《宋史·艺文志》《山西通志·经籍》著录。

救急单方

明辛全撰。全有《周易指掌》，已著录。

据民国《新绛县志》、光绪《直隶绛州志》著录。

撰集伤寒世验精法八卷

明张吾仁撰，清张于乔编。吾仁，字春台，芮城人。于乔，字孟迁，亦芮城人。

《山西文献总目提要》卷九《晋人著述（二）》2335条著录。此书现存版本有：1.康熙五年（1666）刻本，中科院图书馆藏。2.康熙抄本，上海市图书馆藏。3.乾隆八年（1743）天中深和堂刻本，中华医学会上海分会图书馆藏。4.乾隆刻本，中国医学科学院图书馆藏。5.嘉庆二十二年（1817）思诚堂杜氏刻本，中国中医研究院图书馆藏。6.光绪十六年（1890）广东文乐轩刻本，广州中医学院图书馆藏。7.清三元斋抄本。山东省图书馆藏。

辨舌世验精法一卷

明张吾仁撰。吾仁有《撰集伤寒世验精法》，已著录。

《山西文献总目提要》卷九《晋人著述（二）》2336条著录。此书主要版本有：1.明崇祯刻本，芮城县图书馆藏。2.清康熙五年（1666）刻本，《撰集伤寒世验精法》附，中科院图书馆藏。

医开七卷

明王世相撰。世相，字季邻，号清溪。蒲州（今永济市）人。吕柟门人，官延川知县。

《四库全书总目》子部医家类存目著录。

小儿痘疹纂要

明薛自修撰。自修，绛州（今新绛县）人。

《山西文献总目提要》卷九《晋人著述（二）》2346条著录。国家图书馆藏有明末清初刻本一册。

伤寒条辨要解　本草例读

清张无妄撰。无妄，字必醇，临晋（今临猗县）人。

光绪《山西通志·艺术录》："（无妄）精通脉理，治疾多验，为一时名医。著有《伤寒条辨要解》《本草例读》。"

养花天

清张洪烈撰。洪烈，绛州（今新绛县）人。诸生，精医，以治痘症驰名。

光绪《山西通志·艺术录》："（洪烈）所著《养花天》，依方疗之，无不神效。"

术数类

葬书一卷

晋郭璞撰。璞有《周易髓》,已著录。

《宋史·艺文志》五行类著录此书。《四库全书总目》将之归入子部术数类。① 学者认为此书出于唐人伪托,非郭璞所著。② 瞿镛《铁琴铜剑楼藏书目录》有明刊本《葬书集注》一卷,云:"草庐先生吴文正公澂删定,后学金华元默生郑谧注释。"《总目》所据,似非此本。后世术家亦名此书为《葬经》。毛晋汲古阁刻本即名为《葬经》。

玉照定真经一卷

晋郭璞撰,张颙注。璞有《周易髓》,已著录。

《四库全书总目》子部术数类收录著录,曰:"考《晋书》璞传,不言璞有此书。《隋志》《唐志》《宋志》以及诸家书目,皆不著录。惟叶盛《菉竹堂书目》载有此书一册,亦不著撰人。盖晚出依托之本。张颙亦不知何许人。勘验书中多涉江南方言,疑书与注文,均出自张颙一人之手,而假名于璞以

---

① 纪昀等:《钦定四库全书总目》子部术数类,中华书局1997年整理本,第1430页。
② 《复堂笔记》五云:"篇中皆用唐韵,当出唐人,托之景纯。"

行,术家影附,往往如此,不足辨也。其书世无传本,仅元、明人星命书偶一引之。今检《永乐大典》所载,首尾备具,犹为完帙。虽文句不甚雅驯,而大旨颇简洁明析,犹有《珞琭子》及《李虚中命书》遗意。所言吉凶应验,切近中理,亦多有可采,如论年仪、月仪、六害、三奇、三交、四象之类,尤多所阐发。惟推及外亲、女婿,以曲说穿凿,不免牵强附会耳。盖旧本相传,要有所受,究非后来杜撰者所能及。故录而存之,以备星命家之一种焉。"①

天机素书四卷

唐邱延翰撰。邱延翰有《铜函记》等,已著录。

《四库全书总目》子部术数类存目著录此书,辨云:"《通志·艺文略》载延翰《玉函经》一卷、《黄囊大卦诀》一卷,无此书名。惟《堪舆类纂》载宋吴景鸾进《阴阳天机书序》云:'唐开元中,河东星气有异,朝廷患之,遣使断其山,究其实,则邱延翰所作之山也。捕之弗得,诏原其罪。乃诣阙进师授《天机书》,并自撰《理气心印》三卷。玄宗赐之爵,以《玉函》藏其书内廷。禁勿传。唐末兵乱,曾求已、杨益于琼林库获《玉函》,发之得《天机书》。由是杨、曾之名始著。曾授陈抟,抟授景鸾父克诚,景鸾于庆历辛巳承诏进《天机》《心印》二书。'然则《玉函》《天机》本一书而二名也。然其说颇诞,已不足为据。是书尤词旨猥鄙,不类唐以前书。二卷以下图说参半,所谓三仙讲、五虎讲诸图,冗复牵缀,皆无意义。大抵明代地师,因景鸾之说所为,又非宋人相传之本矣。"② 上海图书馆藏有明刻《地理大全》本。

内传天皇鳌极镇世神书三卷

唐丘延翰撰。丘延翰有《铜函记》等,已著录。

此书今存。《四库全书总目》子部术数类存目著录此书,云"核检其文,实出伪托"。

---

① 纪昀等:《钦定四库全书总目》子部术数类,中华书局 1997 年整理本,第 1438 页。
② 同上书,第 1459 页。

数学五书

清安清翘撰。安清翘有《周易比例》,已著录。

光绪《垣曲县志》卷八《人物》安清翘条:"著有《数学五书》《矩堂语录》藏于家。"《书目答问》卷三子部著录安清翘《数学五书》,列目作:《推步惟是》《一线表用》《学算有略》《笔算衍略》《乐律心得》。《续修四库全书》第115册经部影印收录清嘉庆刻《数学五书》本《乐律心得》二卷。《四库未收书辑刊》第九辑第12册影印收录嘉庆刻《数学五书》本《矩线原本》四卷、《一线表用》六卷、《推步惟是》四卷、《学算存略》三卷。

艺术类

古来能书人录一卷

晋卫恒撰。恒有《四体书势》,已著录。

唐张彦远《法书要录》卷二《梁中书侍郎虞龢论书表》:"臣见卫恒《古来能书人录》一卷,时有不通,今随事改正。"

笔阵图一卷

晋卫铄撰。卫铄(272—349),字茂猗,河东安邑(今夏县北)人,廷尉展之女,汝阴太守李矩之妻也。世称卫夫人。工书法,王羲之少常师之。

《宋史·艺文志》经部小学类著录《笔阵图》一卷,未标作者。唐张彦远《法书要录》卷一著录晋卫夫人《笔阵图》。此书有明天启七年程好之校刊本,列入《天都阁藏书》。另有《说郛》本、《续百川学海》本。

天监棋品一卷

梁柳恽撰。恽有《十丈龟经》,已著录。

《隋书·经籍志》卷三十四:"《天监棋品》一卷,梁尚书仆射柳恽撰,亡。"

酒经一卷　酒谱二卷

唐王绩撰。王绩有《隋书》,已著录。

据《山西通志·经籍》著录。《唐才子传》王绩传:"撰《酒经》一卷,《酒谱》一卷,诗赋等传世。"

平台秘略

唐王勃撰。王勃有《周易发挥》,已著录。

据《山西通志·经籍》著录。《新唐书·王勃传》:"年未及冠,授朝散郎,数献颂阙下。沛王闻其名,召署府修撰。论次《平台秘略》,书成,王爱重之。"今传《王子安集》,有《平台秘略》十首。

画学秘诀一卷

唐王维撰。王维(701—761),字摩诘,号摩诘居士。河东蒲州(今运城市)人。开元十九年(731)状元及第。历官右拾遗、监察御史、河西节度使。天宝年间,拜吏部郎中、给事中。安禄山攻陷长安,被迫受伪职。长安收复后,责授太子中允。肃宗乾元年间任尚书右丞,世称"王右丞"。

据《山西通志·经籍》著录。《四库全书总目》子部艺术类存目著录此书,认为:"词作骈体而句格皆似南宋人语。王缙编维集亦不载此篇,明焦竑《经籍志》始著于录,盖亦近代依托也。明人收入维集,失考甚矣。"[1] 有学者疑其为南宋画院之流所伪为者。文格甚低。明王绂《书画传习录》盛赞之,疑为嵇承咸所附益者。赵松谷笺注《王右丞集》亦谓为伪作。此书有詹氏画苑补益本、唐六如书画谱本、关中石刻本。

---

[1] 纪昀等:《钦定四库全书总目》卷一一四,中华书局1997年整理本,第1511页。

山水论一篇

唐王维撰。维有《画学秘诀》,已著录。

《式古堂书画汇考》注云"或曰李成作"。学者疑王维本有画诀口授相传,后人乃傅益以成此篇。《唐六如画谱》、詹氏《画苑补益》题为荆浩《山水赋》,亦即是篇。其文少异。赵松谷笺注《右丞集》指为伪托。四库则仍唐、詹两家题荆浩作,亦谓非是本书。此书有《王氏画苑》本,《画伦丛刊》本。

法书要录十卷

唐张彦远撰。张彦远有《续唐历》,已著录。

《新唐书·艺文志》《宋史·艺文志》经部小学类、《通志·艺文略》法书类均著录此书为十卷。此书今存,《四库全书总目》子部艺术类著录。四库馆臣认为:"其书采摭繁富,汉以来佚文绪论,多赖以存,即庾肩吾《书品》、李嗣真《书品后》、张怀瓘《书断》、窦臮《述书赋》,各有别本者,实亦于此书录出。"① 学者一般认为此书较宋朱长文辑《墨池编》、陈思辑《书苑菁华》更为精审。此书有《王氏书苑》本、《津逮秘书》本、《学津讨原》本。台湾"中央"图书馆藏有明刻本。国家图书馆藏有明刻二卷本,内容与十卷本同。

历代名画记十卷

唐张彦远撰。彦远有《续唐历》,已著录。

据《山西通志·经籍》著录。《新唐书·艺文志》《宋史·艺文志》子部杂艺术类均著录《历代名画记》十卷。《直斋书录解题》著录云:"《历代

---

① 纪昀等:《钦定四库全书总目》子部艺术类,中华书局 1997 年整理本,第 1482 页。

名画记》十卷,唐张彦远撰。彦远家世藏法书名画,收藏鉴识自谓有一日之长,既作《法书要录》,又为此记。且曰:'有好事者传余二书,书画之事毕矣。'"《郡斋读书志》子部杂艺术类著录《名画猎精》六卷,云:"右唐张彦远纂,记历代画工名姓,自史皇以降至唐朝,及论画法,并装背褾轴之式,鉴别阅玩之方。"四库馆臣认为《名画猎精》必非张彦远之作。[1] 但周中孚《郑堂读书记》卷四十八辨证曰:"是编初稿名曰《名画猎精》,后续成历代小传,另编为《历代名画记》,而未及移卷一之第三篇冠于历代小传之首。且初稿别为流传,晁公武因得以志之。而郭若虚列《名画猎精录》,竟注无名氏。《总目》知其书初只前三卷,而不悟其即《名画猎精》,因而被郭氏之说所惑。"此书今存,有徐乃昌旧藏明嘉靖间刊本、《四库全书》本、《王氏画苑》本、《津逮秘书》本、《学津讨原》本、《续百川学海》本等。

书屏记一卷

唐司空图撰。司空图(837—908),河中虞乡(今永济市)人。字表圣,自号知非子,又号耐辱居士。唐懿宗咸通十年(869)应试,擢进士上第,懿宗朝时曾被召为殿中侍御史,天复四年(904),朱全忠召为礼部尚书,司空图佯装老朽不任事,被放还。后梁开平二年(908),唐哀帝被弑,他绝食而死。《旧唐书》卷一九〇、《新唐书》卷一九四有传。

此篇记徐浩为其先人作一书屏,凡四十二幅,八体皆备至,堪宝贵,卒以遭乱毁失,因作是编记之,且云:"前后所藏及佛道图记共七千四百卷,与此屏皆为灰烬。"惜此七千四百卷之品目不详也。[2] 此记见于今司空图集,另有《书苑菁华》本等。

---

[1] 纪昀等:《钦定四库全书总目》子部艺术类,中华书局1997年整理本,第1482页。
[2] 余绍宗:《书画书录解题》卷七《杂识之纯言书画之作》,浙江人民出版社1982年影印本,第1页。

草字杂体

唐裴行俭撰。行俭有《选谱》,已著录。

据《山西通志·经籍》著录。《旧唐书·裴行俭传》:"有集二十卷,撰《草字杂体》数万言并传于代。"《新唐书·艺文志》著录裴行俭《草书杂体》,并注云"卷亡"。可见此书北宋时已佚。

温公投壶新格一卷

宋司马光撰。光有《温公易说》,已著录。

《郡斋读书志》卷十五子部艺术类著录,云:"旧有《投壶格》,君实恶其多取奇中者以为侥幸,因尽改之。"

温公七国象棋一卷

宋司马光撰。光有《温公易说》,已著录。

《郡斋读书志》卷十五子类艺术类著录,云:"周、秦、韩、魏、赵、楚、齐、燕实八国,而云七国者,周室不与焉。"《文献通考·经籍考》著录同。《读书敏求记》卷三有钞本《温公七国象戏局》一卷,云:"谓七国者,秦、韩、赵、魏、楚、齐、燕也,周居中而不与,尊周室也。"殆即此书。今宛委山堂本《说郛》卷一百二、《丽廔丛书》《郎园先生全书》中有司马光《古局象棋图》一卷。

篆诀歌一卷

明赵师尹撰。师尹有《四书正音》,已著录。

此书亦名《篆诀分韵歌》,《贩书偶记》著录清道光年小小斋刻本。

梓人遗制八卷

元薛景石撰。景石,字叔矩,河中万泉(今万荣县)人。《千顷堂书目》卷十五艺术类著录。民国二十年(1931)上海中国营造学社据《永乐大典》出版排印本。山东画报出版社2006年出版《中国古代物质文化经典图说丛书》本《梓人遗制图说》。

布经八卷

清绛州范铜撰。范铜,生平不详。

雷梦水《古书经眼录》著录范铜撰《布经》八卷,为旧钞本,竹纸一册。① 《四库未收书辑刊》第三辑第30册影印收录清抄本《布经》八卷,有范铜乾隆十六年(1751)自序,署"晋绛范铜题于槎溪寿光堂旅次。"

张氏说楷一卷

明张亦楷撰。亦楷,字直甫,号克疑,闻喜人。
《贩书偶记续编》著录康熙中乐园刻本。

---

① 雷梦水:《古书经眼录》,齐鲁书社1984年版,第98页。

杂家类

魁纪公三十卷　樊子三十卷

唐樊宗师撰。樊宗师，字绍述。樊泽之子。河中（今永济市）人。始为国子主簿。著有《樊谏议集七家注》等书。唐宪宗元和三年（808）"军谋宏远，堪任将帅"科登第，授著作佐郎。历太子舍人、绵州刺史、绛州刺史等职。后改任谏议大夫，未及上任而卒。《新唐书》有传。

《新唐书·艺文志》子部杂家类著录。《通志·艺文略》儒家类著录。《新唐书·樊宗师传》："著《春秋传》《魁纪公》《樊子》凡百余篇，别集尚多。"

徽言三卷

宋司马光撰。光有《温公易说》，已著录。

《直斋书录解题》杂家类著录《徽言》三卷，云："司马光手钞诸子书，题其末曰：'余此书类举人所钞书，然举人所钞猎其辞，余所钞核其意。举人志科名，余志道德。'其书'迂叟年六十八'，盖公在相位时也。方机务填委，且将属疾，而好学不厌，克勤小物如此。所钞自《国语》而下六书，其目三百一十有二，小楷端重，无一笔不谨，百世之下，使人肃然起敬。真迹藏邵康节家，其诸孙遵守。汉嘉从邵氏借刻，携其板归越，今在其群从述尊古家。"

《四库全书总目》子部杂家类存目著录该书,内容与陈振孙所言已不合,不但失其题末,而且仅抄五书。但卷末列所欲取书名二十二种。因此,馆臣认为:"盖未完之稿,后人以光手书重之耳。"①

共发编四卷

明曹于汴撰。曹于汴(1558—1634),字自梁,一字贞予,解州安邑(今运城市)人。明代万历二十年(1592)进士。以淮安推官征授刑科左、右给事中,转吏科给事中,遇事敢言。擢太常少卿。光宗时,转大理少卿。熹宗立,迁左佥都御史,佐赵南星主京察,进吏部右侍郎。力抉善类,为魏忠贤所斥。崇祯初,拜左都御史。卒赠太子太保。事迹具《明史》本传。

《四库全书总目》子部杂家类存目著录曹于汴《共发编》四卷,云:"是编乃为淮安推官时,讲学安定祠内,与门人问答之语。其持论多涉玄妙。如谭大礼问无我相之旨,儒与禅宗将无同。于汴答云:'若天地万物一一联属于我,斯无我相矣。然天地万物亦无相也。以相观天地,则如彼其大矣。以相观万物,则如彼其众矣。安能联属于我?故幻相非真,真相亦非真,而无相者为真。夫堕禅者非也,避禅者亦非也。无真而未尝无真,无幻而未尝无幻,无天地万物而未尝无天地万物。财成辅相,种种现在,乌在其禅与不禅'云云。是坐儒者之皋比,而演释迦之经咒,则何不披缁而开方丈也?"

神京偶记

明辛全撰。全有《周易指掌》,已著录。

据民国《新绛县志》、光绪《直隶绛州志》著录。卷数内容不详。

---

① 纪昀等:《钦定四库全书总目》,中华书局1997年整理本,第1729页。

衡谕解

明辛全撰。全有《周易指掌》,已著录。

据光绪《直隶绛州志》著录。卷数内容不详。

圣谕解

明辛全撰。全有《周易指掌》,已著录。

据民国《新绛县志》著录。卷数内容不详。

治平野谋

明辛全撰。全有《周易指掌》,已著录。

据民国《新绛县志》、光绪《直隶绛州志》著录。卷数内容不详。

公余笔记二卷

清张文炳撰。文炳有《易象数钩深图》,已著录。

《四库全书总目》子部杂家类存目著录,云:"此书乃其讲学之语,凡八十一篇,各立篇名。其大意欲仿《通书》,故其自序谓官浙江安吉州州判时,尝奉檄校刊《钦定朱子全书》《御纂周易折中》,得益窥圣学之始终。全体大用,多所发明。然其学以无为宗,已全流于佛氏。又多杂以丹经之语,亦为不醇。"①

见闻琐录三卷

清宋在诗撰。在诗有《读诗遵朱近思录》,已著录。

---

① 纪昀等:《钦定四库全书总目》子部杂家类存目,中华书局1997年整理本,第1679页。

《中国丛书综录》著录宋在诗《见闻琐录》三卷,《埜柏先生类稿》本。山西省图书馆藏有乾隆二十五年(1758)刻本。

刘子俚言

清刘泽长撰。刘泽长,字恒斋,在公府中遇冤抑事,婉为申救。闻辛全讲学,欣然从之。

《山西通志·人物》刘泽长条:"著《刘子俚言》,见《三晋语录》中。"

诸儒检身录

清令狐亦岱撰。亦岱有《近思录摘读》,已著录。

《四库全书总目》子部杂家类存目著录,云:"亦岱字太峰,猗氏人。由左翼宗学教习官缙云县知县。是编即其官缙云时所刻。杂采诸儒格言分为八门:曰读书,曰讲学,曰治心,曰持躬,曰处事,曰接物,曰理家,曰居官,共一百六十二条,各以己意发明之。词旨浅近,盖为初学设也。"据《山西文献总目提要》卷九《晋人著述(二)》2273条著录,临猗县图书馆藏有宣统三年(1911)石印本。

慕莱毛公遗录

清毛尔杰撰。尔杰,字俊堂,号慕莱,夏县人。毛应观父。曾任榆次训导,汾阳教谕等职。

《山西文献总目提要》卷九《晋人著述(二)》2281条著录。山西省图书馆藏有道光十五年(1835)刻本。

葵书十六卷

清王桂撰。王桂(1688—1766)字子山,临晋(今临猗)人。自署桑泉布衣、他山主人。

《山西文献总目提要》卷九《晋人著述（二）》2283条著录。是书初刻于乾隆二十二年（1757），咸丰初再刻，曾国藩撰序。山西省图书馆藏有民国八年（1919）排印本。

咫闻集四册

清郭为崍撰。为崍，字南源，猗氏（今临猗县）人，乾隆岁贡。

《山西文献总目提要》卷九《晋人著述（二）》2452条著录。此书体例类《日知录》，对历史掌故、典章制度、文字训诂等多有考证。大连市图书馆藏有乾隆三十六年（1771）刻本。

类书类

艺文类聚一百卷

唐裴矩与欧阳询、陈叔达等撰。裴矩有《大唐书仪》，已著录。

据《山西通志·经籍》著录。《旧唐书·经籍志》《新唐书·艺文志》《宋史·艺文志》《通志·艺文略》《郡斋读书志》《直斋书录解题》等类书类均著录唐欧阳询等撰《艺文类聚》一百卷。《新唐书·艺文志》注"令狐德棻、袁郎、赵弘智等同修"，《旧唐书·欧阳询传》："武德七年，诏与裴矩、陈叔达撰《艺文类聚》一百卷。奏之。"此书今存，《四库全书》有收录。中华书局有整理本。

修文异名录十一卷　缙绅要录二卷

唐裴说撰。裴说，裴行俭从子。唐天祐三年（906）进士，累官礼部员外郎。

《宋史·艺文志》子部类事类著录裴说《修文异名录》十一卷，《缙绅要录》二卷。《崇文总目》著录《修文异名录》十卷，注曰阙。《山西通志·经籍》著录裴说《修文异名录》十一卷。

唐蒙求三卷

唐丘延翰撰。丘延翰有《玉函记》等,已著录。

据《山西通志·经籍》著录。《宋史·艺文志》子部类书类著录丘延翰《唐蒙求》三卷。

十二先生诗宗集韵二十卷

宋裴良甫编。裴良甫,字师圣,绛县人。余不详。

裴良甫《十二先生诗宗集韵》,一作《诗宗集韵》。二十卷。《郡斋读书志·附志》《四库全书总目》《续通志》《续文献通考》、清蒋光煦《东湖丛记》均著录。瞿镛《铁琴铜剑楼藏书目录》卷二十七载:"《十二先生诗宗集韵》二十卷。宋刊本。题绛人裴良甫编并序。十二先生者,谓杜文贞(甫)、李青莲(白)、高常侍(适)、韩文公(愈)、柳柳州(宗元)、孟贞曜(郊)、欧阳文忠(修)、曾文定(巩)、苏文忠(轼)、王荆公(安石)、黄文节(庭坚)、陈后山(师道)也。按《礼部韵》,每韵字下,分载其诗句,采摭颇详。古人押韵意匠可参观而得。书中遇宋讳,或易字,或减笔。每半叶十行,行二十三字。旧为明四明袁氏藏书(卷首有尚宝少卿袁氏忠彻印朱记)。"杨绍和《楹书隅录》亦著录此书,但未署著者,其云:"宋本《十二先生诗宗集韵》,二十卷,十六册。每半叶十行,行大小相间,十六字至二十三字不等。上平声改二十一殷为欣,二十六桓为欢,盖用宋《礼部韵》,标目避御讳也。有陈氏文重、松郡朱氏、朱氏秘籍、少司成印、熊祥阁印、经术堂印、遗可轩、文石史印各印记。"与瞿氏所藏殆非一本。[①]《四库全书存目丛书》子部第170册影印收录国家图书馆藏宋刻本《十二先生诗宗集韵》二十卷。

---

① 张忠纲等:《杜集叙录》,齐鲁书社2008年版,第98页。

群书摘粹

明廖永量撰。廖永量有《通鉴类抄》,已著录。

《山西通志·经籍》类书类著录。

类书纂要

清崔伟观撰。伟观,蒲州(今永济市)人。康熙四十一年(1702)进士,官阜平知县。

乾隆《蒲州府志》卷二十二《艺文撰著》著录。

小说家类

语林十卷

晋裴启撰。裴启,名荣,字荣期。河东闻喜人,处士。

《山西通志·经籍》著录。《隋书·经籍志》小说类注云:"《语林》十卷,东晋处士裴启撰,亡。"今有《玉函山房辑佚书》本,题作《裴子语林》二卷。

类林三卷

梁裴子野撰。子野有《丧服传》,已著录。

《山西通志·经籍》著录。《新唐书·艺文志》子部小说家类、《通志·艺文略第六》小学类均著录裴子野《类林》三卷。

龙城录一卷

唐柳宗元撰。宗元有《非国语》,已著录。

《山西通志·经籍》著录。《宋史·艺文志》小说类著录柳宗元《龙城录》一卷。《直斋书录解题》小说家类著录《龙城录》一卷,曰:"称柳宗元撰,龙城谓柳州也。罗浮梅花梦事出其中，《唐志》无此书，盖依托也。或云王铚性之作。"《朱子语录》曰："柳文后《龙城录》杂记，王铚所为也。子厚叙事文字多少笔力，此记衰弱之甚。皆寓古人诗文中，不可晓知底于其中，似暗影出。"

潇湘要录十卷

唐柳祥撰。柳祥，生平不详，疑出河东柳氏。

《山西通志·经籍》著录。《新唐书·艺文志》《宋史·艺文志》小说家类著录。

常侍言旨一卷

唐柳珵撰。柳珵有《唐礼纂要》，已著录。

此书《新唐书·艺文志》《郡斋读书志》《直斋书录解题》《崇文总目》《宋史·艺文志》小说类均著录。《郡斋读书志》云："唐柳珵记其世父芳所著，凡六章，末有刘幽求及《上清传》附。"《山西通志·经籍》误为唐张固撰，乃因《通志·艺文略》《直斋书录解题》著录此书与张固《幽闲鼓吹》相连，《山西通志》误抄所致。

家学要录二卷

唐柳珵撰。珵有《唐礼纂要》，已著录。

《新唐书·艺文志》《宋史·艺文志》《玉海》小说类均著录为二卷。《郡斋读书志》《文献通考》著录为一卷。《郡斋读书志》云："唐柳珵撰，采其曾祖彦、昭祖芳、父冕家集所记累朝典章因革时政得失著此录，小说之尤者也。"

昭义军别录一卷

唐卢弘正撰。卢弘正（一作卢弘止），字子强，蒲州（今永济市）人，卢纶子，卢简辞弟。元和末及进士第。初仕为地方节度使掌书记，后入朝任监察御史、侍御史等职。会昌年间任兵部郎中、给事中、工部侍郎。大中年间转户部侍郎,兼盐铁转运使,为武宁军镇帅,兼徐州刺史。迁兵部尚书,兼汴州刺史、宣武军节度使,宋、亳、颍等地观察使,卒赠尚书右仆射。

《山西通志·经籍》著录。《宋史·艺文志》小说类著录卢弘正《昭义军别录》一卷。

集异记一卷

唐薛用弱撰。用弱字中胜,河东(今永济市)人。长庆间官光州刺史。

《新唐书·艺文志》子部小说类著录薛用弱《集异记》三卷,《宋史·艺文志》子部小说类著录为一卷。《郡斋读书志》子部小说类著录为三卷。此书今存,有《四库全书》本、《古今逸史》本等。

河东记三卷

唐薛渔思撰。薛渔思,生平不详。

《山西通志·经籍》著录。《郡斋读书志》著录《河东记》三卷,曰:"唐薛渔思撰,亦记谲怪事。序云续牛僧孺之书。"此书所记故事多发生于唐文宗大和(827—835)年间,故知此书当写成于大和之后。原书不传,辑本有《绀珠集》本、《说郛》本。

续卓异记一卷

唐裴紫芝撰。裴紫芝,生平不详,疑出河东裴氏。

《山西通志·经籍》著录。《新唐书·艺文志》《宋史·艺文志》《通志·艺文略》小说类均著录裴紫芝《续卓异记》一卷。

灵异志五卷

唐裴约言撰。裴约言,生平不详,疑出河东裴氏。

《山西通志·经籍》著录。《宋史·艺文志》小说类著录裴约言《灵异志》五卷。此书已佚,《太平御览》等书中有佚文。

涑水记闻十六卷

宋司马光撰。光有《温公易说》,已著录。

《郡斋读书志》史部杂史类著录,云:"右皇朝司马光撰。记宾客所谈祖宗朝及当时杂事。"《经籍考》称《涑水纪闻》,《建炎以来系年要录》称《司马温公纪闻》。《四库总目》卷一四〇子部小说类《涑水纪闻》提要云:"其书《宋史·艺文志》作三十(按当作三十二卷),《书录解题》作十卷,今传凡三本,其文无大同异,而分卷多寡不齐。一本十卷,与陈氏目录合;一本二卷,不知何人所并;一本十六卷又《补遗》一卷。"① 司马光此书乃范冲奉高宗诏据光手稿编成,《宋史》卷四三五《范冲传》云:"为光编类《记闻》十卷奏御。"《建炎以来系年要录》卷一〇四云:"有得光《纪闻》者,上命赵鼎论冲,令编类进入。……于是冲裒为十册上之。"是冲编原本当十卷。

闻 见 录

明丘东鲁撰。丘东鲁,解州(今运城市)人,正德丙子举人,授广平府同知。历户部郎,以养亲告归。所著有《见闻录》。事见《山西通志·人物》。

《山西通志·经籍》著录。

书窗翼言

明任佐撰。任佐有《四书辨异》,已著录。

《山西通志·经籍》著录。

---

① 纪昀等:《钦定四库全书总目》子部小说家类,中华书局1997年整理本,第1847页。

山林忠谠一卷

明李汝重撰。李汝重,生平不详。闻喜县南桥有李汝重碑记。

《山西通志·经籍》著录。

闻见随录

明张辉撰。张辉有《四书臆见》,已著录。

乾隆《蒲州府志·艺文撰著》著录。曹于汴《仰节堂集》有为张煇所撰《墓志铭》,言其"著《四书臆说》《读书日记》《闻见随录》"。

俎 谈

明韩云撰。韩云,明万历四十年举人,葭州知州。

《山西通志·经籍》著录。

释道类

名僧录十五卷　众僧传二十卷

梁裴子野撰。子野有《丧服传》,已著录。

据《山西通志·经籍》著录。《隋书·经籍志》著录裴子野《众僧传》二十卷。《旧唐书·经籍志》《新唐书·艺文志》著录裴子野《名僧录》十五卷。

法华玄宗二十卷

隋柳晉撰。晉有《晋王北伐记》,已著录。

《山西通志·经籍》著录。《隋书·柳晉传》:"以其好内典,令撰《法华玄宗》为二十卷,奏之太子。"

道藏音义目录一百一十三卷

唐崔湜、薛稷撰。薛稷(649—713)字嗣通,隋朝内史侍郎薛道衡曾孙,中书令薛元超之侄。蒲州汾阴(今万荣县)人。曾任黄门侍郎、参知机务、太子少保、礼部尚书,后被赐死狱中。

《新唐书·艺文志》子部释氏类著录。已佚。

辨量三教论三卷　十王正业论十卷

唐法云撰。法云,绛州人。生平不详。

《山西通志·经籍》著录。《新唐书·艺文志》道家类著录僧法云《辨量三教论》三卷,又《十王正业论》十卷。

涅槃义疏十三卷　玄章三卷　遍摄大乘论义钞十三卷

唐灵润撰。灵润,姓梁氏,虞乡人。

《山西通志·经籍》著录。《新唐书·艺文志》著录灵润《涅槃义疏》十三卷,又《玄章》三卷,《遍摄大乘论义钞》十三卷。

十诵私记十三卷　僧尼行事三卷　尼众羯磨二卷　菩萨戒义疏四卷

唐慧旻撰。慧旻,字玄素,河东人。生平不详。

《山西通志·经籍》著录。《新唐书·艺文志》著录慧旻《十诵私记》十三卷,又《僧尼行事》三卷,《尼众羯磨》二卷,《菩萨戒义疏》四卷。

传心法要一卷　宛陵录一卷

唐裴休撰。裴休参撰《穆宗实录》,已著录。

《新唐书·艺文志》子部道家类、《宋史·艺文志》子部道家附释氏神仙类均著录裴休《传心法要》一卷。《文渊阁书目》著录《宛陵录》一部一册。国家图书馆藏有明永乐十二年(1414)刻本《传心法要》一卷、《宛陵录》一卷。

楞伽集注八卷

宋张戒注。张戒有《政要》,已著录。

《宋史·艺文志》著录张戒注《楞伽集注》八卷。《直斋书录解题》著录《楞伽经》四卷,云:"有宋、魏、唐、三译。宋译四卷、唐译七卷,正平张戒集注。盖以三译参校研究。得旧注本,莫知谁氏,颇有伦理,亦多可取。句读遂明白。其八卷者,分上下也。"

道家类

庄子旨归三篇　列子旨归一篇

宋王曙撰。曙有《周书音训》，已著录。

《山西通志·经籍》著录。《宋史·王曙传》："有《集》四十卷，《周书音训》十二卷，《唐书备问》三卷，《庄子旨归》三篇，《列子旨归》一篇，《戴斗奉使录》二卷，《集两汉诏议》四十卷。"尹洙撰《文康王公神道碑》作"《庄子指归》二篇，《列子指归》一篇"。

温公道德论述要二卷

宋司马光撰。光有《温公易说》，已著录。

《郡斋读书志》子类道家类著录，云："光意谓道、德连体，不可偏举，故废《道经》《德经》之名，而曰《道德论》。《墓志》载其目。'无名天地之始，有名万物之时，常无欲以观其妙，常有欲以观其徼'，皆于'无'与'有'下断句，不与先儒同。"《直斋书录解题》卷九题《老子道德论述要》二卷，《宋史·艺文志》题司马光《老子道德经注》二卷。《文献通考·经籍考》题作《老子道德经论著》二卷。今《道藏》本题《道德真经论》四卷，卷帙乃后人所分。

说玄一卷

宋司马光撰。光有《温公易说》,已著录。

《郡斋读书志》著录:"《说玄》一卷,右温国司马文正公光所著也。"

南华经注十三卷

金何南卿撰。何南卿,字东夫,本蜀阆城挹秀坊御史之裔,博极群书,精义理学。值乱俘于北。金大定丁酉设贡举于平阳,中选得免俘。然绝意仕进,往来汾晋,从黄冠师宋披云,名为志渊,号清真子,授以讲衍之职。披云卒,朝命提点永乐纯阳宫,赐紫衣,号渊靖大师。至大辛亥,卜居芮城中条山水谷,创乐全观,年九十一无疾卒。著《南华经注》十三卷,《水谷代腹》七卷。

《山西通志·经籍》著录。

鸣真集一卷

金玄虚子撰。玄虚子,金时全真教徒,汾阴(今万荣县)龙兴观道士。

据任继愈《道藏提要》著录。集见正统《道藏》涵芬楼影印本第178册。

启真集三卷

元刘志渊撰。志渊号通玄子,万泉(今万荣县)人,道士。

《道藏·洞真集》收录此集。山西大学图书馆藏有清道光年间刊本。

阴符经注一卷　阴符经辨命论一卷　气诀一卷　神仙得道灵药经一卷　罔象成名图一卷　丹砂诀一卷　紫灵丹砂表一卷　内真妙用诀一卷　休粮服气法一卷

唐张果撰。张果有《伤寒论》一卷,已著录。

据《山西通志·经籍》著录。《新唐书·艺文志》子部神仙类著录:"张果《阴果阴符经太无传》一卷,又《阴符经辨命论》一卷,《气诀》一卷,《神仙得道灵药经》一卷,《罔象成名图》一卷,《丹砂诀》一卷。开元二十二年上。"《崇文总目》著录《阴符经辨命论》一卷,云:"唐张果传,或曰果于道藏得此传,不详何代人所作,因编次而正之。今别为古字,盖当时道书所得之本也。"另著录张果《气诀》一卷。《宋史·艺文志》子部道家附释氏神仙类著录:"张果《阴符经注》一卷,又《阴符经辨命论》一卷。"

九真玉书一卷

唐吕岩撰。吕岩,字洞宾,礼部侍郎渭之孙,河中府永乐县(今永济市)人。咸通中举进士不第,游长安酒肆,遇钟离权得道,不知所往。事见《山西通志·人物》。

《山西通志·经籍》著录。《宋史·艺文志》子部道家附释氏神仙类著录吕洞宾《九真玉书》一卷。

寿山堂易说

唐吕岩撰。吕岩有《九真玉书》,已著录。

此书有嘉庆四年重订本,国家图书馆、山西省图书馆等有藏。无卷数,共六册。卷首有《吕子易学序》,另有柳宗元《易说题词》。此书不见历代书目著录,应为依托。

度人经注

唐薛幽栖注。薛幽栖,蒲州宝鼎(今万荣县)人,开元中进士。弃官修道,出入青城峨嵋间,后栖止南岳。

《度人经注》收入《元始无量度人上品妙经四注》中,见正统《道藏》涵芬楼影印本第38—39册。

集部

别集类

荀况集二卷

战国赵荀况撰。荀况有《荀子》,已著录。

《汉书·艺文志》著录楚兰陵令荀况赋十篇。云:"春秋之后,周道浸坏,聘问歌咏不行于列国,学《诗》之士逸在布衣,而贤人失志之赋作矣。大儒孙卿及楚臣屈原离谗忧国,均作赋以风,咸有恻隐古诗之义。"《隋书·经籍志》著录楚兰陵令《荀况集》一卷,下有注:"残缺。梁二卷。"按,何时成集、何人成其集均不可考。《旧唐书·经籍志》《新唐书·艺文志》《通志·艺文略》皆著录《荀况集》二卷。《玉海·艺文》著录《荀况集》一卷。《国史经籍志》著录《荀卿集》二卷。疑南宋后期集已佚,《国史经籍志》只是抄录旧目,不足凭。《汉艺文志考证》云荀况除赋《礼》《知》《云》《蚕》《箴》五篇外,尚有《佹诗》,今存。《全上古三代文》辑荀况文六篇,以赋为主。《先秦汉魏晋南北朝诗》辑《成相杂辞》一首,源自《荀子》下和《诗纪》前集七。中原杨倞注《荀子》二十卷,当以子书视之,然今存荀子相关集部作品,尽在其中,可作参考。有今人耿芸标校点本,上海古籍出版社2001年版。

杜挚集二卷

三国魏杜挚撰。挚（？—255？）字德鲁，河东（今夏县）人。初署司徒军谋吏，后举孝廉，除郎中，补校书。与毌丘俭同乡，作诗求其援引，俭不允。后卒于秘书。《三国志》卷二十一有传。

《隋书·经籍志》著录魏校书郎《杜挚集》二卷。《旧唐书·经籍志》著录《杜挚集》一卷。《新唐书·艺文志》《通志·艺文略》《国史经籍志》皆著录《杜挚集》二卷。此书早佚，《全三国文》辑杜挚文一篇，即《笳赋》。《先秦汉魏晋南北朝诗》辑杜挚诗二首，其一为残句。

毌丘俭集二卷

三国魏毌丘俭撰。丘俭（？—225）字仲恭，河东闻喜（今闻喜县）人。初为平原王文学。明帝初，迁荆州刺史，徙幽州刺史。讨公孙渊定辽东，进封安邑侯。高句丽数侵叛，俭讨之，有功，迁镇东将军、都督扬州。正元二年，与扬州刺史文钦矫太后诏讨司马师，兵败见杀。事见《三国志》卷二十八本传、《异苑》卷一。

《山西通志·经籍》著录。《隋书·经籍志》著录《杜挚集》下有注："梁又有《毌丘俭集》二卷，录一卷，亡。"《旧唐书·经籍志》《新唐书·艺文志》《通志·艺文略》《国史经籍志》皆著录《毌丘俭集》二卷。按，《隋书·经籍志》云《毌丘俭集》亡，两《唐志》复又著录，疑为唐开元间广征天下典籍时所得。宋、元诸典多不见载，疑北宋中后期是集已佚。《通志·艺文略》及以降著录，多钞录前史，非亲见是集，不足据。《全三国文》辑毌丘俭文九篇。《先秦汉魏晋南北朝诗》辑毌丘俭诗三首，二为残句。

裴秀集三卷

晋裴秀撰。裴秀有《易论》，已著录。

《山西通志·经籍志》著录。《隋书·经籍志》著录《成公绥集》下有注："梁又有《裴秀集》三卷,录一卷,亡。"《旧唐书·经籍志》《新唐书·艺文志》《通志·艺文略》《国史经籍志》皆著录《裴秀集》三卷。按,《隋书·经籍志》云《裴秀集》亡,两《唐志》复著录,卷数与梁本同,疑唐开元间广征天下典籍时,梁本复出。宋、元诸典多不见载,疑北宋中后期是集又佚。《全晋文》辑裴秀文四篇。《先秦汉魏晋南北朝诗》辑裴秀诗三首,其一为残句。

裴楷集二卷

晋裴楷撰。楷(生卒年不详)字叔则,河东闻喜(今闻喜县)人,裴秀从弟。清悟有识,弱冠知名。为司马昭丞相掾、司马炎抚军参军,转中书郎。晋受禅,拜散骑侍郎,转侍中。惠帝初转卫尉,迁太子少师。转尚书,进中书令,加侍中,又加光禄大夫开府仪同三司。卒,谥曰元。参《三国志》卷二十三、《晋书》卷三十五。

《山西通志·经籍》著录。《隋书·经籍志》著录《闵鸿集》下有注："梁有光禄大夫《裴楷集》二卷,录一卷,亡。"《旧唐书·经籍志》《新唐书·艺文志》《通志·艺文略》《国史经籍志》皆著录《裴楷集》二卷。按,《隋书·经籍志》云《裴楷集》亡,两《唐志》复又著录,卷数与梁本同,疑唐开元间广征天下典籍时复得梁本。宋、元典籍多不见载,疑是集北宋中后期又佚。《全晋文》辑裴楷文一篇,即《与石崇书》,系残句。

裴頠集十卷

晋裴頠撰。裴頠有《冠仪》,已著录。

《山西通志·经籍志》著录。《隋书·经籍志》著录尚书仆射《裴頠集》九卷。《旧唐书·经籍志》《新唐书·艺文志》《通志·艺文略》《国史经籍志》皆著录《裴頠集》十卷。按,两《唐志》著录《裴頠集》较《隋书·经籍志》多一卷,疑唐开元间广征天下典籍复得古本。然宋、元典籍多不著录是集,疑其北宋中后期又佚。《全晋文》辑裴頠文十三篇。

裴邈集二卷

晋裴邈撰。邈（生卒年不详）字景声，河东闻喜（今闻喜县）人。有俊才，为太傅东海王越从事中郎，假节监中外营诸军事，迁广威将军。参《三国志》卷二十三、《世说新语·雅量》。

《山西通志·经籍》著录。《隋书·经籍志》著录《庾敳集》下有注："梁又有广威将军《裴邈集》二卷，录一卷，亡。"《旧唐书·经籍志》《新唐书·艺文志》皆著录《裴邈集》二卷。按，《隋书·经籍志》云《裴邈集》亡，两《唐书·艺文志》复著录，且卷数与梁本同，盖唐开元间广征天下典籍时复得梁本。《通志·艺文略》、《国史经籍志》皆著录《裴邈集》二卷。《全晋文》辑录裴邈文二篇。

卫展集四十卷

晋卫展撰。展（生卒年不详）字道舒，河东安邑（今夏县）人。卫恒族弟。历尚书郎，南阳太守。永嘉中为江州刺史，累迁晋王大理。元帝即位，为廷尉。卒，赠光禄大夫。事见《世说新语·俭啬》、《晋书》卷十六本传。

据《山西通志·经籍》著录。《隋书·经籍志》著录晋光禄大夫《卫展集》十二卷，下有注："梁十五卷。"《旧唐书·经籍志》著录《卫展集》四十卷。《新唐书·艺文志》著录《卫展集》十四卷。《通志·艺文略》《国史经籍志》皆著录《卫展集》十五卷。按，《旧唐书·经籍志》之"四十卷"当为"十四卷"传钞之误。《隋书·经籍志》"十二卷"和两《唐志》"十四卷"皆梁"十五卷"之佚本，后者当为唐开元间广征天下典籍时所得。《全晋文》辑卫展文三篇。

郭璞集十卷

晋郭璞撰。郭璞有《周易髓》，已著录。

《山西通志·经籍》著录。《晋书·郭璞传》云郭璞作诗、赋、诔、颂数万言。《隋书·经籍志》著录《郭璞集》十七卷,下有注:"梁十卷,录一卷。"《旧唐书·经籍志》《新唐书·艺文志》皆著录《郭璞集》十卷。按,《隋书·经籍志》著录较梁本多七卷,疑来源不一。两《唐书》著录与梁本同,当为唐开元间广征天下典籍时所得梁本。《通志·艺文略》著录《郭璞集》十七卷。《宋史·艺文志》著录《郭璞集》六卷。《国史经籍志》著录《郭璞集》十七卷。明及其后辑本有:明张燮辑《郭弘农集》二卷,附录一卷,收入《七十二家集》。明张溥辑《郭弘农集》二卷,收入《汉魏六朝百三家集》。明叶绍泰辑《郭弘农集》二卷,收入《增订汉魏六朝别解》。清姚莹、顾沅、潘锡恩辑《郭景纯集》二卷,收入《乾坤正气集》。《全晋文》辑郭璞文四卷数百篇。清吴汝纶评选《郭弘农集选》一卷,收入《汉魏六朝百三家集选》,有1917年都门书局排印本。《先秦汉魏晋南北朝诗》辑郭璞诗十二题三十首。聂恩彦《郭弘农集校注》,山西人民出版社1989年出版。

王接集

晋王接撰。接有《汲冢周书论》,已著录。

《山西通志·经籍》著录王接《杂议诗赋碑颂驳难》。《晋书·王接传》:"又撰《列女后传》七十二人,杂论、议、诗、赋、碑、颂、驳难十余万言,丧乱尽失。"

王愆期集十卷

晋王愆期撰。愆期有《注公羊传》,已著录。

据《山西通志·经籍》著录。《旧唐书·经籍志》著录《王愆期集》十卷。《隋书·经籍志》著录为七卷,注曰:"梁十卷,录一卷。"

卫夫人集

晋卫铄撰。铄有《笔阵图》,已著录。

《山西通志·经籍》著录。

裴松之集十三卷

南朝宋裴松之撰。松之有《集注丧服经传》，已著录。

据《山西通志·经籍》著录。《隋书·经籍志》著录《裴松之集》十三卷，下有注："梁二十一卷。"《旧唐书·经籍志》《新唐书·艺文志》《通志·艺文略》《国史经籍志》皆著录《裴松之集》三十卷。按，《裴松之集》初编可能为三十卷，梁、陈迭遭战乱，集已散佚，故隋时只剩十三卷。三十卷本或存于民间，开元间广征异书时为官府所得。然宋、元典籍多不见著录，盖北宋后期又佚。《全宋文》辑裴松之文七篇。

裴骃集六卷

南朝宋裴骃撰。骃有《史记集解》，已著录。

《隋书·经籍志》著录《鲍照集》下有注："梁又有《裴骃集》六卷，亡。"《通志·艺文略》、《国史经籍志》皆著录《裴骃集》六卷。按，《隋书·经籍志》云《裴骃集》亡，两《唐志》亦不著录，知其亡于唐前。《全宋文》辑裴骃文一篇，即《史记集解序》。

裴昭明集九卷

南朝齐裴昭明撰。昭明（？—502），河东闻喜（今闻喜县）人，裴松之之孙，裴骃之子。泰始中太学博士，元徽中出为长沙郡丞。入齐，历祠部通直郎，永明中为始安内史，建武初为齐北长史、广陵太守。中兴二年卒。参《南齐书》卷五十三、《南史》卷三十三。

据《山西通志·经籍》著录。《隋书·经籍志》著录《徐孝嗣集》下有注："梁又有通直常侍《裴昭明集》九卷，亡。"《通志·艺文略》《国史经籍志》皆著录《裴昭明集》九卷。按，《隋书·经籍志》云《裴昭明集》

亡,两《唐志》亦不著录,故其亡于唐前,当无疑义。《全齐文》辑裴昭明文二篇。

柳惔集二十卷

南朝梁柳惔撰。惔有《仁政传》,已著录。

据《山西通志·经籍》著录。《梁书》本传云柳惔著诗赋,粗有辞义。《隋书·经籍志》著录《任昉集》下有注:"梁有抚军将军《柳惔集》二十卷,亡。"校勘记曰:"柳惔,'惔'原作'憺',据《梁书》本传改。"《通志·艺文略》《国史经籍志》著录《柳惔集》二十卷。按,诸志"柳惔"原作"柳憺",袭《隋书·经籍志》之误。

柳恽集十二卷

南朝梁柳恽撰。恽有《十杖龟经》,已著录。

据《山西通志·经籍》著录。《隋书·经籍志》著录《任昉集》下有注:"梁有中护军《柳恽集》十二卷,亡。"按,《隋书·经籍志》云是集亡,两《唐志》亦不著录,当亡于唐前。《六家诗名物疏》引《柳恽集》,不云卷数。当为后人所辑。《全梁文》辑柳恽文一篇,即《答释法云书难范镇神灭论》。《先秦汉魏晋南北朝诗》辑柳恽诗十五题十八首。

裴子野集十四卷

南朝梁裴子野撰。子野有《丧服传》,已著录。

《梁书·裴子野传》、《南史·裴松之传》附《裴子野传》皆云裴子野有文集二十卷,行于世。《隋书·经籍志》著录《梁鸿胪裴子野集》十四卷。《旧唐书·经籍志》《新唐书·艺文志》《通志·艺文略》《国史经籍志》皆著录《裴子野集》十四卷。按,宋、元典籍多不著录《裴子野集》,疑其北宋后期已佚。《全梁文》辑裴子野文十四篇。《先秦汉魏晋南北朝诗》辑裴子野诗三首。

柳憕集六卷

南朝梁柳憕撰。柳憕（？—513）字文渊，河东解（今运城市）人，齐司空柳世隆第四子。历给事黄门郎、太子中庶子，后为始兴王镇北长史，随府迁镇西长史蜀郡太守。天监十二年卒，赠宁远将军、豫州刺史。参《梁书》卷十二、《南史》卷三十八。

据《山西通志·经籍》著录。《隋书·经籍志》著录《任昉集》下有注："梁有豫州刺史《柳憕集》六卷，亡。"《通志·艺文略》《国史经籍志》皆著录《柳憕集》六卷。按，《隋书·经籍志》云《柳憕集》已亡，两《唐志》亦不著录，疑其亡于陈、隋时。《全梁文》辑柳憕文二篇。

柳忱集十三卷

南朝梁柳忱撰。柳忱（471—511），字文若，河东解（今运城市）人，齐司空柳世隆第五子。起家为齐司徒行参军，累迁至侍中。梁受禅，为五兵尚书，封州陵伯。天监中，为安西长史、南郡太守，迁持节督湘州诸军事、辅国将军、湘州刺史。入为秘书监，迁散骑常侍。天监十年，卒于家，时年四十一。追赠中书令，谥曰穆。参《梁书》卷十二、《南史》三十八。

《山西通志·经籍》著录《柳忱集》六卷。按，疑钞录时误录其兄《柳憕集》六卷。《隋书·经籍志》著录《任昉集》下有注："梁有尚书令《柳忱集》十三卷，亡。"《通志·艺文略》《国史经籍志》皆著录《柳忱集》十三卷。按，《隋书·经籍志》云《柳忱集》已亡，两《唐志》亦不著录，疑其亡于陈、隋时。

裴景融集

北朝魏裴景融撰。裴景融（494—546），字孔明，河东闻喜（今闻喜县）人。笃学好属文。初举秀才，身策高第，除太学博士。历著作佐郎、辅国将军、谏议大夫。东魏孝静帝元象中,仪同高岳愉为录事参军。后为御史中丞崔暹所弹,免官。武定四年冬,病卒。参《魏书》卷六十九、《北史》卷三十八。

《魏书·裴延儁传》附《裴景融传》、《北史·裴延儁传》附《裴景融传》皆云裴景融虽才不称学,而缉缀无倦,文辞泛滥,理会处寡。所作文章,别有集录。按,裴景融文章不为世所重,故亡佚极多,虽有文集,盖唐初已无闻。《北史》虽云有集,却不云卷数,疑钞录《魏书》,未足深据。

薛孝通集八十卷

北朝魏薛孝通撰。薛孝通(?—540),字士达,河东汾阴(今万荣县)人,薛道衡之父。初为萧宝夤骠骑将军,后官员外散骑侍郎、银青光禄大夫、散骑常侍、中书侍郎。北魏孝武帝永熙末,为常山太守。东魏孝静帝兴和二年,卒于邺。后赠车骑将军、仪同三司、青州刺史。参《魏书》卷四十二、《北史》卷三十六。

据《山西通志·经籍》著录。《北史·薛辩传》附《薛孝通传》云薛孝通有文集八十卷,行于世。《旧唐书·经籍志》《新唐书·艺文志》《通志·艺文略》均著录《薛孝通集》六卷。按,《隋书·经籍志》不著录《薛孝通集》,姚振宗《隋书经籍志考证》疑其编撰草率遗漏所致。唐时尚有八十卷,两《唐志》仅著录六卷,足见唐末、五代之时散佚之甚。《全后魏文》辑薛孝通文一篇,即《博谱》。

薛 慎 集

北周薛慎撰。薛慎,生卒年不详,字佛护(一作伯护),河东汾阴(今万荣县)人。好学,能属文,善草书。起家丞相府墨曹参军,累迁太子舍人,加通直散骑常侍,兼中书舍人,转吏部郎中。经周武帝保定初,出为湖州刺史,入为蕃部中大夫,以疾去职,卒于家。参《周书》卷三十五、《北史》卷三十六。

《周书·薛善传》附《薛慎传》、《北史·薛辩传》附《薛慎传》皆云薛慎所著文集,颇为世所传。按,《周书》《隋书·经籍志》之修,令狐德棻皆为主撰。然《隋书·经籍志》不著录《薛慎集》。盖因《隋书·经籍志》较《周书》晚成垂三十年,大约其时《薛慎集》已佚。《北史》所云,盖钞录《周书》,未足深据。

薛寘文笔三十余卷

北周薛寘撰。薛寘有《西京记》,已著录。

据《山西通志·经籍》著录。

柳虬集

后周柳虬撰。柳虬(501—554),字仲蟠(《北史》作仲盘),河东解(今运城市)人。魏孝昌中,扬州刺史李宪举为秀才,兖州刺史冯儁引为府主簿。西魏大统中,为洛阳行台郎中,掌文翰。见周文帝,被留为丞相府记室。累迁车骑大将军,仪同三司。卒,谥孝。《周书》有传。

据《山西通志·经籍》著录。

柳弘集

北周柳弘撰。柳弘(生卒年不详)字匡道。少聪颖,善草隶,博涉群书,辞采雅赡。与弘农杨素为莫逆之交。初为中外府记室参军。北周武帝建德初,除内史上士,历小宫尹、御正上士。使陈,占对详敏,还拜内史都上士,迁御正下大夫。寻卒于官,年三十一。参《周书》卷二十二、《北史》卷六十四。

《周书·柳庆传》附《柳弘传》、《北史·柳虬传》附《柳弘传》皆云柳弘有文集,行于世。按,《周书》《隋书·经籍志》之修,令狐德棻皆为主撰。然《隋书·经籍志》不著录《柳弘集》,盖因《隋书·经籍志》较《周书》晚成垂三十年,大约其时《柳弘集》已佚。《北史》所云,盖钞录《周书》,未足深据。

薛道衡集三十卷

隋薛道衡撰。薛道衡（540—609），字玄卿，河东汾阴（今万荣县）人。仕北齐，历司州兵曹从事、太尉主簿、中书侍郎。入北周为御史二命士，历陵州、邛州刺史。隋初为内史舍人、吏部侍郎。坐事配防岭外，征授内史侍郎，加上仪同三司，进位上开府。炀帝时，转番州刺史，入拜司隶大夫。忤炀帝，大业三年被害。参《隋书》卷五十七、《北史》卷三十六。

据《山西通志·经籍》著录。《隋书·薛道衡传》、《北史·薛辩传》附《薛道衡传》皆云薛道衡有文集七十卷。《隋书·经籍志》著录司隶大夫《薛道衡集》三十卷。《旧唐书·经籍志》《新唐书·艺文志》《通志·艺文略》均著录《薛道衡集》三十卷。按，《隋书·经籍志》、两《唐志》均不著录七十卷本，疑《隋书·薛道衡传》记载有误，《北史》又沿袭其误。《直斋书录解题》著录《薛道衡集》一卷。提要曰："隋内史侍郎河东薛道衡元卿撰。诗凡十九篇。本集三十卷，所存止此。大抵隋以前文集，存全者亡几，多好事者于类书中钞出，以备家数也。"《文献通考》著录《薛道衡集》一卷。按，此当即《直斋书录解题》著录本。又《世善堂藏书目录》著录《薛道衡集》一卷，盖即是本。《国史经籍志》著录《薛道衡集》三十卷乃钞录《隋书·经籍志》著录卷数，不足据。明张燮辑录《薛司隶集》二卷，收入《七十二家集》。《传是楼书目》著录《薛司隶集》二卷，当即是本。明张溥辑录《薛司隶集》（又题《薛道衡集》）一卷，收入《汉魏六朝百三家集》。《全隋文》辑录薛道衡文八篇。清吴汝纶评选《薛司隶集选》一卷，收入《汉魏六朝百三家集选》。有1917年都门书局排印本。《先秦汉魏晋南北朝诗》辑录薛道衡诗二十题二十一首。

柳䛒集十卷

隋柳䛒撰。柳䛒有《法华玄宗》，已著录。

《山西通志·经籍》著录《柳顾言集》十卷、《柳䛒集》五卷。《隋书·柳䛒传》《北史·文苑传》均云柳䛒有集十卷,行于世。《隋书·经籍志》著录《柳䛒集》五卷。按,《隋书·经籍志》著录《柳䛒集》,卷数与《隋书》《北史》本传所云相差五卷,当为不同编撰者所见卷数不同。《隋书》之"志"较"传"晚出数十年,疑其时所见,已为佚本,故为五卷。《北史》似钞录《隋书·柳䛒传》,不可为据。《日本国见在书目录》《旧唐书·经籍志》《新唐书·艺文志》皆著录《柳顾言集》十卷。《通志·艺文略》《国史经籍志》均著录《柳䛒集》五卷。按,宋、元典籍多不载《柳䛒集》,疑其北宋中后期已佚,《通志·艺文略》等著录,乃钞录《隋书·经籍志》,非亲见是集,不足据。《全隋文》辑录柳䛒文五篇,其一仅剩篇名。《先秦汉魏晋南北朝诗》辑录柳䛒诗五首。

薛收集十卷

唐薛收撰。薛收(591—624),字伯褒,蒲州汾阴(今万荣县西南)人,秦王府十八学士之一,隋内史侍郎薛道衡之子。因父亲被隋炀帝缢死,遂不仕隋。后被房玄龄荐入秦王府,授为主簿。武德四年(621),随李世民讨王世充,力排众议,建议分兵围困洛阳,另外派兵狙击窦建德。最终王世充与窦建德同时被擒。后以平刘黑闼之功封汾阴县男。武德七年(624),授天策府记室参军,不久卒。贞观七年(633),追赠定州刺史。高宗即位后,陪葬昭陵。

《山西通志·经籍》著录。《旧唐书·经籍志》、《新唐书·艺文志》著录《薛收集》十卷。后世不见著录,疑亡佚于北宋中后期。

王绩集五卷

唐王绩撰。王绩有《隋书》,已著录。

《旧唐书·王绩传》:"有《文集》五卷。"《旧唐书·经籍志》著录《王绩集》五卷;《新唐书·艺文志》,绩误作勣,亦为五卷;《宋史·艺文志》绩误为续,仍为五卷,但另有陆淳《东皋子集略》二卷;《崇文总目》仅著录《东皋子集》二卷。由引可知《王绩集》原为五卷,题为《东皋子集》的是陆淳编的《东皋子集略》,这是一个经过删节的本子,所以只有二卷。今本《东皋子集》作三卷,显然已非旧日次第。晁公武《郡斋读书志》著录王绩《东皋子集》五卷,题名已非旧式,但仍为五卷,并云:"有吕才序,称其幼岐嶷,年十五谒杨素,占对英辩,一座尽倾,以为神仙童子。薛道衡见其《登龙门忆禹赋》,叹曰:'今之庾信也。'且载其卜筮之验者数事云。"这段话《四部丛刊》影赵抄本吕才序中不见。陈振孙《直斋书录解题》十六著录《东皋子》五卷,又云:"其友吕才鸠访遗文编成五卷,为之序,有《醉乡记》传于世,其后陆淳又为后序。"这个本子除吕才序外,似乎又把陆淳《东皋子集略序》添在后边,改题《东皋子》,但仍为五卷。元、明以来,五卷本《王绩集》已不见著录。《铁琴铜剑楼藏书目录》十九著录《东皋子集》三卷,旧钞本,唐王绩撰。记云:"《唐志》、晁、陈书目,俱作五卷,此止三卷,有吕才、陆淳序,旧为脉望馆藏书,继归述古堂,见《敏求记》,卷末有赵清常题记,云金陵焦太史本录出,校于清溪官舍,时万历三十七年十月十四日。"《四部丛刊续编》集部,即据此本影印,吕、陆二序后有《东皋子传》,苏轼《书东皋子》及陈氏曰、周氏涉笔曰、晁氏曰,分上、中、下三卷,上卷赋,中卷诗,下卷杂文。但上卷赋止《游北山赋》一首。《善本书室藏书志》二十四著录另一个旧钞本,书名《东皋子集》,也是三卷。小传外云:"晁、陈两目均称遗文五卷,河东吕才编序,陆淳后序。此明梁溪曹荃定为三卷,附录刘昫、宋祁、苏轼三传并遗事集评。"这个本子和瞿氏著录本附录各件略有不同。曹荃的时代略后于赵琦美恐怕还是渊源于赵抄本的,止附录有所增添而已。陆心源《皕宋楼藏书志》六十八著录一个旧钞本,题《东皋子集》,三卷外,另有附录一卷,有吴翌凤手跋云:"庚子初冬鲍以文丈处见宋椠本凡五卷,视此增多三十余篇,惜未假得校补,书此以俟。十八日延陵吴翌凤记。"此钞本今存国家图书馆,但吴氏跋中所说在鲍以文处所见到宋椠五卷本,则不知所踪。邵章《四库简目续录》云:"宋刊五卷本,汲古阁有影宋钞本。"可是毛氏《津逮秘书》也未辑入。甘泉江藩(节甫)《半氈斋题跋》上"东皋子集"条云:"《东皋子集》三卷,集中《答冯士华处士书》云:'我近作《河渚独居赋》。'今本无此文,中卷末补遗引葛立方《韵语阳秋》,当是南宋人所编,必非旧本也。"

江氏所据当为刻本。《东皋子集》除钞本外,刻本流传极稀,所知仅有崇祯中刊本(《四库全书总目》即以此本著录)及孙星衍氏岱南阁仿宋巾箱本,皆三卷本。此外,邵氏《续录》仍有光绪丙子(1876)罗振玉唐风楼刊本,未标卷数,据潘景郑《著砚楼题跋》,当仍属删本系统。潘氏云:"《东皋子集》世通行祇孙氏岱南阁仿宋本,孙氏所据自余萧客影钞宋椠所出,然校正误字,亦殊未尽。清光绪丙午(1906)罗氏唐风楼据所藏旧刻巾箱本校孙本重梓,是正甚多,作校勘记一卷。又于《文中子》内,检得《答陈尚书书》一首,附诸卷末,于孙刻为精善矣。近涵芬楼影印明清常道人手钞本,校正孙氏误字,至百许。清常道人本,即《读书敏求记》所据为善本者,所校罗氏刊本,亦殊未合。吾族香雪堂藏有王西沚家钞本《东皋子集》,黄荛圃以墨笔度吴枚菴校本,以朱笔校明刻本,比勘精审,所正误脱,亦有孙、罗二刻所未及者。是本于去秋在市廛为吾友邹君百耐所得,余假归,校读数日,以勘各本,互有是正,洵乎善本之难尽!吾辈穷年累月,耗精疲神于几尘落叶中,徒亦自苦耳,暇时罗列各本,疏其同异,汇为校记,附诸简末,聊备记诵之业,是为跋。乙亥五月二十六日。"从潘文中可以看出,各刊本所据钞本,彼此之间颇多歧异,但都出于陆淳本是没有问题的。因为篇目出入不大,吴翌凤所称增多的三十余篇皆未见也,所以孙渊如岱南阁刻本序疑非唐时吕才编次,或为陆淳所删,并称《读书敏求记》从金陵焦太史录出者亦即此本云云。但张元济跋赵本时,对此却提出异说,张氏云:"孙刻诗篇编次与是本不合,且缺《祭处士仲长子光》及《自撰墓志》二首,颇疑所据之本各异。又是本吕序明言辑成三卷,并无五卷之说。盖孙氏实未亲见此本,其所云亦即此本者,仅为揣度之词。"孙氏所据钞本和赵清常本不尽相同,自是一个问题,但张氏谓并无五卷之说,却是错误的。张氏根据止是赵钞本吕才序,但吕序"三"字显然是"五"字之误,不能因此遂谓并无五卷之说。张氏后文虽也提到《唐志》及晁、陈二目,认为当时必有两本,但对赵钞源出陆删本似未置信,更未注意到陆淳删本原为二卷的《东皋子集略》,而三卷本乃明人采掇而成,已非陆氏原本。关于吕才序文问题,上文已云晁公武所引吕才序文赵钞本吕序中不见。陈鸿墀《全唐文纪事》一百十三引吕才序则仅百余字,皆见于赵钞本,但和赵钞本八百余字相较,相差太远,且不云所辑卷数,其为陈氏删节,抑别有据,疑不能明。

《四库全书总目提要》云:"或宋末本集已佚,后人从《文苑英华》《文粹》诸书中采绩诗文,汇为此编,而伪托才序以冠之,未可知也。"凡此种种,都有待于获得宋椠五卷本来解决。但三卷本是一个简本,这一点是完全可以肯定的,因为有唐写残本为证。王重民《敦煌古籍叙录》(伯2819)记《东皋子集》云:"此卷首尾残缺,载赋三篇,起《游北山赋》之后半,《元征赋》全,讫《三月三日赋》之前半。据《游北山赋》知为唐王绩所撰,盖为《东皋子集》残卷,更证以群书,而知此为吕才所编绩集五卷本之原帙也。"又云:"按卷内'国'字作'圀','天'字作'而',并为伪周武后所制新字,则为唐武后时写本。又陆淳为啖助高弟子,度其生年,不能上逾开元,然则此卷子本书写之时,陆淳尚未生世,则应为吕才原编,更无可疑也。"此外,王重民又检宋姚铉《唐文粹》八十一有绩《重答杜使君书》,八十二有《与陈叔达重借隋纪书》,《全唐文》百三十二有《三日赋》《燕赋》(此二赋不见《文苑英华》与《文粹》,出处容当再考),三卷本皆不载,认为系陆淳所删。因为淳序称"袪彼有为之词,全其悬解之志",此类皆所谓有为之词也。证明五卷本之外,别有陆淳删本三卷,同时并证明四库馆臣以为三卷本系后人从《文苑英华》《文粹》诸书采辑汇编的说法为疏于考证。但王重民也一样没注意到陆淳删的《东皋子集略》原为二卷,三卷本为明人编定的。王氏又云《全唐文》百三十二收入《子推抱树死赞》《荆轲刺秦王赞》等十三篇,据吕才序"绩又著《会心高士传》五卷,别成一家,不列于集",应为《会心高士传》之赞,不应辑入文集。最后依卷子本钞录了《元征赋》全文,因此赋不特集本不见,《文苑英华》《唐文粹》《全唐文》皆未载入,敦煌卷子所写乃成孤本,又用此卷子和《四部丛刊续编》影赵本作了《游北山赋》校文。按:吕才,高俭(士廉)《文思博要》序群臣中有朝散大夫行太常博士吕才,当即此人。[①]《王绩集》今存刻本有《东皋子集》三卷明刻本、《王无功文集》五卷清抄本。

---

① 万曼:《唐集叙录》,河南大学出版社2008年版,第1页。

薛元超集三十卷

唐薛元超撰。薛元超参撰《晋书》,已著录。

《山西通志·经籍》著录。《旧唐书·经籍志》《新唐书·艺文志》《通志·艺文略》均著录《薛元超集》三十卷。但后世不见著录,疑亡佚于北宋中后期。

王勃集三十卷

唐王勃撰。王勃有《周易发挥》,已著录。

《山西通志·经籍》著录"王勃集三十卷又诗八卷杂序八卷"。王勃文集,据杨炯《王子安集序》云:"君平生属文,岁时不倦,缀其存者,才数百篇。"又云:"分为二十卷,具诸篇目。"但《旧唐书·王勃传》却说"有文集三十卷",《崇文总目》及《宋史·艺文志》皆著录作三十卷。洪迈《容斋随笔》五又说"今存者二十七卷"(《四库全书总目》引洪氏书作二十卷),说法极不一致。晁公武《郡斋读书志》作二十卷,谓有刘元济序,或者仍保留杨序本原貌,疑不能明。但宋元旧本,荡焉无存,无论二十卷本、三十卷本,皆不可见。明代嘉靖壬子(1552)永嘉张逊业刊《王勃集》,仅存诗赋两卷,序"有文集三十卷,则未之见,此仅窥一斑"云。崇祯中闽漳张燮(绍和)用永嘉本为基础,又辑《文苑英华》诸书,文赋共编为十六卷。清星渚项家达刻《初唐四杰集》,就是用张本校刊的,项氏序文对王集源流叙述较详,兹录全文如下:"《王子安集》十六卷。《旧唐书·经籍志》《王勃集》三十卷,此唐人旧本也。《宋史·艺文志》王勃诗八卷、文集三十卷、杂序一卷,《舟中纂序》五卷,此本于《崇文总目》也。考晁公武《读书志》,王集止二十卷,陈振孙《书录解题》止载卢、骆集,似未见王、杨。而洪迈《容斋随笔》又云王集二十七卷,则洪氏所见转较晁氏为多。余所见《王子安集》,明张燮作十六卷,张逊业不分卷,明许自昌刻《初唐十二家集》仅录四子诗赋。兹取现存各本,互相点勘,合刻成编,集名卷目仍之。乾隆辛丑翰林院编修星渚项家达豫斋撰。"同治甲戌（1874）吴县蒋清翊（敬臣）作《王勃全集笺注》（光绪九年蒋氏双唐碑馆刊本），凡例云："子安全集，散佚已久。星渚项氏刊《初唐四杰集》内《王子安集》十六卷，大都录自《文苑英华》，惟诗集有明永嘉张逊业所刊两卷本。观《韵语阳秋》引子安佚诗，知张刻亦非足本。是集编次，诗依张氏本，赋及什文依《文苑英华》，清翊又从《唐语林》辑补赞一首，从善□本辑补赋、记各一首，从《全唐诗》《初唐十二家集》《韵语阳秋》辑补诗八首，从《全唐文》辑补序、碑各一首，均依次编入。此外如《续清凉传》所载《观音大士赞》，《绍兴府志》所载《仙人石诗》，出于后人依托，概不羼入。集中《三月上巳祓禊序》为永淳二年作，《游冀州韩家园序》为调露元年作。按，子安于上元三年殁，二序时代不合。但宋施宿等撰《嘉泰会稽志》于《祓禊序》已误署子安名，尔时子安全集未佚，宿等蒐辑未必仅据《文苑英华》，知阑入王集旧矣。今以尚沿已久，故摘其谬而仍存之。"这个本子仍分为二十卷，从盈川序原编卷数，但远非盈川旧第矣。此外，范氏《天一阁书目》四集部《王子安集》四卷，注云刊本，唐王勃撰，不知何本。又，孙星衍《平津馆鉴藏书记》三，旧影写本有《唐四杰诗集》四卷，记云："卷一前有景德四年汪楠序，每卷不标大题，惟题作人姓名，又杨、王、卢诗前无目，骆宾王诗前有之。此本从北宋本影摹，序文后有'琴泉生'三字、'世恩堂'三字、'汪良用印'四字影摹墨印，巾箱本，每叶廿六行，行十九字，每叶左方上有'钱遵王述古堂藏书'八字。"这个影写本的原本，是一个最古的本子，景德是宋真宗年号，后来王勃诗的一卷本（如高儒《百川书志》十四所著录）想来都从此出。张逊业的《王勃集》，也未尝不是以此为祖本。王勃全集虽然散佚，但杂文赖《文苑英华》保存不少。至于诗作，由于这个最古的四杰本尚存，虽然不能说全保存下来，想来佚亡不多。至于《宋史·艺文志》于文集三十卷之外，又云王勃诗八卷，就不知何所据而云然了。王勃的其他杂著，杨炯在文集序中说：九岁读颜氏《汉书》，撰《指瑕》十卷；沛王建国，征为侍读，奉敕撰《平台钞略》十篇（《新书》传作《平台秘略》）；又编《次论语》，各以群分，穷源造极，为文古训（《旧唐书·经籍志》有《次论语》五卷，《新唐书·艺文志》作十卷）；文中子有续书、续诗及元经之作，门人薛收欲为之传，未就而殁，王勃乃"续薛氏之遗传，制诗书之众序",结果"诗书之序,并冠于篇(《新书》传云:'初,祖通尝起汉魏尽晋作书百二十篇,以续古《尚书》,后亡其序,有录无书者十篇,勃补完缺逸,定著二十五篇。'),元经之传未终其业"。此外,所注《周易》,穷乎晋卦(《新书》传云:"作《易发挥》数篇,至晋卦会疡止。"《旧唐书·经籍志》:著《周易发挥》五卷);又注《黄帝八十一难》,幸就其功,撰合编十篇,见行于代。《新唐书》本传还说他著有《唐家千岁历》,《崇文总目》和《宋史·艺文志》都著有《舟中纂序》五卷,《宋史·艺文志》医书类还有《医语纂要》一卷,别集类又有《杂序》一卷。这些著作,除个别的由于《文苑英华》选录,被张燮编入文集的,如《续书序》《黄帝八十一难经序》《平台秘略论赞》十首外,其余并皆佚亡。宜都杨守敬《日本访书志》十七著录卷子本古钞《王子安文》一卷,记云:"古钞《王子安文》一卷,三十篇,皆序文,日本影照本,书记官岩谷修所赠。首尾无序跋,森立之《访书志》所不载,惜当时未细询此本今藏何处。书法古雅,中间凡天地日月等字,皆从武后之制,相其格韵,亦的是武后时人之笔。此三十篇中不无残缺,而今不传者凡十三篇,其十七篇皆见于《文苑英华》,异同之字,以千百计,大抵以此本为优,且有题目不符者,真希世珍也。"这个卷子本,仅载序文三十篇,当即《宋史·艺文志》所谓《杂序》一卷,不意失之于中土者,竟在日本获得。而杨氏乃不知此即《杂序》一卷本,以为系当时选录之本,又谓:"然以勃一人之作,采取如此之多,则其书当盈千卷。考之唐人选集,唯《文馆词林》一千卷,而编录在显庆三年,非子安所及。抑唐人爱勃序文者钞之耶?疑不能明,以俟知者。"此下又有注云:"子安有《舟中纂序》五卷,然校此卷中文,不尽舟中作,《滕王阁序》其一也。"另外杨氏抄录了逸文十三篇,其他文十七篇异同,云别详札记。在杨守敬之后,罗振玉又辑有《王子安集佚文》一册,序云:"宣统纪元,予再至海东,平子君(尚)来见,与论东邦古籍写本,平子君谓以正仓院所藏《王子安集》残卷为最先,乃写于庆云间,中多佚文。且言,君欲往观者,当言之宫内某省,愿为之导。时以返国迫,不克往,而以写影为请,平子君诺焉。既归国,平子君以书来,言写影事已得请于当道,一二月间必报命,并寄正仓院印刷局印本至,谓此虽仅十六纸,为文二十首,尚少于杨氏《日本访书志》者三之一,才当全卷之半耳,然印本近已难得,姑先奉清览,可窥见一斑也。余校以今集本，二十篇中佚者五篇，因以赠亡友蒋伯斧谘议，劝刻于其先德敬臣大令（清翊）《王子安集注》后。伯斧欲待正仓院全卷至乃刻之。而逾岁无消息，以询之东京友人，则平子君已以病肺卒且数月矣。嗣老友内藤湖南博士来观我学部所得敦煌卷轴，出《王子安集》古写残卷景本为赠。墓志三首，乃其国上野氏所藏；祭文一篇，则其国神田氏所藏：皆今集所不载者。于是子安佚文，先后得九篇，因劝伯斧速授梓，毋因循。顾伯斧移书借杨星吾舍人藏本，书函往返者又经岁，则已辛亥之秋矣。伯斧又卒以暴病卒，于是刊刻之事，遂成泡幻。及余来寓京都，谋影写正仓院本，则以御府秘藏，禁令森然，卒不果。乃大悔往者之在海东，恨不宽归程三日，一观此秘笈也。至是写影之事，遂不复措诸怀。乃今年秋，有神田君（喜）者，香岩翁之文孙。香岩翁者，即藏王子安祭文者也。其文孙笃学嗜古，尝来予家。一日白予，近得正仓院《王子安集》印本，计二十余纸。予亟请借观，则为文四十一篇，不见今集者凡二十余篇，惟《送卢主簿序》中间佚数行，余皆完好。以校《日本访书志》所载佚文十三篇，其《圣泉诗序》，项刻《王子安集》载于圣泉诗之前，实非佚篇，其他十二篇中，若《送王赞府兄弟赴任序》《冬日送间邱序》《江浦观鱼宴序》《夏日仙居观序》《冬日送储三宴序》《初春于权大宅宴序》，或佚其中，或仅存数字数句，咸非完篇。杨本佚文，实仅六篇，而此本佚文二十篇，则完好无缺，为之喜出望外，乃以三夕之力，手自移写，合以祭文一篇、墓志三篇，共得佚文二十四篇，其见今集之二十一篇，亦手校异同，别为校记。正仓院本字多讹别，或有衍脱倒植，其第二十八残卷，讹误尤繁，皆一一为之是正。其不可知者，则守盖阙之训。……"罗氏所见和《日本访书志》所载，篇目次第，不尽相同。所谓正仓院本为王集残卷第二十八（就罗文语意寻索或上联第二十七卷）和富冈谦藏上野氏所藏墓志三首同出一帙，则此两卷当为碑祭墓志，其为三十卷原本，甚为明显。罗本除补足杨守敬所录缺文六篇外（杨《志》失题二首为《冬日送间邱序》《初春于权大宅宴序》），其为杨氏所无者八篇。又神田氏所藏祭文一篇：《过淮阴谒汉祖庙祭文》；上野氏所藏墓志三首：《达奚公墓志》《归仁县主墓志》《卫处士夫人贺据氏墓志》。罗本《王子安集佚文》共二十四篇，又用残卷与今集所存之二十一篇手校异同，别为校记一卷。今后重印《王子安集》当用富冈氏所藏并此与蒋清翀注本合并,而杨、罗两氏所录,亦当重校,并加笺注,这样《王子安集》乃得一新本。① 今传王勃集善本,有北京图书馆藏明活字印本《王勃诗》一卷,南京图书馆藏清丁丙跋、清李之郇校抄本《王子安集》十六卷,中国社会科学院文学研究所藏清蒋清翀校注稿本《王子安集》二十卷,但仅存一卷《十释迦如来成道记》。

雕虫集一卷

唐王助撰。王助(?—697)唐文学家。绛州龙门(今河津县)人。王勃弟。幼年以孝著称。举进士,父亡,守丧期满,始为监察御史里行。万岁通天二年(697),因受綦连耀谋反事牵连,与兄王勔、王勮同时被杀。神龙初(705),追复官位。以文章显于时。传附《新唐书·王勃传》。

据《山西通志·经籍》著录。《新唐书·艺文志》著录其《雕虫集》一卷。《崇文总目》著录王勃《雕虫集》一卷,注曰阙。王勃当为王助之误。

薛曜集二十卷

唐薛曜撰。薛曜,字异华,祖籍蒲州汾阴(今万荣县)人,世代为儒雅之家,以文学知名。官正谏大夫(谏议大夫)。有集二十卷,今存诗五首(《全唐诗》收录五首,但实际可查现存共八首)。薛曜为元超长子,褚遂良乃其舅祖,生平事迹,史记不详。可知者为王勃文友,咸亨初年曾与之游于四川锦州,王勃有送别诗二首记其事。万岁登封年间(696)见任春宫郎中(礼部郎中),神功年间(697)改正议大夫,与再从弟中书舍人薛稷并以辞学知名朝野。圣历二年(699)为奉宸大夫,与天下名士李峤、员半千、阎朝隐、沈佺期、徐坚、张说、刘知几、宋之问、富嘉谟等二十六人共撰《三教珠英》,凡一三〇〇卷。久视元年(700)五月十五日侍从武则天游幸登封石淙山,应制《奉和圣制夏日游石淙山诗》,并奉敕正书武后与诸侍从大臣的唱和诗。

---

① 万曼:《唐集叙录》,河南大学出版社2008年版,第16页。

其后行踪无考,或即卒于长安末年(703—704)。

《山西通志·经籍》著录。《旧唐书·经籍志》《新唐书·艺文志》均著录《薛曜集》二十卷,其后不见著录,疑亡佚于北宋中后期。

崔液集十卷

唐崔液撰,裴耀卿纂集。崔液,字润甫,定州安喜(今河北定州市)人,约唐玄宗景云至太极年间前后在世。裴耀卿(681—743),字焕之,绛州稷山人,唐朝宰相,宁州刺史裴守真之子。裴耀卿出身河东裴氏南来吴裴,历任秘书正字、相王府典签、国子主簿、詹事府丞、河南府士曹参军、考功员外郎、右司郎中、兵部郎中、长安令、济州刺史、宣州刺史、冀州刺史、户部侍郎、京兆尹。开元二十一年(733),裴耀卿拜相,授为黄门侍郎、同平章事,后升任侍中。开元二十四年(736),被罢为尚书左丞相,封赵城侯。天宝元年(742),裴耀卿又改任尚书右仆射,后改左仆射。天宝二年(743),裴耀卿去世,追赠太子太傅,谥号文献。《旧唐书》卷九十八,《新唐书》卷一二七有传。

据《山西通志·经籍》著录。《新唐书·艺文志》著录《崔液集》十卷,注曰裴耀卿纂。

王维集十卷

唐王维撰。王维有《画学秘诀》,已著录。

《旧唐书·王维传》云:"代宗时,缙为宰相。代宗好文,常谓缙曰:'卿之伯氏,天宝中诗名冠代,朕尝于诸王座闻其乐章,今有多少文集,卿可进来。'缙曰:'臣兄开元中诗百千余篇,天宝事后,十不存一。比于中外亲故内,相与编缀,都得四百余篇。'翌日上之,帝优诏褒赏。"又,王缙《进王右丞集表》云:"诗笔共成十卷。"是《王维集》在散佚之后,经王缙编辑,共成十卷,凡四百余篇。《崇文总目》著录《王维文集》十卷,晁公武《郡斋读书志》作《王维集》十卷。卷数和王缙辑本合,内容编次却没有说明。陈振孙《直斋书录解题》作《王右丞集》十卷,并云:"建昌本与蜀本次序皆不同,大抵蜀刻《唐六十家集》多异于他处本，而此集编次尤无伦。"陈氏所说的建昌本或蜀本，今皆不传。《天禄琳琅》也没有宋刻，仅以琴川毛氏影宋钞本《王摩诘文集》十卷著录，并谓"前有维弟缙进书表、代宗答诏"。又说："此书前后无序，未审为宋代何时刻本。自元、明以来，刻维集者甚多，今得此影钞，以留宋椠面目，亦超出诸家之上矣。"述古堂藏有南宋麻沙本《王右丞文集》十卷，《读书敏求记》卷四记云："此刻是麻沙宋版，集中《送梓州李使君》亦作'山中一半雨，树杪百重泉'，知此本之佳也。"此本先为季振宜藏书，后归徐乾学传是楼，嘉庆中又为黄丕烈所得，顾广圻《百宋一廛赋》所谓"王沿表进，移气麻沙。秀句半雨，凤假齿牙"（此本后又归陆心源丽宋楼，见陆氏《藏书志》卷六十九）。瞿镛《铁琴铜剑楼藏书目录》十九著录此本说："题尚书右丞赠秘书监王维撰，前有宝应二年弟缙进集表及答诏。其书编次，分类不分体，旧为述古堂藏本，遵王氏为（谓）出宋时麻沙本，而'山中一半雨'不作'一夜雨'，足征其本之佳。卷首有牧翁题记云：'王右丞集，宋刻仅见此本。考《英华辨证》，字句与此互异，彼云集本者，此又不载。信知右丞集好本，良不易得也。'"《思适斋集》五《摩诘集跋》云："《王摩诘文集》十卷，每卷有二泉主人听风处、子京项墨林鉴赏章、宋本甲等印。第五卷有款云袁褧观及袁氏尚之印。今藏汪氏艺芸书舍，与前收《读书敏求记》所载《王右丞文集》皆宋本而迥乎不合。予读《文献通考》引《书录解题》云：'建昌本与蜀本次序皆不同，大抵蜀刻六十家集多异于他处本，而此集编次尤无伦。'乃悟题《摩诘集》者，蜀本也，题《王右丞集》者，建昌本也。建昌本，前卷诗，后四卷文，自是宝应二年表进之旧；而蜀本第二以下全错乱，故直斋以为'尤无伦'也。又读洪迈《万首唐人绝句》云：'如王涯在翰林，同学士令狐楚、张仲素所赋宫词诸章，乃误入王维集。其王维诗后注，别本维又有《游春词》等十五篇并五言十五篇，皆王涯所作，今以之入维诗中。'按蜀本第一卷末有此各篇，但诗前标翰林学士知制诰王涯名，盖其始钞掇于此，而刻者不知删去耳，亦未误为维诗如洪所见之别本也。若建昌本，则固无此矣。"这两种宋本的区别，除了书名外，建昌本是分类不分体的，蜀本是分体的。何焯校宋本《王摩诘集》题记云："《摩诘集》，先借毛斧季十丈宋椠影写本，属道林叔校过。康熙己亥又借退谷前辈从东海相国架上宋椠本手抄者再校，此集庶可传信矣。"黄丕烈云:"道光乙酉钱塘何梦华以义门校本《摩诘集》十卷见示。因予先有手校宋本六卷诗不分体者,复以何校参之。"可见何校本是分体的。瞿镛云:"按宋本与今本异者:五言绝句中《太平词》至《闺人赠远》十五首,列第一卷末,作王涯诗,在七言十五首后;七言绝句中《献寿词》至《秋夜曲》十五首,列第一卷末,亦作王涯诗,在《寄崇梵僧》后;又与《与卢员外象过崔兴宗林亭》诗后,有卢象、王缙、裴迪、崔兴宗同作诗四首,今本阙之。"(《铁琴铜剑楼藏书目录》十九)这三十几首王维诗,后来武陵顾元纬本、吴兴凌初成本,皆曾误入维诗。因此,顾广圻所说的"建昌本前六卷诗,后四卷文,自是宝应二年表进之旧"大体是可信的。蜀本却是一个改编本,陈振孙所谓"尤无伦",顾广圻所谓"全错乱"的,艺芸书舍所藏就是这个本子,后归聊城海源阁,杨绍和记云:"张月霄《藏书志》有何义门手校本云:'卷十《工部杨尚书夫人王氏墓志铭》,寂寞安禅其三以下,恭读钦定《全唐文》,注下缺,何本校补铭二首,凡十二句四十八字,亦与此本相合。惟义门跋但谓借毛斧季宋椠影写本及退谷前辈从东海相国架上宋椠手抄者校过,其为蜀与建昌,殊未之及。顾王氏志铭在卷十,而此本在卷八。且东海相国者,健庵司寇之弟立斋先生也。《百宋一廛赋》注云传是楼旧物,则所据之宋椠,仍即遵王藏本耳。可知卷第叙次,虽以建昌本为胜,而此本乃北宋开雕,其间佳处,实建昌本所从出之源,宋椠中之最古者矣。'"(《楹书隅录》卷四)这个本子,既是蜀本,但杨氏佞其所藏,讳言其为蜀本,硬说是宋椠中之最古者,并且说是建昌本所从出之源。而墓志编在卷八,正说其"无伦"也。何校本后亦归海源阁,民国十九年(1930)海源阁书劫后,与此本一并不知存亡。宋刻本外,比较老的本子是刘须溪评点的元刻本,止诗集六卷。黄丕烈荛圃曾得一本,记云:"嘉庆癸酉中秋后八日,偶过五柳居,知新从无锡人买得元刻刘须溪评点《王右丞诗》即借归与宋刻对,其序次悉同,拟购之,未知许否也。"(《黄荛圃藏书志题识》七)可见它和建昌本同源,只是少文四卷,后归上海涵芬楼(《涵芬楼烬余书录》集部有记),《四部丛刊》影印的就是这个本子,作"山中一半雨",《出塞》诗亦脱落二十一字。但钱谦益所谓"楚女巴人",此本却是"汉女输橦布,巴人讼芋田",为可异耳(赵殿成本亦作"汉女")。明人有重刻本,题《唐王右丞诗刘须溪校本》

六卷。弘治甲子（1504）吕夔重雕，前后有夔序跋，《天禄琳琅》后编卷十八著录。据云："吕夔，广信永丰人，弘治壬戌进士，官杭州知府。"又云："考洪兴祖谓王涯在翰林时，与令狐楚、张仲素所赋宫词诸章俱误入王维集中。今校他本所载《游春词》三十余首，此本独无，盖即涯等之诗，刘校固属善本。"馆臣的话固然不错，但是由于未悉王集源流，不知刘出于建昌本，反把未登王涯诗三十余首，归功须溪，辰翁有知，恐怕未敢掠美（此本《涵芬楼烬余书录》著录，系叶石君、黄荛圃旧藏）。此外有明顾可久注本六卷，九行十七字，附刘须溪评点，后有嘉庆己未岁季冬月既望洞阳书院梓行二行（此种有日本刊本），也是属于须溪本系统的。明刊本中，有宋椠外别树一帜的是顾起经编的《类笺王右丞集》，见《天禄琳琅》十。诗集十卷，文集四卷，前载顾起经序、次凡例、次开局氏里、次王集表敕、次王集刘传、次王氏世系并图。目录末载右丞诗画评一卷，外编一卷，外编后有起经识语。馆臣按云："此书凡例称诗集旧本系六卷，今析为十卷，文四卷，编置末册。其开局氏里后标嘉靖三十四年十二月望授锓，三十五年六月朔完局。"又考《常州志》：顾起经字长济，无锡人（《四库总目提要》存目云后更字元纬）。以国子生谒选，授广东监课副提举兼署市舶。弟起伦（黄虞稷《千顷堂书目》：起纶，字玄言），辑明诸家诗名《国雅》，为世所重云。《天禄后目》十八，又有二本，也是顾编本，注云："诗十卷，分体分类，起经注；文四卷，六十四首，无注。"《四库全书总目》据天一阁藏本著录，上海涵芬楼亦藏有此种。清代刻本，当以乾隆二年（1737）仁和赵松谷（殿成）《王右丞集注》为最有名。版本校勘之学，乾、嘉以后才逐渐兴起，到同、光间大盛。赵氏当时对王集版本仍在暗中摸索，诸家刻本，据他自己说："予所见者庐陵刘氏（须溪）、武陵顾氏（元纬）、句吴顾氏（可久）、吴兴凌氏（初成）四家而已。"何义门校宋本，赵氏虽然知道有此书，但恨未得寓目。四本之中，赵氏认为刘须溪本最善，所以诗集多依刘本，不敢损益。文集在四本中，除顾起经本外，余皆缺如。顾氏自言曾加参订，"纠其失款者八字，补其脱缺者十七字，更其差谬者三十四字，才五十九字"。赵氏以意考证，又得六十六字。其他介于疑似之间者，一仍原本，附注下。至于整个叙次，本拟编年，苦无所本，只好以古近体分编，又析五七言律绝各为一聚。因为注释增溢，分为二十八卷，计诗十五卷,文十三卷,另诗评、画录、年谱,编为卷末一卷。赵本最值得研究的是第十五卷,《笺注例略》中说:"自十四卷以前之诗,皆须溪本所有者,其别本所增及他籍互见者,另为外编一卷。"这一卷共诗四十七首,除了蜀本系统所羼入的王涯、张仲素诗三十首外,其余大抵都是根据顾元纬本编入的,止最后一首,系据《事文类聚》补。这些诗除应归之王涯、张仲素外,还有王昌龄、张子容、孙逖、宋之问、孟浩然、郑谷以及失名的作品,可以视为王维佚诗的不过二三首,这是应该甄别一下的。《全唐诗》全都删去,甚是。《四库提要》评云:"集外之诗,既为外编,其论画诸篇亦集外之文,疑以传疑者,而混于文集,不复分别,体例亦未画一。"因此,第二十八卷也应该是一个外编。赵本诗集叙次,已全失宋本面目,观今通行王诗代表不同的两个系统的,止有《全唐诗》和《四部丛刊》影元刊本,其间也还间杂着一些别人的作品。至于字句间的差谬,更是所在多有,赵本似乎更甚,所以卢文弨评赵本时云:"书梓成亦不得人覆校,故其误字当多。"(《抱经堂文集》十三《书王右丞集笺注后》)因此王集的编订,还是需要搜集各本再下一番工夫的。此外如王、孟合刊本,王、孟、韦、柳或王、孟、高、岑《四家诗》本以及各种《十二家诗》刻本,大体都是分体的,因属于合集,这里就不一一叙及了。① 陆心源《宋本王右丞集跋》:《王右丞文集》十卷,次行题曰"尚书右丞赠秘书监王维",宋刊本,每半页十一行,每行二十字,版心有字数及刊工姓名。宋讳有缺有不缺,南宋麻沙坊本往往如此。卷二第十三叶之第十八行接连卷三,其卷四、五、六、八、九、十仿此,亦宋本式也。卷六末有跋云:"韦苏州诗韵高而气清,王右丞诗格老而味长,虽皆五言之宗匠,然互有得失,不无优劣。以标韵观之,右丞远不逮苏州,至其词不迫切而味甚长,虽苏州亦不及也。"凡七十余字,为元以后刊本所无。卷五《送梓州李使君》"山中一半雨",不作"山中一夜雨",与《敏求记》所记宋本同。惟卷二《出塞作》脱廿一字,不免白璧微瑕耳。向为季苍苇所藏,卷中有"季振宜藏书"五字朱文长印、"季振宜字诜兮号苍苇"朱文长印。后归徐健庵,有"乾学之印"白文方印、"健庵"二字白文方印。道光中归黄荛圃,有"百宋一廛"朱文长印、"荛圃过眼"白文方

---

① 万曼:《唐集叙录》,河南大学出版社 2008 年版,第 63 页。

印。前有顾千里跋语，后有黄荛圃题语，即《百宋一廛赋》中所谓"王沿表进，移气麻沙；秀句半雨，凤假齿牙"者也。① 元本王右丞集跋：须溪先生校本《唐王右丞集》十卷，题曰"唐尚书右丞赠秘书监王维"，元刊本，每半页八行，每行二十字，旁加圆直，间有评语，盖皆须溪笔也。卷五《送梓州李使君》"山中一半雨，树杪百重泉"，不用"山中一夜雨"，与宋本同。卷六《出塞》作"暮云空碛时驱"下脱"马，秋日平原好射雕，护羌校尉朝乘障，破虏将军夜渡"二十一字，盖亦从宋麻沙本出耳。② 今存王维集有清赵殿成辑注、清乾隆二年（1737）刊本，《王右丞集笺注》。北京图书馆藏明袁褧、清顾广圻跋宋刻本《王摩诘文集》十卷，另外还有多种明刻本、清刻本王维集。

裴行俭集二十卷

唐裴行俭撰。裴行俭有《选谱》等，已著录。

《山西通志·经籍》著录。《新唐书·艺文志》《通志·艺文略》均著录裴行俭集二十卷，此后不见著录，疑亡佚于北宋中后期。

畅当诗二卷

唐畅当撰。当，河东（今永济市）人。擢进士第，贞元初为太常博士，官终果州刺史。

《新唐书·艺文志》别集类著录。山东省图书馆藏清康熙半亩园刻《中晚唐诗纪》本《畅当诗》一卷。

薛稷集三十卷

唐薛稷撰。薛稷有《道藏音义目录》，已著录。

---

① 陆心源著、冯惠民整理：《仪顾堂书目题跋汇编》，中华书局2009年版，第146页。
② 同上书，第147页。

《山西通志·经籍》著录。《新唐书·艺文志》《通志·艺文略》著录《薛稷集》三十卷。《直斋书录解题》著录《薛少保集》一卷。后世书目不见著录,疑亡佚于南宋末。《全唐诗》录其诗十四首。

柳宗元集三十卷

唐柳宗元撰。柳宗元有《非国语》二卷,已著录。

《柳宗元集》最初乃是刘禹锡遵宗元遗嘱编次,刘禹锡所作序文《唐故尚书礼部员外郎柳君集纪》今存,《四部丛刊》影宋本《刘梦得文集》载刘序云:"病且革,留书抵其友中山刘某曰:'我不幸,卒以谪死,以遗草累故人。'某执书以泣,遂编次为三十通,行于世。"此外,陈振孙《直斋书录解题》引作三十二通,陆之渊《柳文音义》引作三十三通,《唐文粹》及其他各本都作四十五通。刘禹锡所编《柳宗元集》,五代以来,散佚殆尽,所以宋初穆修说:"柳不全见于世,出人间者残落才百余篇。"经过穆修多年的访求,直到晚年才获得其书,据说是"联为八九大编,夔州前序其首,以卷别者凡四十有五","书字甚朴,不类今迹,盖往昔之藏书也"。这个本子可能是一个唐写旧本,虽然间有一二废字,也是由于"陈故劘灭,读无甚害",于是便录为别本,和陇西李之才参读累月,天圣元年(1023)写成后序,成为宋人编校柳集的第一本。

《新唐书·艺文志》《宋史·艺文志》《崇文总目》均著录《柳宗元集》三十卷。《郡斋读书志》著录《柳宗元集》三十卷,《集外文》一卷,《郡斋读书志》附志则著录《柳先生文集》四十五卷,《外集》二卷,《附录》二卷。因此宋时《柳宗元集》就有三十卷本和四十五卷本两种。但穆修编校的四十五卷本,并非所有《柳宗元集》四十五卷本的祖本。穆修之后,政和四年(1114)胥山沈晦元用(沈字无闻,但《直斋书录解题》云沈元用所传穆伯长本云云,元用当为沈晦字无疑)又重新编校。他所根据的有四个本子:"大字四十五卷,所传最远,初出穆修家,云是刘梦得本。小字三十三卷,元符间京师开行;颠倒章什,补易句读,讹正相半。曰曾丞相家本,篇数不多于二本,而有邢郎中、杨常侍二行状,《冬日可爱》《平权衡》二赋,共四首,有其目而亡其文。曰晏元献家本,次序多与诸家不同,无《非国语》。四本中,晏本最为精密。柳文出自穆家,又是刘连州旧物,今以四十五卷本为证,而以诸本所录作外集,参考互证,用私意补其阙。"然后锓本流行,这就是所谓"四明新本"。稍后,方舟李石又编校《河东先生集》(李石本不详何处刊行,也不悉刊刻年代,但石为炎、绍间人,则此本当刊于绍兴年间),题后云:"石所得柳文凡四本:其一得之于乡人萧宪甫,云京师阎氏本;其一得之范衷甫,云晏氏本;其一得之于临安富氏子,云连州本;其一得之于范才叔之家传旧本。阎氏本最善,为好事者窃去;晏氏本,盖衷甫手校以授其兄偓刻之,今蜀本是也;才叔家本,似未经校正,篇次大不类;富氏连州本,朴野尤甚,今合三校之以取正焉。如刘宾客序云:'有退之之志并祭文,祭文附于第一通之末',盖以退之重子厚叙之意云尔也。蜀本往往只作并祭文。其他有率意改窜字句以害义理者尚多,此类或作字一作字衍字去字,此三本之相为用也。然亦未敢以为全书,尚冀复得如阎氏本者而取正焉。"李石本未见传述,题后见明郭云鹏刊本,据题后似未见四明新本,不过根据他的题后及沈晦的后序,可以略见北宋柳集传布的情况。综合起来,共计五本:一为穆修本,这就是沈晦所谓大字四十五卷刘梦得本,也就是李石所说的临安富氏子的连州本。一为京师本,沈晦所谓京师开行的小字三十三卷本,想来也就是李石说的京师阎氏本。不过沈晦说它是讹正相半,李石却说是最善,想来是因为被人窃去,校时未得参阅,想往之辞。一为晏殊本,沈晦的晏元献家本和李石得之于范衷甫的晏氏本是,这个本子经范衷甫之兄范偓锓版成为所谓蜀本。另外两种就是沈晦所说的曾丞相家本和李石说的范才叔家传旧本。加上《崇文总目》著录的三十卷本和沈晦的四明新本,大抵北宋都凡七本。南宋除上述李石本外,还有一个柳州刻本,名《河东先生集》,后序说是原为常子正出旧藏并旁搜善本,手自校正,鸠工创刊,后诏入对,李褫仍督饬工助成,并未说明所据何本。这个李褫的柳州本和李石本连同上述北宋七本,宋代白文柳集,目前所知,似仅此数。晁公武《郡斋读书志》著录《柳宗元集》三十卷、集外文一卷。三十卷本,除见于《崇文总目》及《宋史·艺文志》外,自穆修以来,一般编校家未曾予以充分重视。其实这个本子确系旧本,而四十五卷本未必即为刘禹锡旧本也。至于集外文一卷,陆游曾得一旧本,有宋祁识语云:"此一卷集外文，其中多后人妄取他人之文冒柳州之名者，聊且裒类于此。子京。"陆氏跋云："右三十一字，宋景文公手书，藏其从孙晸家。然所谓集外文者，今往往分入卷中矣。淳熙乙巳五月十七日务观校毕。"（《渭南文集》二十七）至于京师小字本三十三卷，较多三卷，不知内容如何。穆修本为四十五卷，沈晦的四明新本以穆修本四十五卷为正，又编外集，但未言卷数。陈振孙《直斋书录解题》著录《柳柳州集》四十五卷，外集二卷。并云："刘禹锡作序，言编次其文为三十二通，退之之志若祭文附第一通之末。今世所行本皆四十五卷，又不附志文，非当时本也。或云沈元用所传穆伯长本。"则四明新本的外集，想来也是二卷。但赵希弁《读书附志》：《柳先生文集》四十五卷，外集二卷，附录二卷。赵氏曰："希弁所藏卷帙与刘禹锡四十五通之说同，以诸本点校，写诸公评论于逐篇之上。附录中先后失次者正之，遗缺者补之。若夫昌黎所作先生墓志祭文，他本皆在附录中，惟此本在《正符》之后，盖禹锡自谓附于第一通之末也。"则赵氏所藏和陈振孙藏本虽同为四十五卷，内容却不尽相同。总之，宋人所见柳集有三十卷本、三十三卷本、四十五卷本。正集之外，有增集外文一卷的，有增外集二卷的，有外集二卷外又增附录二卷的。大抵是宋人递加补缀，所以卷帙次第不尽相同。以上所叙各种本子，今皆不见。日本涩江全善著《经籍访古志》亦谓赐芦文库藏有宋椠《唐柳先生文集》残本九卷，外集一卷，不题编集名字。原三十二卷、外集一卷。现存第十四至十八、第二十九至三十二，并外集一卷，合十卷。每卷首题《唐柳先生文集》卷第几，次行列书文目。每半版九行，行十七八字。界长七寸一分，幅四寸八分。版心上方记字数，下记刻手名氏。卷末记永州令重雕《唐柳先生文集》一部，计三十二卷，并外集一卷，乾道元年十二月十五日毕工；又有绍熙辛亥永州州学教授钱重跋，云为之是正，且俾尽易其版之朽弊者云云；又有嘉定改元十月郡守鄱阳汪揖跋。这个本子，国内不见，当为柳集中另一异本。按永州刻本见于记载的，首先是乾道元年（1165）叶程刻本，其次是绍熙二年（1191）钱重订正、郡守赵善慊刻本，此则嘉定元年（1208）汪揖本，当为永州第三刻矣。柳集的编辑校订工作，在北宋时代大体完成。南宋对柳集的整理，多半偏重于音释注解。绍兴丙子（1156）新安张敦颐（养正）首先作《柳文音释》（《宋史·艺文志》作张敦颐《柳文音辨》一卷。《直斋书录解题》作《韩柳音辨》二卷，与韩并行也），自序云："柳文简古而不易校，其用字奥僻或难晓。给事沈公晦尝用穆伯常、刘梦得、曾丞相、晏元献四家本参考互证，凡漫乙是正二千余处，往往所至称善，今四明所刊四十五卷者是也，惟《音释》未有传焉。余再分教延平，用此本篇次撰集，凡二千五百余字。其有不用本音而假借它音者，悉原其来处；或不知来处，而诸韵、《玉篇》《说文》《类篇》亦所不载者则阙之。尚虑肤浅，弗辨南北语音之讹，其间不无谬误，赖同志者正之。"绍兴三十二年（1162）建安严有翼《柳文切正》继出，序云："余尝嗜子厚之文，苦其难读。既稽之史传以校其讹缪，又考之字书以正其音释，编成一帙，名曰《柳文切正》。"后来南城童宗说又作《柳文音释》（赵希弁《读书附志》云《柳文音释》一卷），年代不详。按宗说绍兴间袁州教授，当亦绍兴间作也。乾道三年（1167）云间潘纬（仲实）作《柳文音义》，吴郡陆之渊序云："柳州内外集凡三十三通，莫不贯穿经史，轇轕传记、诸子百家、虞初稗官之言，古文奇字，比韩文不啻倍蓰，非博学多识前言者，未易训释也。广文中乙丑年甲科，恬于进取，尚淹选调，生平用心于内，不求诸外，遂能会粹所长，成一家言，将与柳文并行不朽无疑矣。"淳熙丁酉（1177）临邛韩醇（仲韶）作《柳文训诂》，王咨序云："本朝古文，始自河南穆修伯长，实宗韩、柳，韩之文定于诸巨公之手，而柳集亦经伯长是正。胥山沈晦后相雠正，比伯长加详，是其机杼源委，要未呈露。仲韶先生释韩集，学者争传其书，而斯文加密，非仲韶发之，孰窥其秘？"二十年间，从张敦颐到韩醇凡五本，可谓极盛。不过，最初仅能单行，稍后，自然也和韩集一样，需要综合。于是姑苏郑定作《添注》，建安魏怀忠（仲举）作《集注》，邵武廖莹中作《辑注》。此外，潞国文安礼作《柳文年谱》（1134），张敦颐作《柳先生历官记》（1169），江阴葛峤辑《别录》，也都是宋人整理柳文的成果。自从柳集综合性的注释本通刊后，上述张、严、童、潘、韩各家单行本皆废，宋椠流传，仅余当时坊肆汇辑的综合本。兹就各家著录，分述各本如下：《增广注释音辨唐柳先生集》，宋童宗说注释、张敦颐音辨、潘纬音义。正集四十三卷、别集二卷、外集二卷。附录刘禹锡《天论》，祭文三首，《唐书》本传，曹辅、黄翰、许尹祭文，汪藻《祠堂记》，穆修旧本后序，沈晦四明新本后序，李褫柳州旧事后序，文安礼年谱，后序前有乾道三年陆之渊《音义序》，诸家姓氏、年谱。《天禄琳琅》后编一著录,宋麻沙本,馆臣评曰"精审足实"。此本综合童宗说、张敦颐、潘纬三氏书合为一辑,分注各家注于本文之下,各标童云、张云、潘云别之,当系麻沙书坊所为。但三氏书籍此得以流传,不为无功。严有翼《切正》未见征引,乃终归亡佚。至此本正集四十三卷,是把《非国语》分出,作为别集二卷,并非和四十五卷本有异同。麻沙本,黑口,每页二十六行,行二十三字,和《韩文考异》同,当系一家书坊所刻。此本各藏书家多见著录(平津馆、皕宋楼、抱经堂、嶽古堂等),《天禄琳琅》后编还有麻沙小字另刻本及另外二宋本,传世宋椠,当不止一本。此书元代翻刻也很多。张氏志有元延祐间刻本,系述古堂旧藏,见《邵亭知见传本书目》;瞿氏有严虞惇藏本,见《铁琴铜剑楼书目》;丁氏有元刊小字本,见《善本书室藏书志》;杨氏有陈复生藏本,佚外集及附录,见《楹书隅录》。元刊大抵也都是黑口,每页二十六行,行二十字。惟罗振常见一元本为半页十二行,行二十一字,线口,双鱼尾,见《善本书所见录》,是为异耳。《天禄琳琅》亦提到三个元椠本,馆臣云"合观三书,皆非一板",可见元椠之多。明版有书林王宗玉与韩集合刻的戊辰(1388)刻本,《涵芬楼烬余书录》误以为元天历戊辰,其实乃洪武二十一年戊辰也。半页十三行,小字双行,行二十三字。又有正统戊辰(1448)善敬堂覆宋本,半页九行,行十八字,双框,双鱼尾。这个本子从南宋以来,历元、明两代,翻刻覆印,不一而足,可见当时流行之盛。《新刊诂训唐柳先生文集》,宋韩醇诂训,正集四十五卷,外集上下二卷,新编外集一卷。前载刘禹锡序,宋王咨序,后有醇自记,并附录修后序。淳熙丁酉(1177)刊本,也是和韩集并行的。《天禄琳琅》三著录,有明文征明、王世懋、顾从礼、莫是龙及清季振宜、徐乾学各家收藏印记。这个本子据王咨(字梦得,蜀人,著有《雪斋文集》)序文说是继承穆修、沈晦这个系统的,正集四十五卷是穆修编的,外集二卷是沈晦编的,新编外集一卷是韩醇编的。韩醇《柳集记后》说他整理校雠的经过道:"《柳柳州文集》,胥山沈公谓其参考互证,是正漫乙,若无遗者。余绅绎既久,稽之史籍,盖亦有所未尽:《南嶽律和尚碑》以广德先乾元,《侍御史周君碣》以开元为天宝(按,晁公武云:'集中有《侍御史周君碣》,司马温公考异以此碣为周子谅碣,实开元二十五年也,柳作天宝时误。')则时日差矣。窦群除左拾遗,而表贺为右拾遗,连山复郛穴,而记题为零陵郡,则名称差矣。《代令公举裴冕状》,时柳州盖未生。《贺册尊号表》,时已刺柳,而云礼部作。其他舛误类是不一,用各疏于篇,视文公集益详。诸本所余,复编为一卷,附于外集之末,如胥山之识云。"可见韩氏也是对此集又重新下了一番工夫的。《新刊五百家注音辨唐柳先生文集》,宋魏仲举集注,正集四十五卷,附录二卷,外集二卷,新编外集一卷,《龙城录》二卷。前载看柳文纲目一卷,宋文安礼柳先生年谱一卷,评论诂训诸儒名氏一卷,后附柳先生序传碑记纪一卷,文集后序五篇。这是庆元六年建安魏怀忠(仲举)和《新刊五百家注音辨昌黎先生文集》并刊的。《天禄琳琅书目》三著录,自二十二卷以下全缺,仅存二十一卷,而外集诸种卷帙完好。宋、明以来,亦未见有翻刻本传世。《四库全书总目》著录的也是这个二十一卷的残本,惟附录作八卷,盖原只一卷,乃并纲目、名氏、年谱、传碑等合计云尔。所作五百家,四库馆臣云:"书中所引仅有集注、有补注、有音释、有解义,及孙氏、童氏、张氏、韩氏诸解,此外罕所征引;又不及韩集之博,盖诸家论韩者多,论柳者少,故所取不过如此,特姑以五百家之名,与韩相配云尔。"聊城海源阁藏宋椠一部,正集四十五卷外,仅有外集二卷。缺数幡,有抄叶,钤拙生小印,疑是陆拙生所抄。有黄氏太冲梨洲、乾学徐健菴东海传是楼、平阳汪氏藏书印、土钟阆源真赏各印,云是南宋精雕本。(见《楹书隅录》四)涩江全善《经籍访古录》著一旧刊本,仅正集四十五卷,无外集各卷,系流寓日本的俞良甫所校刊,卷末有记云:"祖在唐山福州境界,福建行省兴化路莆田县仁德里台谏坊住人俞良甫,久住日本京城阜近,几年劳麃,至今喜成矣。岁次丁卯仲秋印题。"这个俞良甫除刻柳集外,在日本还刻有《文选》《传法正宗记》及《月江语录》诸书。丁卯,迷菴市野光彦说,当即嘉庆元年;而籐真幹却说:"岁次丁卯,岂谓宽永四年丁卯乎?"(按:宽永四年丁卯乃明天启七年丁卯,1627)岛田翰《古文旧书考》三云:"每半版十行,行十八字,注双行二十三字,左右双边,界长六十七分五厘,幅五寸八分余。目录首载序传碑记纪,目录次附刻《诚斋集》卷第九十五一卷,卷端题《新刊五百家注音辨柳先生文集》卷第一。"卷末有记,已见前录。岛田遍考俞刻各书题记年月,断定丁卯为日本嘉庆元年,当中国洪武二十年(1387),俞良甫盖元人之流寓日本者。是书"贞""征"等宋讳阙末笔,祖本当为宋椠。

所附《杨诚斋集》卷第九十五,乃杨万里(廷秀)《天问天对解》,盖良甫入梓时附刻以便后人观览者,未必是按照原刻的。不过俞氏所刻依据何本,乃不可考。《重校添注柳文》四十五卷,外集二卷。陈振孙《直斋书录解题》十六云:"姑苏郑定刊于嘉兴,以诸家所注辑为一编,曰集注、曰补注、曰章、曰孙、曰韩、曰张、曰董(按:当作童)氏,而皆不著其名。其曰重校、曰添注,则其附益也。"这个本子,初读《书录解题》时,以为必不在人间,后阅《楹书隅录》,却俨然著录,曰《宋刊添注重校音辨唐柳先生文集》四十五卷,外集三卷,共二十四册,四函。杨绍和(勰卿)识云"每半叶九行,行十七字",并行何义门《读书记》,谓康熙丙戌假吴子诚所收宋椠大字本柳集,失序文目录,不知出谁氏,然近代所视刊本,皆莫及也,疑为陈氏《书录》所称姑苏郑定嘉兴刊本。杨氏用以和宋椠岳倦翁(珂)《愧郯录》禾中刊本对校,行式字数及板心所记刊工若曹冠宗、曹冠英、丁松、王显诸姓名悉同,于是断定为郑定嘉兴所刊;并谓《愧郯录》序署嘉定焉逢淹茂(1214),此本必同时受梓,因为郑定之知嘉兴,正在宁宗朝也。书通体完整,仅有钞叶数十番,系徐氏传是楼旧物,有秀水朱氏潜采堂图书,朱彝尊所藏也,系同治丙寅(1866)在北京购得的。1930年海源阁书散出,江安傅增湘氏在天津曾见到过这个宋刊九行本。后在厂市文友书坊得一残本,和海源阁所藏同为一刻,有卷八至十三、卷二十三至二十五、卷二十九、卷三十、卷三十五至三十九、卷四十二,通得十七卷,九行十七字,白口双阑,板心上记字数,下记刻工名姓,标题为《重校添注音辨唐柳先生集》,避讳为朗、匡、胤、恒、真、桓、慎诸字。注文为韩曰、孙曰、童曰、张曰、集注曰、补注曰,各家刊工,同杨氏所记,可以断定系郑定嘉兴刻本。还有一种残卷,题《五百家注音辨唐柳先生文集》,黄丕烈收得十一卷,书存十六至二十一,三十七至四十一。卷中曰集注、曰补注外,又有曰旧注者,曰章、曰孙、曰韩、曰张、曰董(此本董作童)外,又有曰汪、曰黄、曰刘者,而不云重校添注。黄氏云:"未知直斋所解题者,即此否也。"(《荛圃藏书题识》七)此本后归常熟瞿氏,《铁琴铜剑楼藏书目录》十九著录,谓"半叶十行,每行大字十八,小字二十三,贞、徵、恒字皆减笔",现归国家图书馆收藏。此本黄氏虽然疑为吴门郑本,但就行款和讳字来看,却和俞良圃在日本所刻五百家注本相同,但因首尾残缺,序跋俱失,所以无从考证，但决不是郑定本，这点是可以肯定的。另外还有一个本子，也在这里提一下，就是陈振孙《书录解题》著录的江阴葛峤本。这个本子题《柳先生集》，正集四十五卷，外有外集二卷，别录一卷（按：《文献通考》作二卷），摭异一卷，音释一卷，附录二卷，事迹本末一卷。陈氏云："方崧卿既刻韩集于南安军，其后葛峤为守，复刊柳集以配之，别录以下皆近世人伪作。"这个本子外集以下各卷之多，可以和五百家注本相比，而《龙城录》和《法言注》的刻附柳集自葛峤创始，得此可作佐证。世采堂《河东先生集》题唐柳宗元撰、刘禹锡编、宋韩醇音释。正集四十三卷，外集二卷，附录二卷，《龙城录》二卷，集传一卷。廖莹中世采堂本柳集，世无传本。独山莫友芝（之偲）云："明嘉靖中郭云鹏重刻宋本，世以配东雅堂韩集，盖亦世采堂刻也。"（《郘亭知见传本书目》）郭云鹏的用济美堂字样来代替世采堂，和徐时泰的改世采堂为东雅堂，从莫氏的话看来，是极为相似的。郭本的特点，据孙星衍说是"外集增段宏古墓志三篇，附录篇目与宋本不同，《龙城录》宋本所无也"，另外"注不题撰人名氏"，这和世采堂韩集体例是一样的，每页十八行，行十七字（见《平津馆鉴藏书记》），但原本未见。江安傅增湘云："近世始有世采堂本出世，其书出于绍兴山中故家。余方游申江，闻讯急资助肆估往致之，嗣乃为粤人潘明训以高价攫取，今蟫隐庐影印本是也。"傅氏曾用郑定本与之对勘，文字胐合无二，各本异字注于下者亦正同。惟郭本注上标明姓氏，廖本则去之。认为莹中所刻即出郭本，特删去重校添注等字耳。（见《藏园群书题记》三）惟附录及《龙城录》等不知是否为廖氏所增，当取蟫隐庐影印本与济美堂本一校。《唐柳先生文集》，不题编集姓名，正集三十二卷、外集一卷。涩江全善《经籍访古志》著录，赐芦文库藏宋椠本，现存第十四至十八，第二十九至三十二，并外集一卷，共十卷。每卷首题《唐柳先生文集》卷第几，次行列书文目；每半板九行，行十七八九字，界长七寸一分，幅四寸八分；板心上方记字数，下记刻手名氏；卷末记永州今重雕《唐柳先生文集》一部，计三十二卷，并外集一卷，乾道元年（1165）十二月十日毕工。又有绍熙辛亥（1191）永州州学教授钱重重跋，又有嘉定改元（1208）十月郡守鄱阳汪揖跋。观此，则永州凡三刻，而中国不见。正集作三十二卷，与陈振孙《解题》所云刘序编次其文为三十二通合；连外集共三十三卷，又和北宋京师小字本的三十三卷合，诚为异本。钱重跋在商务国学基本丛书《柳河东集》附录中，绍兴间郇国赵善悈守永州，委之重刊柳集者，赵善悈也有一篇跋文。他们都说是永州旧本讹脱特甚，墨板岁久漫灭大半。钱氏云："重，吴兴人也，来永几五十程。柳文善本在乡中士大夫家颇多，而永反难得，所可校勘者，仅得三两本，他无从得之。其所是正，岂无遗恨？尚赖后之君子，博求而精校之。"所谓永州旧本，当指乾道元年本。该本我国残存外集一卷，缪荃孙《柳柳州外集跋》记此本云："每半叶九行，行十八字，高六寸，宽五寸，白口单边两鱼尾，上鱼尾下标外集二字，下鱼尾下先叶数，次字数，大字居中，下刻工名一字。（见《艺风堂文漫存》四）莫友芝《郘亭知见传本书目》录莫绳孙跋云："南宋大字无注本柳集，半叶十八行，行十八字。孝宗而上宋讳并缺笔，末有乾道改元吴兴叶桯刻书跋，盖桯官永州刻之郡庠也。卷端有曹楝亭藏书印。惜仅存外集一卷，诗文凡四十三首，各事编入正集三十二，入外集者仅八首，又溢出《送元暠师诗》《上宰相启》《上裴桂州状》三首，则诸本正、外集皆不载。今行本柳氏外集多作二卷，惟晁氏《读书志》载柳集三十卷，外集一卷。案，晁氏与桯约同时，或所载即此永州本也。"《北京图书馆善本书目》载《唐柳先生外集》一卷两种：一为乾道元年零陵郡庠刻本，莫绳孙跋，张允亮等题款；一为吴慈铭影宋钞本，当即此种。日本所存残卷和此外集一卷，来源似最古，治柳文者当重视此本。元人除覆刻宋本外，未闻有新的刊本。明代嘉靖中郭云鹏重刻世采堂本柳集，改题济美堂，世以济美堂柳集与东雅堂韩集并称，已见前文。此外当数嘉靖丁酉（1537）南平游居敬（可斋）与韩文并刻的柳文四十三卷，别集二卷，外集二卷，附录一卷。游序称乃取苏闽旧刻，稍加参校而成。编次遵照李（汉）、刘（禹锡）二子所集，音切存其难者，间有脱讹，取善本鳌正之。嘉靖丙辰（1556）莫如是重刻，盱江王材序云："前侍御游君所刻，雠覆颇精，称善本。沙滨莫君如京，由翰林为御史，出按南畿。宁国朱自充以为言，乃重加校梓。"钱塘丁丙云："细审版刻，丝毫无异，实则因其版而易雕莫之衔名耳。"（《善本书室藏书志》二十四）这个本子，除了所说的缮刻精湛，似乎没有什么特点。最后，崇祯癸酉（1633）有檇李蒋之翘辑注《唐柳河东集》四十五卷、外集五卷、遗文一卷一种，这也是和韩集合刻的。蒋氏注的特点也还是略于前人训诂音辨，详于地理史事，和所刻韩集同。此本《四部备要》有排印本。《郋园读书志》七云之翘事迹载《嘉兴府志》,《志》云:"秀水蒋之翘,字楚稚,家贫好藏书。明末避盗村居,收罗名人遗集数十种,选有《甲申前后集》。又尝重纂《晋书》,校注昌黎、河东集。"朱彝尊《静志居诗话》云:"楚稚居射襄城,《楚辞》《晋书》,韩、柳文集,镂版以刊。又尝辑《樵李诗乘》四十卷。晚年无子,书籍散佚无余,《诗乘》亦亡,可叹也。"陆心源《皕宋楼藏书志》《九灵山房集》后有跋云:"我里蒋之翘,隐廛市间,有藏书之僻。虞山钱宗伯编《国朝诗集》,尝就其家借书。此卷首甲乙题字,宗伯迹也。壬戌上元前二日钮莱翁记。按钮莱翁,曹倦圃溶别号。蒋著有《天启宫词》,倦圃为刻入《学海汇编》云。"清乾隆五十三年(1788),柳州杨廷理曾就蒋之翘本重刻《柳河东集注》四十五卷,外集五卷,附录一卷。所谓双梧居本是也。杨氏是因蒋注校刊的,附录祭文集序初记碑文共十二首。《龙城录》因为是王铚性之所诡托,不复刊入。此本,嘉庆戊辰(1808)杨立先又行翻雕。此外,同治六年(1867)知永州府廷桂补刊祠堂本,题《柳文惠公集》,四十三卷,别集二卷,外集二卷,附录一卷,见邵懿辰《四库简明目录标注》。大抵柳集除郡庠本及祠堂本外,大都与韩集并刻,此所以多草草也。①

　　今存《柳宗元集》版本甚多。《诂训柳先生文集》四十五卷、外集二卷、新编外集一卷,为现存柳集最早的本子。还有宋童宗说音注、张敦颐音辨、潘纬音义的《增广注释音辨唐柳先生集》四十三卷、别集二卷、外集二卷、附录一卷及《四部丛刊》影元刊本,为现行影印本之最早者。宋魏怀忠编注《五百家注音辨柳先生文集》二十一卷、外集二卷、新编外集一卷、《龙城录》二卷、附录八卷,有《四库全书珍本初集》影印文渊阁本。宋廖莹中编注《河东先生集》四十五卷、外集二卷、补遗、附录等,为宋人注本中最后的一种。清代有松鹤堂本《河东全集录》共六册六卷,卷内有眉批,有批点,每篇末有评语。建国后有《柳河东集》(上海古籍出版社1974年版);《柳宗元集》(中华书局1979年版,吴文治校点本),该本以"百家注本"为底本,对校诸家善本,为当今最完善的本子。②

---

① 万曼:《唐集叙录》,河南大学出版社2008年版,第240页。
② 翁长松:《清代版本叙录》,上海远东出版社2015年版,第48页。

裴倩集五卷　溢城集五卷

唐裴倩撰。裴倩，裴均之父。《江西通志·名宦》："裴倩，绛州闻喜人。历信州刺史，劝民垦田二万亩，以治行，赐金紫服。"《山西通志·艺文》录有《尚书度支郎中赠尚书左仆射正平节公裴倩神道碑铭》。

据《山西通志·经籍》著录。《新唐书·艺文志》《通志·艺文略》均著录《裴倩集》五卷，《溢城集》五卷。后世不见著录，疑亡佚于北宋中后期。

卢纶诗集

唐卢纶撰。卢纶（739—799），字允言，河中蒲州（今永济市）人。大历十才子之一。唐玄宗天宝末年举进士，遇乱不第；唐代宗朝又应举，屡试不第。大历六年，经宰相元载举荐，授阌乡尉；后由宰相王缙荐为集贤学士，秘书省校书郎，升监察御史。出为陕州户曹、河南密县令。之后元载、王缙获罪，遭到牵连。唐德宗朝，复为昭应县令，出任河中元帅浑瑊府判官，官至检校户部郎中。不久去世。《新唐书》有传。

《新唐书·艺文志》著录《卢纶诗集》十卷。《崇文总目》著录《卢纶集》十八卷，又《卢纶诗》十卷，但《宋史·艺文志》、晁公武《郡斋读书志》著录则仅一卷。陈振孙《书录解题》作十卷。丁丙善本书室藏《卢户部诗集》两部，皆十卷本。一为影宋抄本，虞山钱遵王藏书；一为明刊宋本，前后无序跋，但有目录。清康熙席氏琴川书屋刻《唐诗百名家全集本》亦作十卷，《全唐诗》亦云集十卷，今编诗五卷。大概宋、明以来，传本甚少，一般藏书家多不见著录，所得见者，仅十卷本一种。《藏园群书题记》云："北平图书馆新收唐《卢纶诗集》三卷，明正德刊本，十行十四字，黑口，四周双阑，题河中刘成德校增并编次。前有正德乙亥河中东峰刘成德序，言幸于友人沈天祥家获卢、郎（士元）集，手加校证，得若十首，续合唐诸家集中又得若干首，以近古体、五七言为次，唐史言帝（文宗）遣中官悉索家笥，得诗五百首，皆入秘书省。今尚未传布，止得此耳。后有好文大家，当续入之云。"《天禄琳琅》

后编卷六宋版集部有《卢户部诗集》十卷,记云得诗三百三首。据传氏云,此本三卷凡录诗一百首,席刻本为诗二百八十四首,皆非全本矣。传氏曾取两本对勘,此本与席刻同者八十九首,另十一首为席刻所无,题下未注所出,不知刘氏录自何书也。① 今存卢纶集版本主要有明抄本《卢户部诗集》十卷、清丁丙跋抄本《唐卢户部诗集》十卷,吴慈培校清席刻百家本《卢户部诗集》十卷。

樊泽集十卷

唐樊泽撰。樊泽(749—798),字安时,河中(今运城市)人。唐朝后期大臣,著名将领。自小孤贫,客居外祖父家。长有武力,喜读兵法,有将帅之器。初为磁州司仓、尧山县令。建中元年,举贤良对策,荐为右补阙,兼御史中丞。颇有武艺,从平李希烈叛乱,起复右卫大将军,出为襄州刺史、山南东道节度使,加检校右仆射。贞元十四年(798)卒,享年五十,褒赠司空,谥号为成。《旧唐书》卷一二二、《新唐书》卷一五九有传。

《山西通志·经籍》著录。《新唐书·艺文志》《通志·艺文略》均著录《樊泽集》十卷。后世不见著录,疑亡佚于北宋中后期。

耿㧑诗集一卷

唐耿㧑撰。耿㧑字洪源,河东人,登宝应元年(762)进士第,官右拾遗。工诗,与钱起、卢纶、司空曙等齐名,为大历十才子之一。

《山西通志·经籍》著录。《新唐书·艺文志》著录《耿㧑诗集》二卷,《宋史·艺文志》著录《耿㧑诗》三卷,《崇文总目》《直斋书录解题》著录《耿㧑集》二卷,《郡斋读书志》著录《耿㧑诗》二卷。此后不见于诸家书目著录,疑亡佚于宋末。

---

① 万曼:《唐集叙录》,河南大学出版社2008年版,第193页。

薛逢集十卷

唐薛逢撰。薛逢参撰《续会要》，已著录。

《山西通志·经籍》著录。《旧五代史·薛廷珪传》："廷珪父逢著《凿混沌》《真珠帘》等赋，大为时人所称。"《新唐书·艺文志》著录《薛逢集》十卷。《直斋书录解题》著录《薛逢集》一卷，云："唐秘书监薛逢陶臣撰，会昌元年进士。"《郡斋读书志》著录《薛逢歌诗》二卷，云："右故唐薛逢陶臣也，河东人，会昌元年进士，终秘书监。逢持论鲠切，以谋略高自标显，与杨收、王铎同年登第，而逢文艺最优。收作相，逢有诗云：'谁知金印朝天客，同是沙堤避路人。'铎作相，逢又有诗云：'昨日鸿毛万钧重，今朝山岳一毫轻。'二人皆怒，故不见齿。"《宋史·艺文志》著录《薛逢诗》一卷，《通志·艺文略》著录《薛逢诗集》十卷，又《别纸》十三卷。《崇文总目》著录《薛逢诗》十卷。著录《薛逢别纸》十三卷，曰"阙"。《直斋书录解题》著录薛逢《四六集》一卷，云："唐秘书监河东薛逢陶臣撰。"

凤阁书词十卷

唐薛廷珪撰。薛廷珪，河东人，薛逢之子。生卒年均不详，约唐僖宗广明中前后在世。中和中进士第。累官尚书左丞。后竟事梁，官至礼部尚书。《旧五代史》卷六十八有传。

《山西通志·经籍》著录。《旧五代史·薛廷珪传》："廷珪既壮，亦著赋数十篇，同为一集，故目曰《克家志》。"《新唐书·艺文志》《宋史·艺文志》著录薛廷珪《凤阁书词》十卷。《通志·艺文略》著录薛廷珪集《薛氏赋集》九卷、《薛廷珪集》一卷。《崇文总目》著录《薛廷珪文集》一卷，注曰阙。后世不见著录，疑亡佚于南宋末。

薛莹集二卷　洞庭诗集一卷

唐薛莹撰。《浙江通志·职官》杭州刺史条："薛莹，汾阴（今万荣县）人。"

《山西通志·经籍》著录。《旧唐书·经籍志》著录《薛莹集》二卷，《新唐书·艺文志》著录《薛莹集》二卷外，还著录有薛莹《洞庭诗集》一卷。《直斋书录解题》著录《薛莹集》一卷，云："唐薛莹撰，号《洞庭集》，文宗时人，集中多蜀诗，其曰壬寅岁者，在前则为长庆四年，后则为中和二年，未知定何年也。"《崇文总目》著录薛莹《洞庭诗集》一卷。其书后世不见著录，大约宋末已散佚。今《全唐诗》存其诗十余首。

吕岩集

唐吕岩撰。吕岩有《九真玉书》一卷，已著录。

《山西通志·经籍》著录。

裴度集二卷

唐裴度撰。裴度有《书仪》二卷，已著录。

《山西通志·经籍》著录《裴度集》二卷。《宋史·艺文志》著录《裴度集》二卷，《通志·艺文略》著录《裴度集》三卷。《直斋书录解题》卷十六别集类著录《裴晋公集》二卷，云："唐宰相裴度中立撰。"国家图书馆藏有清康熙野香堂刻《中晚唐诗》本《裴度诗》一卷。

杨巨源集五卷

唐杨巨源撰。杨巨源（755？—？），字景山，河中（今永济市）人。贞元五年（789）进士。初为张弘靖从事，由秘书郎擢太常博士，迁虞部员外郎。出为凤翔少尹,复召授国子司业。长庆四年(824),辞官致仕,执政请以为河中少尹,食其禄终身。

《山西通志·经籍》著录。《新唐书·艺文志》著录《杨巨源集》五卷,注曰:"字景山,太和大中少尹。"《唐才子传·杨巨源传》:"有诗一卷行于世。"《郡斋读书志》著录《杨巨源诗》一卷,云:"右唐杨巨源,字景山,河中人。贞元五年第进士,为张弘靖从事。自秘书郎擢太常博士,迁礼部员外郎,出为凤翔少尹,复召除国子司业。巨源在元和中诗韵不造新语,体律务实,用功颇深,旦暮摇首,微咏不辍。年老成疾,尝赠弘靖诗,叙其家世云:'伊陟无闻祖,韦贤不到孙。'时人称之。年满七十,乞归。时宰惜其去,使为其乡少尹,不绝其禄。太和时,以官寿卒。"《直斋书录解题》著录《杨少尹集》五卷,云:"唐河南少尹杨巨源景山撰。按韩退之有《送杨少尹序》,盖自司业为少尹,称其都少尹者,乃其乡里也。《艺文志》乃云太和河中少尹,误。第三卷末二十余篇,有目无诗。"随斋批注曰:"案《唐志》、《文献通考》俱作一卷。案《唐诗纪事》:杨巨源,蒲州人,为国子司业。时年满七十丐归,时宰惜其去,署以为其都少尹,不绝其禄。张籍有《送杨少尹赴河中》诗云:'官为本府当身荣,因得还乡任野情。'则为河中少尹无疑。陈氏称河南少尹,反以河中为误,非也。又考韩愈《送杨少尹序》,乃在长庆中。《唐诗纪事》称为大中时,固非《唐志》称为太和中,亦疑误也。"山东省图书馆藏有清康熙半亩园刻《中晚唐诗纪》本《杨巨源诗》一卷。

裴夷直诗一卷

唐裴夷直撰。裴夷直,字礼卿,河东闻喜人。宪宗元和十年(815)登进士第,任右拾遗。大和八年(834),王质出任宣歙观察使,召夷直与刘蕡、赵晰等从事,皆一代名流。文宗时,入朝为左司、吏部两员外郎,迁中书舍人。武宗立,出为杭州刺史,又贬为骦州司户参军。宣宗时,历任江、华二州刺史,后又复入为兵部郎中。大中十年(856)授苏州刺史,次年转华州刺史、潼关防御、镇国军等使,官终散骑常侍。

《山西通志·经籍》著录。《新唐书·艺文志》《宋史·艺文志》著录

《裴夷直诗》一卷。此集久佚,《全唐诗》录存其《献岁书情》《同乐天中秋夜洛河玩月》《观淬龙泉剑》等诗五十七首,编为一卷。《全唐诗外编》补诗一首,《全唐文》录存其文一篇。

王驾集六卷

唐王驾撰。王驾(851—?),字大用,自号守素先生,河中(今永济市)人。大顺元年(890)登进士第,仕至礼部员外郎。后弃官归隐。与郑谷、司空图友善。

《山西通志·经籍》著录。《新唐书·艺文志》著录《王驾诗集》六卷,《直斋书录解题》著录《王驾集》一卷。

樊宗师集二百九十一卷

唐樊宗师撰。樊宗师有《魁纪公》,已著录。

《山西通志·经籍》著录。《新唐书·艺文志》《通志·艺文略》著录《樊宗师集》二九一卷,《宋史·艺文志》著录《樊宗师集》一卷。《直斋书录解题》著录《樊宗师集》一卷,《绛守园池记注》一卷,云:"唐谏议大夫南阳樊宗师绍述撰。韩文公为《墓志》,称《魁纪公》三十卷,《樊子》三十卷,诗文千余篇。今所存才数篇耳。读之殆不可句。有王晟者,天圣中为绛倅,取其《园池记》,章解而句释之。犹有不尽通者。孔子曰:'辞达而已矣。'为文而晦涩若此,其湮没弗传也,宜哉。书以《魁纪公》名,异甚,文之不可句,当亦类是。"

一鸣集三十卷

唐司空图撰。司空图有《书屏记》,已著录。

《山西通志·经籍》著录。《旧唐书·司空图传》言其有《文集》三十卷。《新唐书·艺文志》《通志·艺文略》著录司空图《一鸣集》三十卷。

《郡斋读书志》著录司空图《一鸣集》三十卷,云:"右唐司空图表圣也。河中人,咸通十一年王凝下及第。黄巢陷长安,僖宗次凤翔,召拜知制诰、中书舍人。朱温将篡,召为礼部尚书,不赴。闻哀帝遇弑,不食而卒。图居中条山,自号知非子、耐辱居士。集自为序,以濯缨亭一鸣总名其集。子荷别为集后记。最长于诗,其论诗有曰:'梅止于酸,而盐止于咸。其美常在酸咸之外。'谓其诗:'棋声花院静,幡影后坛高'之句为得之。人以其言为然。"《遂初堂书目》著录司空图《一鸣集》,未明卷数。《直斋书录解题》卷十六著录《一鸣集》十卷,云:"唐兵部侍郎虞乡司空图表圣撰。图见《卓行传》。唐末高人胜士也。蜀本但有杂著,无诗。自有诗十卷别行。诗格尤非晚唐诸子所可望也。其论诗以'梅止于酸,盐止于咸,咸酸之外,醇美乏焉',东坡尝以为名言。自号知非子,又曰耐辱居士。"卷十九著录《司空表圣集》十卷,云:"唐兵部侍郎司空图表圣撰。咸通十年进士。别有全集,此集皆诗也。其子永州刺史荷为后记。"《唐才子传》言其有《一鸣集》三十卷行于世。《文献通考》著录《司空表圣集》十卷。司空图自序云:"知非子雅嗜奇,以为文墨之伎,不足曝其名也,盖欲揣机穷变,角功利于古豪。及遭乱窜伏,又顾无有忧天下而访于我者,曷自见平生之志哉!因捃拾诗笔,残缺亡几,乃以中条别业一鸣(鸣以下似脱总字)以目其前集,庶警子孙耳。其述先大夫所著家牒照乘传及补亡舅赞祖彭城公中兴事,并愚自撰密史,皆别编次云。有唐光启三年(887)泗水司空氏中条王官谷濯缨亭记。"但司空图所编原本北宋时已佚,宋祁《题司空表圣诗卷末》云:"唐司空表圣,隐虞乡之王官谷。唐亡,表圣死,无子,家书湮散。后百五十三年直宋嘉祐岁己亥,武威段绎得书一卷示予曰:'表圣私稿也。'纸用废漫,字正楷,凡诗十有二篇,此世所传表圣笔,其真不疑,绎以重番治背,髹轴锦护首,粲然若新,其势不数百年不泯也。噫!表圣贤者也,以其贤,故一物一言为后爱秘若此,宁当时举不及后人之知表圣耶?是不然。同时者娼,异时者慕,尚何怪哉!绎得于虞乡尉孙膺,膺得于谷口民张,张传之祖,祖尝为表圣主阁云。广平宋某记。"[1] 今所见司空图集,乃其子司空荷所辑。《一鸣集》原本当为三十卷,但今传本仅十

---

[1] 《佚存丛书》残本《景文宋公集》九十八。

卷,所以何焯(义门)跋云:"十卷,掇拾残丛,其谬误尤甚,不可谓架有是书也。康熙癸巳传自钱楚殷漫记焯。"(按,钱楚殷为钱遵王之子,此跋附见元和顾千里《一鸣集跋后》)《四库全书总目》著录云:"所著诗集,别行于世,此十卷,乃其文集,即《唐志》所谓《一鸣集》也。……是编前后八卷,皆题为杂著,五卷、六卷独题曰碑,实则他卷亦有碑文,例殊丛脞,旧本如是,今姑仍之焉。"缪荃孙曾见曹书仓影写明成化本《司空表圣文集》,跋云:"此集有文无诗,陈振孙《书录解题》云:'蜀本前后八卷,俱题杂著,五、六卷,独题碑字。'按,卷七杂著中,又有《复安南碑》,不应此二卷,独题曰碑,当由后人误改,则与陈所见之本无异也。每卷首行题《司空表圣文集》卷几,下题《一鸣集》。与瞿氏《书目》载宋刻《杜荀鹤文集》下题《唐风集》同,知其原出于宋。"(《艺风堂文续集》七《司空表圣文集跋》)灵石耿文光斗垣《万卷精华楼藏书记》一百八载一抄本,记云:"是集有文无诗,惟五卷、六卷题碑,余皆题杂著。凡记述书记碑志赋赞之属共七十首,书前上题《司空表圣文集》,下题《一鸣集》,与《简明目》所著合,盖犹是旧本也。"汲古阁、平津馆、铁琴铜剑楼、皕宋楼、善本书室皆以旧抄本著录,卷次篇第与前所记同,皆出一宋刻本。此外邵章《四库简目标注续录》云:"张苎堂藏季振宜家影抄本,复录吴有堂过何义门校,邓孝先藏知不足斋钞本校新刊本多《连珠》八首,其他可以校正者,殆数百事。又见钱犀盫钞本,亦间可补鲍本之缺失。"《涵芬楼烬余书录》著赵味辛(赵怀玉,字亿孙,号味辛)校注季青钞本,赵怀玉跋云:"司空表圣《一鸣集》十卷,全子少权所贻,自宋刻外,未之付梓。知不足斋藏本乃从宋刻对校者,顷复借勘一过,补录《连珠》八首,其显然可疑者,则旁注证明。盖明代刊书,于义有难通者,辄以意改窜,固非良法;而南宋学本坊本,往往草率讹误,又不可徒以耳食为贵也。乾隆丙寅孟秋记。"《四部丛刊》即据此抄影印,题《司空表圣文集》。从赵氏跋中知鲍氏知不足斋本校宋本,乃校他本多《连珠》八首,至于陈继儒《太平清话》所载《墨竹笔铭》,《四库》馆臣已辨其为伪作,不得以之补遗矣。刻本有清光绪三十一年(1905)仁和朱氏《结一庐剩余丛书》本。至于司空图的诗作,《书录解题》云十卷,除合集外,未见得本。胡震亨《唐音统签》戊集作者小传云:"有《一鸣集》三十卷,内诗十卷。"与宋人所谓文三十卷诗十卷者异,不知何据。胡氏《统签》编为五卷,末附句十四条,《四部丛刊》据以影印,题《司空表圣诗集》。[1] 今北京图书馆藏有宋刻本《司空表圣文集》十卷。另外还有多种清抄本。《全唐诗》收其诗三卷。

吕温集十卷

唐吕温撰。吕温(771—811),字和叔,又字化光,唐河中(今永济市)人。德宗贞元十四年(798)进士,次年中博学宏词科,授集贤殿校书郎。贞元十九年(803),得王叔文推荐任左拾遗。贞元二十年夏,以侍御史为入蕃副使,在吐蕃滞留经年。顺宗即位,王叔文用事,他因在蕃中,未能参与"永贞革新"。永贞元年(805)秋,使还,转户部员外郎。历司封员外郎、刑部郎中。元和三年(808)秋,因与宰相李吉甫有隙,贬道州刺史,后徙衡州,甚有政声,世称"吕衡州"。

刘禹锡有《唐故衡州刺史吕君集纪》,云:"(吕温)年四十而没。后十年,其子安衡泣捧遗草来谒,咨余绎之,成一家言,凡二百篇。"可知吕温卒后十年,其子请刘禹锡编辑吕温遗集。《新唐书·艺文志》《郡斋读书志》均著录《吕温集》十卷,但编排次第,却不是刘禹锡原貌,所以晁氏引刘序说:"古之为书,先立言而后体物。贾生之书首《过秦》,而荀卿亦后其赋,故断自《人文化成论》至《诸葛武侯庙记》为上篇。今集先赋诗后杂文,非禹锡本也。"但宋椠久佚,不见著录,吕集的得以流传,却不能不归功于明人的传抄和清人的整理校勘。据《荛圃藏书题记》七,黄丕烈曾收集多种《吕温集》钞本:碧凤坊顾氏藏绵纸旧钞本(缺首三卷)、周松霭藏十卷本(析五卷为十卷)、钱遵王藏五卷本(十卷之仅存前五卷)、毛子晋藏五卷本(移易十卷中为五卷)、周香严藏叶石君家钞本(十卷全,有刘序并全目)、王西沚藏十卷本(出于叶抄原本)、崇祯间以嘉靖黄冀录重订本(五卷)、海盐黄椒升收新钞十卷本(盖分前五卷以符十卷之数,序次与旧钞不同)、吴岫所藏五卷旧抄本、毛子晋手跋本(亦只五卷)、钱少室家藏万历抄本(亦五卷)。

---

[1] 万曼:《唐集叙录》,河南大学出版社 2008 年版,第 432 页。

这些抄本，各有不同，"纷如乱丝，无可取证"。但其中最值得注意的是所谓"其来有自"的叶石君家钞本，因为"末有屠守居士跋，谓甲子岁从钱牧斋借得前五卷，戊辰岁从郡中买得后三卷，俱宋本，则叶抄之前五卷其据宋本可信矣。再行间所注某作某，俱屠守所校"。又云："第二卷《闻砧》以下十五首，宋本所无，案陈解元棚本增入，是顾氏原失之三卷中第二卷，未知有此否，安得宋本一证之乎？"此外丁松生善本书室有两个旧抄本（见《藏书志》二十五）：上海郁泰峰藏十卷本（次第与冯己苍本同）、钱天树藏十卷本（有屠守居士题识）。叶本、郁本、钱本都是十卷本，叶本、钱本都有屠守居士题识（屠守居士是常熟冯舒别号），郁本丁氏谓次第与冯己苍本同，可见三个本子都是一个来源。因此旧钞本虽多，但是吕集功臣，不能不首推冯己苍氏。冯己苍跋称："右《吕衡州集》十卷，甲子岁于钱牧斋借得，前五卷戊辰从郡中购得，后三卷俱宋本。第六、第七二卷均之缺如，因弃置久之。越三年辛未，友人姚君章始为余录之，因取《英华》《文粹》所载者，照目写入，以俟他年得完本校定。正月尽日识。屠守居士。"又曰："凡行间所注某作某，俱愚所校，此本则一照宋本抄写，第二卷《闻砧》以下十五首，宋本所无，案陈解元棚本增入。"冯氏校本，后归皕宋楼，见《藏书志》六十九。但是，常熟瞿氏《铁琴铜剑楼藏书目录》十九却著录一个十卷旧抄本，瞿氏记曰："述古堂蓝丝阑钞本，左线外有钱遵王述古堂藏书八字。其中六、七两卷，实冯己苍所未见者。世传冯本皆阙，观《敏求记》题语，知是本犹抄自绛云也。"此本显然是一个值得注意的本子。秦敦夫（恩复）道光七年刊《吕衡州文集》，序云："顷见元和顾君涧薲，携借来吴茂才有堂家藏足本，其末有跋云：右《吕衡州集》十卷，前五卷系吴方山家藏旧抄本，后五卷从正嘉时旧抄本补全。其篇目次第与冯己苍照宋抄本同，所异者，冯己苍初得宋本前五卷，又得宋本后三卷，其第六、第七二卷，均付缺如，虽从《英华》《文粹》所载照目写入，未得为完书。今此本二卷独全，可称吕集之善本云。"所谓第六、第七两卷独全者，顾涧薲（千里）跋云："六、七两卷，出正嘉时旧抄，独为完善，如卷六之《韦武碑》、卷七之《河东郡君志》，举世莫传者也，诚足本矣。此外如《文苑英华》三百十六卷《和李使君三郎早秋城北亭宴崔司士因寄关中张评事》诗、三百十七卷《题从叔园林》诗，集所未见，今恐失真，皆不取入。"《四库全书》据鲍士恭家藏本著录,有屠守居士跋,亦冯己苍本也。《四部丛刊》用常熟瞿氏铁琴铜剑楼藏述古堂精抄本影印,据说是从绛云楼宋本抄出的。前有彭城刘禹锡序,后有柳宗元《故衡州刺史东平吕君诔》(秦刊本无),似是最完整的本子,但讹误仍不少。钱氏有校语在眉端,商务别录为校勘记一卷附文集后。又秦氏刊本亦有顾千里氏考证。① 现存吕温集善本,多为清抄本。

柳冕集四卷

唐柳冕撰。柳冕(约730—约804)字敬叔,蒲州河东(今永济市)人。博学富文辞。世为史官,父子并居集贤院。德宗初,召为太常博士。以论议劲切,出为婺州刺史。贞元中,官御史中丞,福建观察使。自以久疏斥,又性躁狷,不能无恨,上表乞代,且申明朝觐之意。代还,卒。赠工部尚书。事迹见新、旧《唐书》本传。

《山西通志·经籍》著录。《新唐书·艺文志》《通志·艺文略》著录《柳冕集》,注云:卷亡。《宋史·艺文志》著录《柳冕集》四卷,恐已非其旧。《全唐文》存其文14篇。

王之涣集

唐王之涣撰。王之涣(688—742),字季凌,绛州(今新绛县)人。性格豪放不羁,常击剑悲歌,其诗多被当时乐工制曲歌唱。名动一时,他常与高适、王昌龄等相唱和,以善于描写边塞风光著称。其代表作有《登鹳雀楼》《凉州词》等。王之涣早年由并州(山西太原)迁居至绛州,曾任冀州衡水主簿。衡水县令李涤将三女儿许配给他。因被人诬谤,乃拂衣去官,后复出担任文安县尉,在任内期间去世。

《山西通志·经籍》著录。靳能《王之涣墓志铭》称其诗"尝或歌从军,吟出塞,曒兮极关山明月之思,萧兮得易水寒风之声,传乎乐章,布在人

---

① 万曼:《唐集叙录》,河南大学出版社2008年版,第270页。

口"。但其作品现存仅有六首绝句。

聂夷中诗一卷

唐聂夷中撰。聂夷中,字坦之,河东(今永济市)人。咸通十二年(871)登第,官华阴尉。

《山西通志·经籍》著录。《新唐书·艺文志》《通志·艺文略》《崇文总目》著录《聂夷中诗》二卷。《宋史·艺文志》《直斋书录解题》著录《聂夷中诗》一卷。《唐才子传》云:"其诗一卷今传。"由二卷而一卷,可见其诗在宋元时已多所亡佚。

薛奎集四十卷

宋薛奎撰。薛奎,字宿艺,绛州正平(今新绛县)人。宋淳化年进士,为隰州军事推官,改大理寺丞、莆田知县,迁殿中丞、长水知县、兴州知州,迁太常博士、御史中丞,出为陕西转运使、户部郎中、延州知州,擢龙图阁待制、权知开封府。迁右谏议大夫、权御史中丞,改授集贤院学士,并州知州,改秦州,加枢密直学士、益州知州,又召为龙图阁学士、参知政事,迁尚书礼部侍郎。以喘疾数次辞位,罢为户部侍郎、资政殿学士、判尚书都省,卒赠兵部尚书,谥简肃。其婿欧阳修为撰墓志。《宋史》卷二八六有传。

《山西通志·经籍》著录薛奎集四十卷。《文献通考》卷二三五《经籍考》六十二著录《薛简肃公文集》四十卷,曰:"参知政事薛奎宿艺撰。欧阳公序略曰:公,绛州正平人,自少以文行推于乡里。既举进士,献其文百轴于有司,由是名动京师。平生所为文至八百余篇,何其盛哉。公之事业显矣。其为文章,气质纯深而劲正,盖发于其志如其为人云。"欧阳修熙宁四年五月所作《薛简肃公文集序》今存,云:"公之文既多,而往往流散于人间。公期能力收拾,盖自公薨后三十年,始克类次而集之,为四十卷。公期可谓能世其家者也。"可见此集为薛奎嗣子薛公期所集。但此书后世不见著录,应久佚。

王曙集四十卷

宋王曙撰。曙有《周书音训》,已著录。

《宋史·王曙传》:"有《集》四十卷。"尹洙《文康王公神道碑》:"公所著《文集》四十卷。"

司马光集八十卷

宋司马光撰。司马光有《温公易说》等,已著录。

司马光平生著述甚富。苏轼《司马温公行状》(《东坡集》卷三十六)曰:"有文集八十卷。"则集当为著者生平手定。高宗绍兴二年(1132)九月,权发遣福建路提点刑狱公事刘峤将文集刊于福州,作《温国文正司马公文集序》道:"文集凡八十卷,为二十八门。其间诗赋、章奏、制诰、表启、杂文、书传,无所不备。实行于参知政事汝南谢公(克家),谢公语峤曰:'艰虞以来,文籍散亡。子曾大父杂端公(按即刘述),熙宁二年(1069)坐诋时政,及再缴诏,敕还中书,谪守九江,一斥不复。司马公时尝营救甚力,章疏具载国史,天下所共知之。'且趣峤叙其首,镂行于世。"次年十一月,刘峤准尚书札子,奉圣旨,将所刊司马光文集上之于朝。《进书表》称所刊"司马光文集八十卷,计十有七册"。《通志·艺文略》著录"司马温公《嘉谟》前、后集四十二卷,又文集八十卷"。所谓《嘉谟集》,疑为司马光奏议,盖尝单行,刊于何时不详,既称之曰"嘉谟",殆在元祐间。所谓"文集八十卷",以《通志·艺文略》成书年代考之,当即刘峤本。刘峤原刻本今犹传世,藏北京图书馆。该本八十卷中,卷一至四、卷七至八十原阙,配明弘治十八年(乙丑,1505)卢雍钞本。是本乃黄丕烈嘉庆丁巳(二年,1797)购自苏州学余堂书肆,为杭州某氏藏书,其《百宋一廛书录》著录道:"《温国文正司马公文集》。"此《温国文正司马公文集》,宋刻标题如是,已与钞本所云《司马太师温国文正公传家集》者不合,而序文(指《传家集》三,此本详下)节去首尾,并误撰序人刘峤为刘随,不知其何由来也。至于年号、官衔,概从缺略,俾考古者茫无依据，是可慨已。此本序文一一完善，次列《进司马温公文集表》一通。分卷序次，离合先后，多有不同，信祖本也。……卷第八十后空叶有墨书三行云：'国初吴儒徐松云先生收藏《温公集》八十卷，阙九卷，雍谨钞补以为完书云。弘治乙丑秋九月望日，石湖卢雍谨记。'则此书本为吴中藏书，而今自武林购来。"顾广圻《百宋一廛赋》所谓"若乃观《温国》于徐、卢，箴《传家》之膏肓"，即指该本，黄氏注曰："《温国文正司马公文集》八十卷，每半叶十二行，每行二十字。首为刘峤序，次为《进司马温公文集表》，表第一叶间有朱书一行云'洪武丁巳（十年，1377）秋八月收'，钤以小方章一，文云'徐达左印'，又大方章一，文云'松云道人徐良夫藏书'，卷第八十后副叶，有墨书三行云（即卢雍钞补题记，前已引，略）。予得之以嘉庆丁巳，暇日偶校旧钞《传家集》，触处见误，近刻复何足道耶。书之可称祖本者，唯此种是矣。"黄丕烈犹有跋，谓"初书装十四册，破烂特甚，买得后驱蠹鱼至数百计，且缺叶及无字处每册俱有，乃命工补缀。其缺叶皆误重于他叶之腹，其无字者皆浆粘于前后叶之背，始悟当时俗工所为，以致不可卒读。苟非精加装潢，全者缺之，有者无之，不几使此书多憾耶！……钱竹汀（大昕）谓余曰：'宋王深宁（应麟）撰《困学纪闻》，载《温公集》字句多与此刻合。'知深宁所见，即是本也。世行本以《传家集》为最古，今见此绍兴初刻，题曰《温国文正司马公文集》，则'传家'之名，非其最初"。后来黄氏书散出，此本归汪氏，见《艺芸书舍宋板书目》。再归瞿氏，《铁琴铜剑楼藏书目录》卷二〇著录，详记其编次结构道："《温国文正司马公文集》八十卷，宋刊本，宋司马光撰。题《温国文正司马公文集》，与世行本称《传家集》者不合，其编次亦异。凡赋一卷，诗十四卷，章奏、谥议四十卷，制诏一卷，表一卷，书启六卷，序二卷，记、传二卷，铭、箴、颂、原、说、述一卷，赠、谕、训、乐词一卷，论二卷，议、辨、策问一卷，史赞、评议、疑孟一卷，史郯、迂书一卷，碑志五卷，祭文一卷。每半叶十二行，行二十字。书中'桓'字注'渊圣御名'，'构'字注'御名'，是绍兴初年刻本也。前有绍兴二年刘峤刊板序及进书表。今世行《传家集》误刘峤为刘随，并节去序文首尾及年号、官衔，表亦不载。"《四部丛刊初编》所收《温国文正公集》，即据此影印，今为通行善本。

司马光集有题为《传家集》者,亦刊行于有宋,且同为八十卷,然与刘峤本书名、编次不同。《郡斋读书志》卷一九著录道:"《司马文正公传家集》八十卷,右皇朝司马光君实也。陕州夏县人,初以父荫入官,年二十,举进士甲科。故相庞籍荐,除馆阁校理。神宗即位,擢翰林学士,御史中丞,后除枢密副使,力辞而去。元祐初拜门下侍郎,继迁尚书左仆射。卒,年六十八,谥文正。好学如饥之嗜食,于学无所不通。……集乃公自编次。公薨,子康又殁,晁以道得而藏之。中更禁锢,迨至渡江,幸不失坠。后以授谢克家,刘峤得而刻板上之。"晁氏所录为《传家集》,然其所述则为刘峤本,盖以《传家集》出于刘本之故。宋椠《传家集》久佚,后唯据钞本略知其概。黄丕烈跋前述宋本时,有曰:"观周香严(锡瓒)所藏旧钞本,亦为卷八十,而标题则曰《司马太师温国文正公传家集》,卷末有'泉州公使库印书局淳熙十年(1183)正月内印造到'云云,又有嘉定甲申(十七年,1224)金华应谦之,并有门生文林郎差充武冈军军学教授陈冠两跋,皆云公裔孙出泉本重刊,是《传家》又重刊本矣。"周氏钞本今未见著录,其本当源于嘉定重刊本,且知《传家集》殆由司马氏裔孙编刊,故以"传家"名之。《传家集》今以明椠为古。明代刊有三本:一本不详刻印年代,故著录为"明刊本";一本为万历十五年(1587)司马祉所刊,另一本乃崇祯元年(1628)吴时亮刻本。明刊本今大陆凡著录八部(包括残本),台北"中央图书馆"藏两部。日本内阁文库、静嘉堂文库、蓬左文库亦有皮藏。该本每半页十行二十字,黑口,四周双栏。无序跋,故刊印年代不可确考,或以为明初刊(《善本书室藏书志》卷二六),或以为天顺时刊(《木犀轩藏书书录》引旧人题字及耿文光跋);或以为成化、弘治间刊(《中国善本书提要》)。乾隆培远堂本陈宏谟序,称司马光集近世所传惟"晋、闽二本"(引详后),晋本情况较清楚,疑所谓"闽本"即此本。前引《百宋一廛书录》称《传家集》序文节去首尾,并误撰人刘峤为刘随,亦指此本。《天禄琳琅书目》卷一〇所录亦此本,因刘序为节录,又误为"刘随",故称该本"非宋椠之旧,况随序亦不详刊刻源流,则并非付梓而作"。北京大学图书馆所藏李氏残本有耿文光跋,谓"《传家集》宋板久佚,元本无闻,此刻为最古,依仿宋样,雅致可爱",又谓《四库》所收即此本"(按,《四库总目》著录江苏采进本)。《中国善本书提要》曰:"是集宋代有两刻本,一题《温国文正司马公文集》,有绍兴二年刘峤序,已印入《四部丛刊》;一题《司马太师温国文正公传家集》,嘉定间刻本,有应谦之、陈冠两跋。两本编次虽不同,并作八十卷。此本(指北京图书馆所藏明刻本)旧题与后本同,盖从嘉定本出,惟卷端刘随序乃割去绍兴刘峤序之首尾而成,随当为峤之误,黄丕烈已言之矣。惜不记刊刻年月,观其黑口大字,约当在成、弘间物。"黄丕烈尝以绍兴刘峤刻本校旧钞明刊本,其宋本跋称两本"虽文义未甚龃龉,而一字一句,总觉旧刻之妙";前引《百宋一廛赋》黄注,又谓"暇日偶校旧钞《传家集》,触处见误"。然而明刊本舛误,未必宋板《传家集》即劣于刘峤本;相反,因宋刻《传家集》出于著者裔孙,据宋人文集刊本一般规律,家集本往往精于他本。故刘峤本虽有宋椠而为后世所重,然《传家集》亦不容轻视。《传家集》既有刘峤(误作"随",盖由明人疏失)序,应即由绍兴本出;至于两本编次不同,殆著者裔孙为釐正。万历十五年司马祉刊本,亦为《传家集》八十卷、目录二十卷。此刻校勘不精,不为藏家所重。今国内及日本宫内厅书陵部、内阁文库皆有庋藏。崇祯本乃崇祯元年(1628)吴时亮所刊,题《司马温公文集》,凡八十二卷、目录一卷。有吴时亮序,称"乃余督学晋中,公固晋之夏县人,过其里,想见其为人,因蒐得其《传家》八十卷。虽旧有刻本(盖指司马祉本),而亥豕多讹,乃命博士弟子员分较而铨次之,以付杀青,因以其诰敕碑铭弁之首。"此刻至今传本尚多,清代又一再翻刻,流传尤广,然并非善本。明刊本除上述三本外,犹有嘉靖四年(1525)吕柟所刊《司马文正公集略》三十一卷《诗集》七卷,乃选本。入清,康熙四十七年(1708),知夏县蒋起龙补葺崇祯本,即所谓"祠本"。乾隆九年(1744)乔氏百禄堂、同治四年(1865)戴氏曾两度重刻崇祯本,今皆有著录。乾隆六年(1741),陈宏谋培远堂刊《传家集》,浦起龙校。前有陈氏序,谓近世流传公集,惟晋、闽二刻,公余悉心考订,并辑公年谱,付之梓人,云云。是刻每半页十一行二十一字,黑口,左右双边,现藏本尚富。所谓"旧本",不详为何本。耿文光谓"陈本甚佳,远胜祠本"。光绪十二年(1886),解梁书院尝重刊陈本。司马光文集,宋代所传除上述八十卷本两系统外,犹有百卷本、一百一十六卷本两种。《直斋书录解题》卷一七著录百卷本:"《传家集》一百卷,丞相温国文正公涑水司马光君实撰。

公生于光州，故名。今光州有集本。"马氏《文献通考》卷二三六著录《传家集》，不记卷帙，并引晁氏、陈氏语，盖以两氏所录之本相差达二十卷之多，无可适从。宋刊百卷本久佚，宋以后未见重刊，其详无考，然既以"传家"名集，恐即据泉州本八十卷本改编。今北京图书馆藏李氏书中，有清钞《司马温公传家集》一百卷，《木犀轩藏书录》曰："《司马温公传家集》一百卷，旧钞本。半叶九行，行二十字。前有目录十卷。每卷标题后空二行，有'宋原本钞较'五字。此本卷数与他本不合，或后人改编，或有所本，未敢臆定。"若钞者所谓据"宋原本钞较"属实，则此钞本当即由宋光州本出。《宋史·艺文志》除著录司马光集八十卷外，又著录《全集》一百十六卷。一百十六卷本国内久绝，而日本内阁文库尚有宋刻宋印本，题为《增广司马温公全集》，董康《书舶庸谭》卷八尝著录。过去赴日访书之前辈学者，似极少获睹此本，仅傅增湘《藏园东游别录·日本内阁文库访书记》有简单记载。1993 年 8 月，日本汲古书院将其缩小影印出版，精装为一大册。是年 10 月下旬，日本立命馆大学文学部笕文生教授访问四川大学古籍整理研究所，以影印本一部相赠。昔年《全宋文》收录司马光文时，以未见此本为憾。虽睹之秘本，一旦赫然在目，同仁无不惊喜。影印本前有总目，全书为：卷一至五手录，卷六稽古录，卷七论上，卷八论下，卷九策问，卷一○至二八律诗、杂诗、古诗、歌行、曲谣、致语、乐章（词三首），卷二九古赋并表、古诗并表，卷三○至三四章疏，卷三五至八七奏议，卷八八至九○书，卷九一至九四乐书，卷九五序，卷九六序、劄子、御批，卷九七表、启，卷九八启状、手书，卷九九记，卷一○○杂著，卷一○一疑孟、史剡，卷一○二至一○五日录，卷一○六诗话，卷一○七传，卷一○八祭文、哀辞，卷一○九挽词，卷一一○传、墓志，卷一一一至一一四墓志，卷一一五附录苏轼所作行状，卷一一六附录苏轼所作神道碑以及颜复《司马温公谥议》、欧阳棐《覆议》。原本左右双边，每半页十二行，行二十字，白口，单鱼尾，间有双鱼尾。版心有书名称简"温"字及卷数、页数、字数及刊工姓名。序后有总目。每卷顶格为"增广司马温公全集卷几"，次行为文体类别名，再次为该卷目录（诗卷无）。卷首有手钞刘隋（"峤"之误）《司马温公文集序》二页，卷末有下总守市桥长昭《寄藏文庙宋元刻书跋》，河三亥书。卷三至九、卷四八至五三、卷六一至六八，凡二十一卷原阙。卷四三、八七、九八有阙页。原本凡十七册,每册第一页有"昌平坂学问所"(篆书)、"日本政府图书"(篆书)、"浅草文库"(楷书)等印记。卷十第一页有"进侯长昭广受书室鉴藏图书之印"篆书印章。影印本卷首有朝奉郎、邛州司录事、赐绯鱼袋黄革撰《司马温公全集序》,十分难得,全文录之于次:"温公事业文章暴耀天下,其人虽亡,其书具存。学者知想慕其人而不知读其书,亦漫云尔。考公之书,唯《资治通鉴》独为精详,其他文集不无阙失。昔东坡先生撰公神道碑并行状,得《迂叟集》于其家,以备铺述,于是见当时庙堂之上吁俞献替,多载于此。革顷官青衣,知有此书,先生之表侄谨守固藏,不敢示人。杜友传道乃今得之,既惜其隐晦不传,又叹夫书肆之本多所阙失,用是重加编辑,增旧补遗,始克全备,愿与学者共之。兹可嘉也,故为之书,谨序。"序末团作年。其谓原本苏轼表侄"谨守固藏,不敢示人",苏轼表侄当为程氏(今人李裕民先生以为即程唐,见其所作《〈增广司马温公全集〉考》),因元祐党祸中司马光集被禁毁,故云。其本原有卷数,当与苏轼所撰《行状》合,即八十卷,重编增补为杜传道。原本卷末有"右迪功郎蕲州司理参军武师礼监印,右迪功郎蕲州防御判官蒋师鲁监印"二行,则书当刻于蕲州(今湖北蕲春)。刻工有叶明、詹元、陈明、陈良、陈通、施光、江清、魏正、余盖、吴永、裴填、文广、何中、江和、郭眼、孙石等。李裕民以为诸人绍兴年间曾刻过许多著名典籍(参王肇文《宋元古籍刊工姓名索引》),以避讳字、刻工及苏轼表侄年龄推断,《全集》可能刊行于绍兴十至十四年(1140—1144),晚于刘峤刊本(说详李裕民《增广司马温公全集影印序》)。今按卷一〇三《日录》熙宁二年九月己亥、庚子两条,原分别有注,称"劄子在《传家集》"。则其刊刻年代不仅晚于刘峤本,且当晚于泉州本《传家集》。《增广司马温公全集》与《温国文正司马公文集》及《传家集》在编次、收文数量上皆有不同。《全集》由专著、诗文、附录三部分组成,专著《手录》《日录》为本书精华,史料价值极高。仅见于此书的诗词十首、文五十六篇,亦格外宝贵。由于底本出于司马光家,故校勘价值也很高(详见李裕民《〈增广司马温公全集〉考》)。与其他宋本一样,是本亦难免有讹误,如卷一〇三《日录》"后宫张氏生皇女","张氏"误作"张民"之类。又,刘峤本、《传家集》本已书之文,此本或不载,尤以书启为多。尽管如此,其总体版本价值并不因而降低。①

夏阳集二卷

宋司马槱撰。槱,字才仲。司马光侄孙。

《山西通志·经籍》著录。《郡斋读书志》著录《司马才仲夏阳集》二卷,云:"右皇朝司马槱字才仲,温公之侄孙。元祐初,与王常辈同中贤良科,调钱塘尉而卒。喜为宫体诗,故世传其为鬼物所祟。"《文献通考》著录《司马才仲夏阳集》亦为两卷。其集久佚,《全宋诗》录其诗十二首,残句一则。

逸堂集十卷

宋司马械撰。械,字才叔,槱之弟。

《山西通志·经籍》著录。《郡斋读书志》著录《司马才叔逸堂集》十卷,云:"右皇朝司马械,字才叔,才仲之弟也。登进士第,亦尝应贤良,以党锢不召。诗虽纤艳,比其兄稍庄雅。"《文献通考》著录《司马才叔逸堂集》亦为十卷。其集久佚,《全宋诗》录其诗六首。

补注杜工部集

宋薛苍舒撰。薛苍舒,一作仓舒,字梦符,河东人。约生活在北宋末年,年代略早于赵次公。曾任翰林学士。

薛氏著有《补注杜工部集》。胡仔《苕溪渔隐丛话》后集卷八云:"子美诗集,余所有凡八家:……《补注杜工部集》,则学士薛梦符也。"《宋史·艺文志》著录:"薛苍舒《杜诗刊误》一卷。"又:"薛苍舒《杜诗补遗》五卷,《续注杜诗补遗》八卷。"周采泉《杜集书录·内编·全集校刊笺注类一》云:"以上各书现均无传本,但其注疏文字,犹散见于《九家集注》《千家注》

---

① 祝尚书:《宋人别集叙录》,中华书局1999年版,第299页。

中。……据《九家注》赵彦材常引薛梦符语,则薛早于赵。上列四书可能即是一书,后三者为《补注杜工部集》之附属部分。但《宋史·艺文志》,以《补遗》为苍(应为仓)舒作,而《刊误》作仓(应为'苍')舒作。'苍''仓'同音之讹,当为一人,其书或各自单行欤?……又《刊误》,《郡斋读书志》列入文史类,今附录于此,疑其书当如蔡氏《正异》(指蔡兴宗《杜诗正异》),为全集之一部分。"其说大体近之。《分门集注》《黄氏补注》《分类杜诗》卷首"集注姓氏"云:"河东薛氏苍舒,《续注子美诗》;薛氏梦符,《广注子美诗》。"则将一人误作二人,后世多沿其误。参蔡锦芳《薛苍舒考论》(《杜甫研究学刊》1996年第4期)。薛氏为宋代注杜重要一家,郭知达《九家集注杜诗》所收九家注,引薛注多达157条,仅次于赵次公、杜田和师尹,居第四位。《黄氏补注》引"苍舒曰"46条;《分门集注》引"(薛)苍舒曰"55条;二本又引"薛曰"22条,当即苍舒。《黄氏补注》又引"梦符曰"121条;《分门集注》又引"(薛)梦符曰"多达189条。薛注多注释杜诗疑难词语、典故、地名等,颇多讹误,故后世渐近湮没。①

杜工部集二十卷

宋王洙编次并《记》。何瑑丁修参校。宋王琪校刊并《后记》,宋裴煜校。其后煜又补辑遗文九篇,刊附《集外》。琪,字君玉,生卒年不详,约1056年前后在世。华阳人,珪弟。时为苏州郡守。事迹详《宋史》卷三一二传。煜,字如晦(?—1065),河东人。进士。先官吴江宰,后为苏州太守。嘉祐八年(1063)以秘阁校理知润州。裴煜与欧阳修善,欧阳文忠公文集卷八有《与裴如晦书》。

此集《诗》十八卷,《杂著》二卷,末附元稹撰《墓志》。有宋嘉祐四年(1059)姑苏郡斋刻板本。治平元年(1064)裴煜补刻遗文九篇于苏州。②

---

① 张忠纲等:《杜集叙录》,齐鲁书社2008年版,第34页。
② 同上书,第6页。

忠正德文集十卷

宋赵鼎撰。赵鼎有《宋高宗日历》,已著录。

祝尚书《宋人别集叙录》考此书版本源流甚详。嘉泰元年(1201)腊日,赵鼎孙谥知潮州,潮州乃赵鼎当年贬官之地,因刻其集,请周必大作序。周氏序略曰:"始公谪潮,潮人敬爱不忘。天道好还,谥今来守此土,追怀祖烈,将刻遗稿,附昌黎文以传。凡拟诏百有十,杂著八,古律诗四百余首,奏疏表劄各二百余篇,号《得全居士集》,而以乐府四十为别集,属某题辞。某按国朝故事,眷待故相,多赐佳名揭碑首,或二字,或倍之。公之生也,幸拜宸奎,褒称四美(按指'忠正德文'),某已敷衍于前矣。盍就以名集,昭示万世,视碑额庶有光焉。谥曰'诺哉'!是为序。"则其家集原题《得全居士集》,周氏改为《忠正德文集》。《直斋书录解题》卷一八著录道:"《忠正德文集》十卷,丞相闻喜赵鼎元镇撰。四字(按即'忠正德文'),高庙所赐宸翰中语也。"又同书卷二〇著录其诗集道:"《得全居士集》三卷,赵鼎元镇撰。全集号《忠正德文》,其曾孙璧别刊其诗,附以乐府。陆游曰:忠简谪朱崖,临终自书铭旌曰:'身骑箕尾归天下,气作山河壮本朝。'呜呼,可不谓伟人乎!"《文献通考》卷二三八著录《忠正德文集》、卷二四四载《得全居士集》,皆同《直斋书录解题》。《宋史·艺文志》著录《忠正德文集》亦同,然《得全居士集》仅二卷,盖诗集单行本("附以乐府"为三卷,不附为二卷);又录有《得全居士词》一卷,谓"不知名",殆即所作长短句别行之本,《宋史·艺文志》编者对其作者失考。《宋史》卷三六〇本传称"有拟奏、表疏、杂诗文二百余篇,号《得全集》,行于世"。此盖据其家集原名,实即《忠正德文集》也。明《文渊阁书目》卷九著录"赵元镇《忠正德文集》一部六册,全",而至《内阁书目》已不登录。《菉竹堂书目》卷三载《忠正德文集》,无《得全居士集》。《世善堂藏书目录》卷下有"《赵忠正德文集》十卷"。《赵定宇书目》有宋版大字《忠正德集》,盖书名脱"文"字。《绛云楼书目》卷三亦有《忠正德文集》五册,注曰"十卷"。其后传本亡佚。《增订四库简目标注·续录》谓有明刊本,然别无著录,恐邵氏误记。今存乃大典本。《四库全书总目》曰:"史(指《宋史》)称其为文浑然天成,凡军国机事,多其视草,有奏疏、诗文二百余篇。《绍兴正论》、陈振孙《书录解题》皆作十卷。今久佚不传,谨就《永乐大典》散见各条,案时事先后,分类裒缀,得奏议六十四篇,骈体十四篇,古今体诗二百七十四首,诗余二十五首,笔录七篇,又据《历代名臣奏议》增补十二篇,仍釐为十卷。计所存者尚二百九十六篇,与《宋史》所称二百余篇不符。疑其集本三百余篇,传刻《宋史》者或偶误'三'字为'二'字欤。"今按:《四库全书总目》疑《宋史》误"三"为"二",对照周必大序,殆本传行文略取序中一语,致使记事不确,恐非传刻之误。大典本录入《四库全书》。乾隆五十六年(1791),有刊大典本十卷,今唯见上海图书馆著录。道光十一年(1831),会稽吴杰以传钞库本付梓,有跋。光绪二年(1876),山阴谢福谦重刊吴杰本,序略曰:"今所传者,即四库本也,为乡先辈吴杰所刊。兵燹之后,板既废毁,书亦无多,藏书之家鲜有存者。福谦偶于家藏书箧中检得,……故重为锓板,公诸同好,以广其传。适友人鲁君东川遗以善本,命子凤书司校雠焉。"所谓鲁君之"善本",当亦为传钞四库本。道光、光绪两刻今皆传世。日本东京大学、京都大学藏有道光本。日本文久元年(1861),刊有是集木活字本,然只成前四卷(《和刻目录》)。[①]《乾坤正气集》收录此书。

得全居士词一卷

宋赵鼎撰。赵鼎有《宋高宗日历》,已著录。

《宋史·艺文志》别集类著录《得全居士词》一卷,注曰不知名。赵鼎号得全居士,其词称得全居士词。《宋史》失考。《别下斋丛书》《次斋词编》《丛书集成初编》《丛书集成新编》均收有赵鼎《得全居士词》一卷。《四印斋所刻词·南宋四名臣词集》收录赵鼎《赵忠简得全居士词》。明钞《宋元名家词》本亦收录赵鼎《得全居士词》一卷。

---

① 祝尚书:《宋人别集叙录》,中华书局1999年版,第791页。

蒲芝集

宋蒲芝撰。蒲芝,河东张愈妻也,贤而有文。愈卒,芝为诔。

《山西通志·经籍》著录。

正平集

宋张戒撰。张戒有《政要》,已著录。

《朱子语类》卷一百三十二:"定夫居建昌,享高寿。有文集曰《正平集》。自言初学孔子之道,而无所得。后读老子,而愿学焉。又喜管子,其议多尚法制,立朝亦可观。尝对高宗云:'陛下有仁宗之俭慈,而乏艺祖之英略。'高宗以为说得好。又尝言:'过江以来,非李伯纪、赵元镇、张魏公三人也立不住。'"

贻溪先生集

金麻革撰。麻革,字信之,别号贻溪。山西虞乡(今永济市)人。有先人业在王官谷。革乐道不仕,教授生徒,以诗文自娱。房祺曰:"贻溪与遗山诗学无慊,古文出其右。"当时以为公言。编《河汾诸老诗》,以革集冠其首。事见《山西通志·人物》。

《山西通志·经籍》著录。清顾嗣立《元诗选》收其诗三十二首。

狂愚集二十卷

金李愈撰。李愈(1135—1206),字景韩,绛之正平(今新绛县)人。中正隆五年(1160)词赋进士第,调河南渑池主簿。察廉优等为平阳酒副使,迁冀氏令,累迁解州刺史。章宗即位,召授同知中都路都转运使事,改同知济南府。明昌二年(1191),授曹王傅,兼同知定武军节度使事。改棣州防御使。未几,授大兴府治中。擢河南路提刑使。改河平军节度使。承安二年（1197），徙顺义军。四年，召为刑部尚书。授河平军节度使，改知河中府事，致仕。泰和六年卒，年七十二。谥曰清献。《金史》卷九十六有传。

《山西通志·经籍》著录。《金史·李愈传》："自著《狂愚集》二十卷。"《千顷堂书目》著录李愈《狂愈集》二十卷。

梁襄集

金梁襄撰。梁襄，字公赞，绛州（今绛县）人。登大定三年（1163）进士第，调耀州同官簿。三迁邠州淳化令，有善政。察廉，升庆阳府推官，召为薛王府掾。擢礼部主事太子司经选，为监察御史，坐失察宗室奕事罚俸一月。转中都路都转运户籍判官。未几，迁通远军节度副使。以丧去。服阕，授安国军节度副使，同知定武军节度事。避父讳改震武军。转同知顺义军节度使事。历隩州刺史，累迁保大军节度使，卒。《金史》卷九十六有传。

《山西通志·经籍》著录。

韦斋集

金张琚撰。张琚，字子玉，河中（今永济市）人。父铉，字鼎臣，大定中进士，仕至同知定国节度使事。琚刻意于诗，长五言诗，人喜称道之。有张五字之目。集号《韦斋》。事见《山西通志·人物》。

《山西通志·经籍》著录。《千顷堂书目》卷二十九著录张琚《韦斋集》。

遁斋乐府一卷

金段克己撰。段克己（1196—1254），字复之，号遁庵，别号菊庄。绛州稷山人。早年与弟成己并负才名，赵秉文目之为"二妙"，大书"双飞"二字名其居里。哀宗时与其弟段成己先后中进士，但入仕无门，山村闲居。金亡，避乱龙门山中（今山西河津黄河边），时人赞为"儒林标榜"。蒙古汗国时期，与友人遨游山水，结社赋诗，自得其乐。元宪宗四年卒。工于词曲。

朱彝尊《词综发凡》著录段克己《遁斋乐府》一卷。此书今有《景刊宋金元明本词四十种》本、《彊村丛书》本、《百家词》本。

菊轩集　菊轩乐府

金段成已撰。段成己，字诚之，号菊轩，稷山人。天性孝友，主宜阳簿册皇玺书，即家焉。授平阳路提举学校事，寻以老引退。国子祭酒周文懿公称其文"在班马之间，得圣贤正学，气象雍容"。所著有《菊轩集》。今佚。

《山西通志·经籍》著录段成己《菊轩集》，朱彝尊《词综发凡》著录段成己《菊轩乐府》一卷。《菊轩乐府》今有《景刊宋金元明本词四十种》本、《景汲古阁钞宋金词七种》本、《彊村丛书》本、《百家词》本。

注乐坡乐府

金孙镇撰。孙镇有《历代登科记》，已著录。

《中州集》卷七孙镇条："有《注东坡乐府》《历代登科记》行于世。"

云　岩　集

金宗经撰。《山西通志·人物》："宗经，稷山人，领解元，举进士，所著有《云岩文集》。"

据《山西通志·经籍》著录。

李献能诗

金李献能撰。李献能（1192—1232）字钦叔，河中（今永济市）人。金宣宗贞祐三年（1215）特赐词赋进士，廷试第一人，宏词优等。授应奉翰林文字，在翰苑凡十年。正大末，以镇南军节度副使，充河中帅府经历官。元兵破河中，奔陕州行省，权左右司郎中。值兵变遇害。献能为诗风雅，文刻意乐章,在翰院应机敏捷,号称得体。《金史》卷一二六有传。

《山西通志·经籍》著录。

天倪集

金李献甫撰。李献甫(1195—1234)字钦用,河中(今永济市)人,李献能堂弟。博览群书,精通《左氏春秋》和地理学。兴定五年(1221),李献甫中进士,历任咸阳主簿、行台令史。正大元年(1224),金夏议和谈判中有功,被任命为庆阳总帅府经历官。不久,任长安县令,政绩显赫,百姓爱戴。天兴元年(1232)任六部员外郎,后又因功升迁为镇南军节度副使兼右警巡使。天兴三年(1234)正月死于蔡州之战。《金史》卷一一〇有传。

《山西通志·经籍》著录。《金史·李献甫传》:"所著文章号《天倪集》,留汴京。献甫死,其家亦破。同年华阴王元礼购得之,传于世。"《千顷堂书目》著录李献甫《天倪集》。

默轩集二十卷　坞西漫录十二卷　嵩隐谈露五卷　敝帚集十卷

元陈赓撰。赓(1190—1274),字子飏,临晋(今临猗县)人。金正大年间经义进士。入元任解梁帅府经历官、河东山西道宣慰司参议等。后辞官。

程文海《陈赓墓碑》:"有《默轩集》二十卷,《坞西漫录》十二卷,《嵩隐谈露》五卷,《敝帚集》十卷。"

澹轩文集三十卷

元陈庚撰。庚有《春秋解》,已著录。

元程文海撰《陈庚墓碑》:"著有《经史要论》三十卷,《三代治本》五卷,《唐编年》二十卷,《澹轩文集》三十卷。"

段思诚集

元段思诚撰。段思诚,字仲明,号芹溪,稷山人,克己子。大德间国史院承旨阁文公访河东文献,与西溪并荐于朝,授河东儒学教授,谢去。

《山西通志·经籍》著录。

上清集　樵者问

元薛玄曦撰。薛玄曦(1289—1345),字符卿,河东人,徙贵溪。年十二辞家入道龙虎山,师张留孙吴全节。延祐间用荐召见侍祠,制授大都崇真万寿宫提举,升提点上都崇真万寿宫。泰定元年(1324),扈从滦阳。还至龙虎台,喟然而叹,即日辞归。辟清宁斋、见心亭、熙明轩,筑琼林台于龙虎山之西,日与学仙者相伴其间,而密修大洞回风混合之道。至正三年制授弘文裕德崇仁真人佑圣观住持,兼领杭州诸宫观。遣弟子摄其事,五年卒。年五十七。

《山西通志·经籍》著录。《山西通志·人物·薛玄曦传》:"著《上清集》《樵者问》。"

梁园寓稿九卷　敝帚集五卷　山林樵唱一卷

明王翰撰。王翰有《经史日抄》,已著录。

《明史·艺文志》载所著有《敝帚集》五卷,《梁园寓稿》九卷。《千倾堂书目》著录同。焦竑《经籍志》止称《寓稿》二卷,或误。韩邦奇《苑洛集》卷一有《梁园寓稿序》云:"予读夏台王先生《梁园寓稿》,夷论其世,深有感焉。先生,晋之夏人,所著有《敝帚集》《山林樵唱》《克复自验录》及斯稿。《敝帚集》弘治中已刻之木,中宪先君为之序。兹夏尹高君又将刻是稿,先生曾孙继善从予游,请序之稿首。"但今存《梁园寓稿》无此序。《四库全书》收录《梁园寓稿》九卷,馆臣曰:"翰始抗骄王,终殉国难,其立身具有本末,发为文章,率其刚劲之气,故古体往往有质直语。然自抒性情,无元人秾纤之习。七言古体声调亦颇高朗。朱彝尊辑《明诗综》,未录翰诗,当由未睹诗集。今以其人而存之,亦圣代表章忠烈、阐扬幽隐之义也。"①

《梁园寓稿》今存以下版本:1.《梁园寓稿诗集》九卷,明正德十三年(1518)高天锡刻本,藏中国科学院图书馆、上海图书馆。2.《梁园寓稿诗集》九卷,明正德十三年(1518)高天锡刻本,清丁丙跋,藏南京图书馆。此本钤有"陈奕禧"印,故为陈氏藏书。九行十六字,丁丙跋云:"《明史·艺文志》载《敝帚集》五卷,《寓稿》九卷,《敝帚》未见,此稿卷数相合,朱检讨《明诗综》未录其诗,罕见可知。"卷首有正德戊寅(1518)九川吕经序。卷一为五言古诗,卷二为七言古诗,卷三为七言古文坛、长短句、五言律诗、五言排律,卷四为五言绝句,卷五至卷九为七言律诗。3.《梁园寓稿诗集》五卷,明正德十二年(1517)高天锡刻本,原藏北平图书馆,现移藏台湾。4.《梁园寓稿》九卷,《四库全书》本。5.《梁园寓稿》九卷,清艺海楼钞本,藏台湾"中央图书馆"。②《敝帚集》四库馆臣曰未见。今国家图书馆藏有明天顺间刻本《敝帚集》五卷,首有天顺六年(1462)六月刘弘序,称翰诗文"无杜撰矫激之志,无雕凿靡肆之非,清而和,约而达,深而则"。次为洪武十二年(1379)七月陈庄序。卷端署"夏台王翰时举著,无锡刘弘超远校正"。卷一至卷三为诗,卷四至卷五为文,书末有天顺六年(1462)三月孙正所作后序。

鸣樵诗集

明王旭撰。旭,字士熙,蒲州(今永济市)人。洪武间代叔戍陕右,与曹端友善。

《千顷堂书目》卷十七别集著录。

---

① 纪昀等:《钦定四库全书总目》集部别集类,中华书局1997年整理本,第2281页。
② 徐永明、赵素文:《明人别集经眼叙录》,浙江古籍出版社2013年版,第69页。

卫宁诗稿

明卫宁撰。卫宁,卫子刚子。蒲州(今永济市)人。

《山西通志·经籍》著录。《山西通志·人物》卫子刚条:"子宁通《诗经》,善吟咏,隐居养亲,所著诗稿藏于家。"

荆南咏　子鹄集　听椿吟稿

明王砺撰。王砺,字汝用,王翰子。幼嗜学,登永乐乙未进士,官工部主事,迁辽府长史,以谏谪蒙阴知县,既归,教授乡里以老。著有《荆南咏》《听椿吟稿》诸书。

《山西通志·经籍》著录。

樗栎子山居稿

明梁纪撰。梁纪,字理夫,稷山人。嘉靖二十五年(1546)举人。以母老不仕。后迫母命,勉上公车。梦母疾,即亟返。事闻,赐秩都察院都事。尝买姚村腴田若干亩,斥以为民居。民为立祠祀之。著有《樗栎子》等书十四种,祀乡贤。事见《山西通志·人物》。

据《山西通志·经籍》著录。

薛瑄集四十卷　河汾诗集八卷

明薛瑄撰。瑄有《定次孝经今古文》,已著录。

《千顷堂书目》著录薛瑄《敬轩集》四十卷,又《河汾诗集》八卷。《明史·艺文志》著录薛瑄《敬轩集》四十卷,《诗》八卷。

薛瑄集今存如下版本:1.《河汾诗集》八卷,明成化五年谢庭桂刻本。九行二十字,黑口,四周双边,三鱼尾。卷端题:"刑部主事孙禃编次、国子监丞门人阎禹锡校正、常州府同知同郡晚生谢庭桂重校。"成化四年阎禹锡《河汾诗集序》曰:"先师有孙名湛,叠登甲第,主刑白云之司,平恕明允,绍家学者也,哀拾遗稿集成属序……序成,蒲阪谢君庭桂同知常州府以公务至京师,见而叹曰:'此吾乡之先达,……捐俸锓梓,俾讽咏者有以感发,兴起正学于无穷,是所愿也。'遂录以归之。"成化五年谢庭桂《河汾诗集后题》曰:"诗凡八卷……予暇日复订正之。方谋锓梓,郡人好义者致仕通政知事朱维吉适过予,请效资费,曾不逾时而板刻成矣!"现藏国家图书馆。2.《敬轩薛先生文集》二十四卷。明弘治刻本。十一行二十二字,黑口,四周双边,双鱼尾。卷一首页框高21.6厘米(重刻本20.9厘米);第六行"天派"之"派",重刻本作"派","晶明"重刻本作"晶明";第八行"九河之故形",重刻本"形"作"形","纪众"重刻本"众"亦有缺笔;末行"清澂"重刻本作"清徵"。卷端题:"门人关西张鼎校正编辑"。弘治己酉(二年)张鼎《敬轩薛先生文集序》,曰:"先生名瑄字德温,别号敬轩,世为山西河津人……文集则先生孙前刑部员外郎湛曾托前常州同知谢廷桂板刊未就。今年夏四月,前监察御史畅亨,先生同乡,谪官陕右,道过镇,予因访前集。畅曰:'某于毗陵朱氏得之矣。'予喜而阅之,但舛讹非原本矣!因仿唐昌黎集校正编辑,总千七百篇,分为二十四卷,凡三易稿始克成编。"上海图书馆、云南图书馆有藏。3.《敬轩薛先生文集》二十四卷,明弘治十六年李越刻补修本。十一行二十二字,黑口,四周双边,双鱼尾,版心镌"文集"。卷端题:"门人关西张鼎校正编辑"。弘治己酉(二年)张鼎《敬轩薛先生文集序》,弘治癸亥(十六年)李腾芳《重刊薛敬轩文集序》。腾芳曰:"侍御李公虔夫以我朝文章大家如薛文清公敬轩集虽尝梓行而传之弗广,遂重刻于河东运司。"(康熙《山西通志》七十八·职官"李越 弘治时任巡盐御史")有补板。该版本国家图书馆、北京师范大学图书馆等均有藏。4.《敬轩薛先生文集》二十四卷,附录一卷,明万历张铨刻本。十行二十字,白口,四周双边,单黑鱼尾,尾下镌"文集"及卷次。卷七、八、九及卷十部分书页版心下镌"利"。卷端题:"门人关西张鼎校正编辑 乡后学沁水张铨重校梓"。弘治二年张鼎《敬轩薛先生文集序》。附录一卷为年谱,后有万历丁未杨鹤题识。年谱前题"武陵后学杨鹤编次 乡后学张铨校梓"。附录二为行实、传、行状、神道碑、祠堂记等,有正德六年乔宁《薛文清公行实序》、隆庆五年潘箴等《崇祀疏》。中国社科院文学所、中央党校图书馆有藏。5.《文清公薛先生文集》二十四卷,明万历四十二年薛士弘刻本。十行二十字,白口,四周双边。卷端题:"门人关西张鼎校正编辑"。弘治己酉张鼎《文清薛先生文集序》,万历甲寅(四十二年)薛士弘《重刻薛文清公文集跋后》。士弘曰:"捐俸赀重刻兹集于省职堂,自春迄夏,五阅月而工始竣。"该版本存世亦较多,复旦大学图书馆等十余家图书馆有藏。6.《薛文清公全录》四十七卷,明嘉靖三十五年赵府味经堂刻后印本。十一行二十二字,白口,左右双边,版心上镌"赵府味经堂"。嘉靖三十五年王崇庆《刻薛文清公全集后》,万历八年赵王恒易道人《书薛文清公全集后》。崇庆曰:"夫文清公当代巨儒也。其高风伟节令名夙学,海内传颂久矣。若夫《读书录》诸书固其绪余焉耳,然而文冈乃谋及赵王枕易贤殿下梓行之,岂独以其好学亲贤卓冠宗藩已耶!……君名棐,字汝忠,别号文冈,乙未进士。"赵王曰:"余于万卷楼检阅古今典籍得未钉者一册,乃我康祖之刻,与文冈陈公棐之所校者。余欣然喜曰:'今幸有良范矣!'"北京市委图书馆有藏。7.《薛文清公全集》四十卷,附录一卷,明嘉靖刻本。十行二十字,白口,四周单边,无鱼尾,版心镌书名,版心上下栏不相连。刻工:正梁(卷一1—3页)、张洪(卷一14—16页)、刘清(卷四2—5页)、叶修(卷三十1—18页)、刘寿(目录页39、卷一25页)等。卷端题:"礼部左侍郎兼翰林院学士河东薛瑄著 后学石州张珩校 后学邢台赵孔昭汇编重校"。嘉靖甲寅朱廷立《薛文清公全集序》,张珩《重刻读书录引》,弘治己酉张鼎《薛文清公文集序》。福建图书馆有藏。8.《薛文清公全集》四十卷,附录一卷。明万历四十三年崔尔进刻本。十行二十字,白口,四周单边。卷首题:"礼部左侍郎兼翰林院学士河东薛瑄著 门人关西张鼎校 后学邢台赵孔昭汇编 后学关中崔尔进重校"。万历乙卯(四十三年)崔尔进序,董其昌序,弘治二年张鼎序。董序曰:"侍御崔公独锓文清集而行之。"崔序略同:自同年友祁贺部尔光(承烨)得先生集,欣然以职事之闲校梓。竣,叹先生之学为不可及。安徽图书馆、重庆图书馆有藏。9.《薛文清先生全集》五十三卷,明万历刻本。九行二十二字,白口,四周双边,单黑鱼尾,版心上镌书名。万历二十四年南乐魏允贞《薛文清公全集序》,曰:"文清化晋之先闻人也。有文集行于世,然分而未合。合梓之,自侍御仁轩始。"《凡例》中曰:"先生诸集曩多刊布,然各散见他本,未睹全璧。今衷合汇为一书,而以《读书录》为内集,以《河汾集》为外集,其事行、志传、碑铭,及祠祀颠末、题驳诸疏亦缀其后以为附集云。"卷一至二十二,内集;卷二十三至四十八,外集;卷四十九至五十三,附集。中科院图书馆有藏。① 10.《薛文清集》二十四卷,《四库全书》本。《四库全书总目》曰:"是集为其门人关西张鼎所编。初,瑄集未有刊本,瑄孙刑部员外郎禔以稿付常州同知谢庭桂,雕板未竟而罢。弘治己西监察御史畅亨得其稿于毘陵朱氏,鼎又从亨得之。字句舛讹,多非其旧,因重为校正,凡三易稿而成书。共得诗文一千七百篇,厘为二十四卷。鼎自为序,引朱子赞程子'布帛之文,菽粟之味'二语为比,殆无愧词。考自北宋以来,儒者率不留意于文章,如邵子《击壤集》之类,道学家谓之'正宗',诗家究谓之'别派'。相沿至庄昹之流,遂以'太极圈儿大,先生帽子高,送我两包陈福建,还他一匹好南京'等句,命为风雅嫡脉。虽高自位置,递相提唱,究不足以厌服人心。刘克庄集有《吴恕斋文集序》曰:'近世贵理学而贱诗赋,间有篇咏,率是语录、讲义之押韵者耳。'则宋人已自厌之矣。明代醇儒,瑄为第一,而其文章雅正,具有典型,绝不以俚词破格。其诗如《玩一斋》之类,亦间涉理路,而大致冲澹高秀,吐言天拔,往往有陶、韦之风。盖有德有言,瑄足当之,然后知徒以明理载道为词,常谈、鄙语无不可以入文者,究为以大言文固陋,非笃论也。" ② 11.《河汾诗集》八卷,《四库全书》本。《四库全书总目》曰:"是集第一卷载赋五篇,余皆古今体诗,其孙禔于成化间衷拾遗稿而成。门人阎禹锡为之序。今考所载诗赋,皆已编入全集中。此犹其初出别行之本也。" ③ 12.《薛文清公文集》二十三卷,附录一卷。明末抄本。武汉图书馆有藏。13.《文清公薛先生文集》二十四卷,《行实录》五卷,清雍正十二年薛氏家刻乾隆印本。中国人民大学图书馆等有藏。

---

① 崔建英辑,贾卫民、李晓亚整理:《明别集版本志》,中华书局2006年版,第528页。
② 纪昀等:《钦定四库全书总目》:集部别集类,中华书局1997年整理本,第2293页。
③ 同上书,第2392页。

虞坡文集十卷　大椿堂诗集二卷　杂著四卷

明杨博撰。杨博有《历官奏议》,已著录。

《千顷堂书目》卷二十三著录杨博《虞坡文集》十卷,又《大椿堂诗集》二卷,又《杂著》四卷。《山西通志·经籍》著录杨博《虞坡文集》《虞坡诗集》《虞坡杂集》,未明卷数,不知何据。今天津图书馆藏有《大椿堂诗选》二卷,杨博撰,杨俊民辑。明万历二十一年裴述祖刻本。七行十六字,白口,四周单边。刻工:萧椿、付燮、李红。卷端题:"蒲坂杨博撰　长男俊民辑　三男俊彦增校　孙男元祥仝校　晋城后学裴述祖重刊"。万历癸巳(二十一年)杨俊彦《重刻大椿堂诗集跋》,曰:"裴君有淮南之游,珍重是帙,欲重付剞劂。"卷末镌:"万历癸巳仲春吉旦"。①

小泉集一卷　奏行稿格二卷　参呈全稿四卷 监兑净稿四卷　小窗清适一卷

明李淮撰。李淮有《诗经辨疑》,已著录。

《山西通志·经籍》著录李淮《小泉集》。民国《闻喜县志》卷十六下《名贤传·李淮》:"著有《诗经童训辨疑》五卷,《小泉集》一卷,《奏行稿格》二卷,《参呈全稿》四卷,《监兑净稿》四卷,《小窗清适》一卷。"

澹　泉　集

明张芮撰。张芮,安邑(今运城市)人,成化戊戌进士,官翰林。武宗在青宫,芮为侍读,累迁掌院学士,值刘瑾用事,威焰熏灼,公卿望尘拜伏,芮不为礼。瑾衔之,诬以他事。左迁镇江同知。后起为太常卿,两乞休,不允,卒于官。赐恤典。子淳甫,正德中进士,官至主事,博阅群书。著有《澹泉集》。

---

①　崔建英辑,贾卫民、李晓亚整理:《明别集版本志》,中华书局 2006 年版,第 584 页。

事见《山西通志·人物》。

《山西通志·经籍》著录。考《山西通志·人物》传,此集似为张芮子张淳甫撰。

世吟集

明陶琰撰。琰有《忠孝节义录》,已著录。

《山西通志·经籍》著录陶琰《世吟集》。

陶氏如线集　少石吟稿

明陶滋撰。陶滋有《石鼓文正误》,已著录。

《山西通志·经籍》著录。

梅轩手简集

明马骙撰。《山西通志·人物》:马骙,字世用,夏县人。武定判忱子。成化丙午举人,弘治丙辰进士。初官行人,选工科给事中。疏论李广、张鹤龄,大为孝庙所赏。正德初,迁刑科都给事中,充戊辰廷试掌卷官。大臣焦芳欲子黄中为殿魁,骙取吕柟为状头,有附逆瑾入给谏者,骙斥以无耻。又自川归,与张彩父同宿馆舍,不交一言,憾作。出为淮安推官,清狱囚,理冤抑,赎张生之罪,旌何女申妇之烈,治行居第一。以瑾怒未释,仅转松江同知,擢知饶州府,补郧阳府。卒为忌者所中,免官归。著有《梅轩手简》诸集,藏于家。

《山西通志·经籍》著录。

河东漫兴集

明廖俊撰。《山西通志·人物》:廖俊,江西新淦人,进士,正德间以工部郎中升运司同知。俊居官廉,贫不能归,遂寄籍焉。有《河东漫兴集》行于世。

《山西通志·经籍》著录。

汾野诗集

明任佐撰。任佐有《四书辨异》,已著录。

《山西通志·经籍》著录。

虚斋集

明王继本撰。《山西通志·人物》:王继本,字立之,夏县人。鲠直嗜学,人有过,辄面规无隐。前知县姜洪礼重之。后姜巡抚山西,邻士夫有被诖误都台者,以金三百赂继本,求为之请,拒弗许。及贡赴选铨,部授高堂州训导。不受束修,以文公家礼化俗。居官七年,引疾乞休。诸生林棠等保留,拂衣归田,非公不履县庭。事继母曲尽孝敬,所著有《虚斋集》藏于家。

《山西通志·经籍》著录。

迎晖书屋稿

明马峦撰。马峦有《温公年谱》,已著录。

《山西通志·经籍》著录。

舜原先生集

明杨瞻撰。瞻有《祀先睦族录》,已著录。

乾隆《蒲州府志·艺文撰著》著录。

窥易集　真隐园稿　定斋存稿

明梁格撰。梁格有《四书古义补》,已著录。

《山西通志·经籍》著录。

高梁生集

明梁纲撰。梁纲有《当官三事录》,已著录。

《山西通志·经籍》著录。今复旦图书馆藏明梁纲撰《高梁生集》十卷,清抄本。九行二十字。卷端题:"河东梁纲立甫著中子荃季子苓从子蕙校正"。无序跋。[①]

三桂堂集

明梁维撰。《山西通志·人物》:梁维,字持夫,号水岩,稷山人。格季子。聪慧博洽,天性孝友。从二兄受业,典坟无所不读。尤工书法,领嘉靖戊午乡荐,齐名伯仲,时拟三凤云。所著有《三桂堂集》《六子抄》《史编类抄》若干卷藏于家。

《山西通志·经籍》著录。

六种吟　散庄集

明梁蕙撰。《山西通志·人物》:梁蕙,字若生,号存石,稷山人。纪子,廪监,遥授西安府通判。博学工诗,书法挥洒入神,尝开义仓以赈饥民,给乳媪以活弃婴。著《六种吟》行世。

《山西通志·经籍》著录。

---

① 崔建英辑,贾卫民、李晓亚整理:《明别集版本志》,中华书局2006年版,第392页。

九愚山房集　佐右集

明何东序撰：何东序有《徽州府志》，已著录。

《山西通志·经籍》著录。《四库全书总目》别集类存目著录《九愚山房诗集》十三卷，云："明何东序撰。东序，字崇教，号肖山，猗氏人。嘉靖癸丑进士，官至右佥都御史巡抚延绥。其诗未能入格，而尤喜作古乐府。凡郭茂倩《乐府诗集》古题拟之几遍，甚至郊庙乐章亦仿为之。然唐人已不能拟汉魏，而东序欲为唐人所不能，不亦难乎？"中央民族大学图书馆藏明历万刻清印本，《四库全书存目丛书》集部第126册影印收录。

今福建图书馆藏《九愚山房集》九十七卷，明何东序撰，明万历二十八年刻本。九行十八字，白口，四周单边，单鱼尾，版心上镌"九愚山房稿"。卷端题："河东何东序著　稷山梁纲校"。万历己亥梁纲《九愚山房集序》，万历庚子（二十八年）汪以时《九愚山房文集序》，乐和声《九愚山房稿序》。汪以时曰："集既就剞劂氏，凡经年而成，因辱问序焉。"目录后镌"稷山葛邦基　葛成家刊梓　闻喜温守志印行"。卷一至卷十三诗，卷十四至五十七文，卷五十八赋，卷五十九至七十六疏稿，卷七十七文移，卷七十八至九十七简剳。国家图书馆、北大图书馆藏残本《佐右集》十五卷，明何东序撰。明万历三十一年刻本。九行十八字，白口，四周单边，单鱼尾。卷端题："七旬埜人何东序著"。诗六卷，文九卷，大题俱作"佐右集"，卷次各自起讫。万历癸丑（三十一年）曾舜渔《何中丞佐右集叙》，万历癸卯刘敏宽《佐右集叙》，万历壬寅梁纲《佐右集序》，萧大亨《九愚山房集序》，万历癸卯曾舜渔《九愚山房集叙》，赵标《九愚山房集叙》。刘敏寅曰："《佐右集》者，猗顿中丞所著也。集名'佐右'者何？盖公先是著有《九愚集》，集成而右手偶患，不便作事。公天性嗜学……悉出左手，积诗文若干卷，汇而成集，名曰'佐右'……既报竣剞劂氏，乃示余属叙。"①

---

① 崔建英辑，贾卫民、李晓亚整理：《明别集版本志》，中华书局2006年版，第234页。

赵翰林经济全集四卷

明赵标撰。赵标,字贞甫,准台。解州(今运城市)人,南京户部侍郎赵钦汤长子。万历十三年(1585)举于乡。次年第进士。为苑马寺卿。巡按四川。

北京大学图书馆藏赵标撰《赵翰林经济全集》四卷,明天启五年赵晟刻后印本。九行十六字,白口,四周单边,版心上镌"经济全集"。卷端题:"男鸿胪寺序班赵曙汇辑、户部主事赵晟编次、曾孙国学生赵菩重刊(此行似剜改嵌入者)、后学毕维东校梓"。天启五年王国瑚《经济全集序》,天启五年侯加采《经济全集后序》,天启五年赵曙《经济全集次言》,天启五年赵晟《经济全集纪略》。侯序曰:"兹岁乙丑,公子辈拾公夙昔所为奏疏诗文若干首,付之剞劂氏。"晟曰:"不肖晟敬取而编之,以授之梓。"集中有万历间四川采木事。①

苍雪轩集二十卷

明赵用光撰。赵用光,字哲臣,河津人。登万历二十三年(1595)进士,官至詹事府少詹,掌翰林院事,兼侍读学士。性孝友,居官清介。学以致知,主敬为宗。典文衡,拔文士丘毛伯等。事见《山西通志·人物》。

《山西通志·经籍》著录赵用光《苍雪轩集》二十卷。《山西通志·人物·赵用光》:"所著有《苍雪轩文集》河东巡盐李日宣为之序。"今存明崇祯刻本《苍雪轩全集》二十卷,九行十九字,白口,四周单边,单黑鱼尾,版心上镌书名。卷端题:"龙门赵用光哲臣著"。崇祯甲戌傅冠《苍雪轩全集序》,天启四年李日宣《苍雪轩全集序》。李日宣曰:"先生门人河津令智君铤、万泉令刘君鼎卿谋其同榜平阳二守胡君腾蛟、赵城令陈君时春、荣河令高君之俊为搜其家藏遗牒若干卷,属宣为较而汇之。"②

---

① 崔建英辑,贾卫民、李晓亚整理:《明别集版本志》,中华书局2006年版,第613页。
② 同上书,第616页。

仰节堂集十四卷

明曹于汴撰。曹于汴有《共发编》，已著录。

《四库全书总目》著录曹于汴《仰节堂集》十四卷，云："是集文十一卷，诗三卷。前有高攀龙、冯从吾序。于汴尝从二人讲学故也。攀龙序谓其文'足以定群嚣、明学术，诗足以畅天机、流性蕴'。从吾序谓其'非沾沾以文章名家，而操觚自豪之士，无不退避三舍'。于汴亦尝为从吾作《理学文鹄序》曰：'关中少墟冯先生，辑诸大家举子艺百数十首，以式多士，命曰《理学文鹄》，不命以举业而曰理学，何也？见理学举业之非二也'云云。故于汴之诗文，亦在理学、举业之间。或似语录，或似八比。盖平生制行高洁，立朝风节凛然，震耀一世。远者大者，志固有在。原不以笔札见长。从吾序所谓'非沾沾以文章名者'为得其实。观是集者，谓之文以人重可矣。集初刻于首善书院，甲申板毁于兵。康熙癸卯初，其外孙景望蘧购得残本，其门人吕崇烈鸠乡人醵金重刊。崇烈为之序。序末一私印曰：'从真予游，听南皋少墟讲。'少墟即从吾，真予即于汴。南皋者，邹元标也。明季风气，以讲学宗派相高，故崇烈以是自标云。"

除《四库全书》本外，《仰节堂集》今尚存如下版本：1.《仰节堂集》十四卷，明天启四年刘在庭刻本。八行二十字，白口，四周双边，单鱼尾，版心镌书名。卷一1、25、29、33页鱼尾上镌阴文"亻"。卷一卷端题："安邑曹于汴自梁父著。男曰良、门人临川吴之甲、会稽董元儒较正"。有天启四年高攀龙《仰节堂集序》，天启乙丑冯从吾《仰节堂集序》，甲子（天启四年）刘在庭《仰节堂小引》，天启丙寅辛全《仰节堂集序》，（天启）癸亥戴任《仰节堂集后语》。在庭曰："吾师曹先生之诗与文……在庭……每欲剞劂以公同好，先生固辞不可。庭尝手写藏笥中示海门周先生，先生曰：'文至此乎，宜剞劂以传。'及西游豫章示南皋邹先生，先生曰：'文至此乎，宜剞劂以传。'而无奈先生之固辞不可也。今先生暂归里，庭同二三门下士不告而梓之长安首善书院。"中科院图书馆、首都图书馆、烟台图书馆有藏。2.《仰节堂集》十四卷，明曹于汴撰。清康熙二年吕崇烈等刻本。八行二十字，白口，四周双边,单鱼尾。卷一卷端题:"安邑曹于汴自梁父著。男曰良、门人临川吴之甲、会稽董元儒较正"。校人各卷不同。有天启四年高攀龙《仰节堂集序》,天启乙丑冯从吾《仰节堂集序》,(天启)甲子刘在庭《仰节堂小引》,天启丙寅辛全《仰节堂集序》,(天启)癸亥戴任《仰节堂集后语》,康熙二年吕崇烈《重刻仰节堂文集序》。吕序曰:"余师真予曹先生《仰节堂文集》行世已久,余曾得一部朝夕讽诵不能释手,且当时家藏户珍者不鲜。甲申之乱,十失八九。己丑兵燹,运城极厄,无论片墨不存,并其原板不可问矣。奈何! 一日先生之外孙景君字望蘧者,忽遇此集于安邑市上,盖几与败絮残楮相为没灭耳。景君急购之,若惊若喜,见余而道其繇……于是聚而谋诸弘运书院之友……相与鸠金而为重刻。"卷一 25 页末行"读史断章序"下为墨钉,上镌阴文"一日六十正"。3.《仰节堂集》十四卷,明曹于汴撰,清康熙二年吕崇烈等刻乾隆印本。八行二十字,白口,四周双边,单鱼尾。卷一卷端题:"安邑曹于汴自梁父著、男曰良、门人临川吴之甲、会稽董元儒较正"。有天启四年高攀龙《仰节堂集序》,天启乙丑冯从吾《仰节堂集序》,(天启)甲子刘在庭《仰节堂小引》,天启丙寅辛全《仰节堂集序》,(天启)癸亥戴任《仰节堂集后语》,康熙二年吕崇烈《重刻仰节堂文集序》(序中"弘"皆缺笔),《传》(《明史·曹于汴传》)后有乾隆丁巳(二年)宋在诗识记。宋在诗曰:"在诗向官翰林读中秘书,见大司农华亭王公所著《明史》稿本,为先生立传,叙事详核……手抄珍藏,用志景仰。兹以母忧读书于家,偶阅先生《仰节堂集》……爰梓向所抄史传授其后裔俾冠于卷首。"(此数页版心下皆镌"附卷首")卷一 25 页末行"读史断章序"下为黑钉,上镌阴文"一日六十正"。卷二首页"汴""志"间有断板痕。正文中不避清讳。北大藏四库底本,卷首末且有"四库全书集部"篆文朱印。①

曹门学则四卷

明曹于汴撰。曹于汴有《共发编》,已著录。

---

① 崔建英辑,贾卫民、李晓亚整理:《明别集版本志》,中华书局 2006 年版,第 622 页。

《曹门学则》今有明末马之麟刻本。八行二十字,白口,四周双边,版心上镌"学则篇"。卷端题:"安邑曹于汴自梁父著、男曰良较正、门人丹阳马之麟授梓、古绛辛全编次"。李瀛杰《跋语》,朱鼐铦奢《跋曹门学则》。李瀛杰曰:"师门学则一编。杰辈学之而不厌,复元诚一欲刻而未能,马父母囊投而锓梓之。"国家图书馆存卷二、四。

凤川先生文集三卷　刘凤川遗稿九卷

明刘良臣撰。良臣有《芮城县志》,已著录。

刘良臣集不见诸家书目著录。国家图书馆、中央民族大学图书馆、河南图书馆藏有明刘良臣撰、明薛一鹗评《凤川先生文集》三卷。明万历十八年任养心刻本。十行二十字,白口,四周双边,无鱼尾,行间镌评,版心上镌"凤川文集"。写刻。卷一卷端大题次行镌"四野薛一鹗批评　平野韩士校正　正宇任养心校刊　静宇雷应时同校"。卷二、三卷端无大题及评校人,卷次镌于版心。有万历戊子薛一鹗《刻凤川先生文集序》,万历庚寅(十八年)任养心《凤川先生文集序》。任序曰:"凤川先生余邑人也……公车数上竟不第,选扬州别驾……拂衣去,隐于中条之阳……前后著作若干卷。先生即世垂三十余年,厥嗣学博子宁手遗文一帙属余曰:'此予先人存笥稿也。不肖力不能梓。'恐手泽湮灭,心甚悲之……因稍为诠次捐资付剞劂氏。"芮城县图书馆藏明刘良臣撰《刘凤川遗稿》九卷。清抄本。十行十八字,白口,四周双边。包括《壮游记》二卷,《扬州集》一卷,《奉桥集》一卷,《读札余录》一卷,《秋桂纪言》一卷,《桂林斧斯》一卷,《省后文集》一卷,《两秋唱和集》一卷。此外,芮城图书馆还藏有单行本《桂林斧斯》一卷,明刘良臣撰。清稿本。十行十六字,白口,四周双边。首钤"条坡居士之印",末题"弘治十五年壬戌春正望日条坡居士刘良臣书于金台寓舍",下钤"尧卿"、"诗礼传家"两印,系著者去岁乡试墨卷。①

---

① 崔建英辑,贾卫民、李晓亚整理:《明别集版本志》,中华书局2006年版,第670页。

定园集三十六卷

明刘敏宽撰。敏宽有《延镇图说》，已著录。

此书不见于诸家书目著录。今有明万历四十年刘宅民刻清康熙四十七年刘樬补修本《定园集》三十六卷，明刘敏宽撰。九行十八字，白口，左右双边。刻工：万忠（卷七首页）。卷端题："禹都刘敏宽伯功甫著　男刘辑民编辑　侄刘宅民付梓　刘席民校阅"。有万历癸丑高邦佐《定园集序》，万历壬子龙膺叙，万历甲寅金炼序，康熙四十七年刘樬《补刻定园集记略》。记略曰："曾孙樬较补《定园集》将竣连遭兵燹……兹集刻于明万历四十年……岁丁亥板藏于家……书既零落，板亦残缺……得剞劂之功，颇堪指使，乃印刷旧板与家藏原本一一对质。家藏原本止二十三卷……旧板刷出者至三十六卷……是役也始于戊子仲春，迄于孟秋。"国家图书馆存卷七、八、十八、二十一、二十三、三十、三十一。①

乐天集十卷

明辛全撰。辛全有《周易指掌》，已著录。

此书《山西通志·经籍》、光绪《直隶绛州志·艺文》、民国《新绛县志·著述考》著录，未明卷数。今北京大学图书馆藏有明万历刻本《乐天集》十卷。十行二十二字，黑口，四周双边，单鱼尾，尾下镌书名、卷次。大题下不标卷次。卷端题："河汾野人复元辛全谨著"。有万历壬子辛全《乐天集序》。②

真乐窝稿　清心集　养正集

明辛全撰。全有《周易指掌》，已著录。

---

① 崔建英辑，贾卫民、李晓亚整理：《明别集版本志》，中华书局2006年版，第683页。
② 同上书，第36页。

据民国《新绛县志》、光绪《直隶绛州志》、《山西通志·经籍》著录。

公余漫稿五卷　山堂汇稿十七卷　奏议五卷

明王崇古撰。王崇古有《庄浪漫记》,已著录。

《千顷堂书目》著录王崇古《公余漫稿》五卷,又《山堂汇稿》。《明史·艺文志》著录王崇古《奏议》五卷,《山堂汇稿》十七卷。《山西通志·经籍》作《山堂汇稿》《归与漫兴稿》。国家图书馆、上海图书馆藏有王崇古《公余漫稿》五卷,明隆庆二年栗永禄冯惟讷刻本。九行十八字,下黑口,四周双边,版心鱼尾下镌书名。卷端题:"河中鉴川王崇古著"。隆庆二年冯惟讷《公余漫稿序》,隆庆戊辰孙应鳌《公余漫稿序》,隆庆二年莫如忠《公余漫稿后序》。后序曰:"督府鉴川王公《公余漫稿》成,陕藩左辖栗君、右辖冯君既刻,而冯君序之。"按:雍正《陕西通志》卷二十二载:"左布政使栗永禄,山西长治人。"《康熙长治县志》卷三载:"栗永禄,字士学,嘉靖甲辰进士……历湖广、陕西藩臬。"[①]

庄毅公集

明王纪撰。《山西通志·人物》:王纪,字惟理,芮城人。万历十七年(1589)进士,授池州推官,入为祠祭主事。历仪制郎。二十九年,擢光禄少卿。引疾去。四十一年,自太常少卿擢右佥都御史,巡抚保定诸府。迁户部右侍郎,总督漕运,兼巡抚凤阳诸府。光宗立,召拜户部尚书,督仓场。天启二年(1622),代黄克缵为刑部尚书,因亢直忤中贵,削籍。后归,角巾野服,曰:"予不幸以大臣行言官事,而又不得良愧古人。"四年卒。崇祯初,复官赠太子太保,谥庄毅。《明史》二百四十一有传。

《山西通志·经籍》著录。

---

① 崔建英辑,贾卫民、李晓亚整理:《明别集版本志》,中华书局2006年版,第80页。

馆 课 草

明李绍贤撰。李绍贤,蒲州(今永济市)人,养质子,户部右侍郎。

《山西通志·经籍》著录。

万竹园集

明王凤撰。王凤有《诗经便韵》,已著录。

《山西通志·经籍》著录。

四柳园草一卷

明王宗舜撰。王宗舜(1519—1594),号耕山,闻喜人。高祖臬,刑部主事。父澄,清河训导。俱有声闻。宗舜嘉靖壬子举人,癸丑联捷进士。任卫辉推官,执法明刑,擢湖广道监察御史。卓有风裁,不阿权贵。有"王铁面"之称。升临清道副使,迁陕西参政。以内艰归,不复出谢宾客。为四柳园,与稷山梁承斋、猗氏何肖山诸人诗酒自适。事见《山西通志·人物》。

《山西通志·经籍》著录。民国《闻喜县志》卷十六下《名贤传·王宗舜》:"著《四柳园章》一卷。"

击 筑 集

明李俸撰。李俸,闻喜人,万历二十三年(1595)进士,授嵩县知县,历汉中、德安推官,大理事评事,刑部主事、郎中,陕西凤翔知府,以京察,卒于家。天启初,赠光禄寺少卿。事见《山西通志·人物》《闻喜县志·名贤传》。

《山西通志·经籍》著录。另,光绪《闻喜县志斠》卷三著录李俸《恩纶行述录》。

馆阁草

明韩炉撰。韩炉有《阉党逆案》,已著录。

《山西通志·经籍》著录。

碧山堂草丛　筱园集

明孟时芳撰。《山西通志·人物》:孟时芳,字斯盛。蒲州人,同知琳孙也。万历戊戌进士,初选翰林庶吉士,掌院刘文庄、曾文恪胥器重之。分校丁未礼闱,擢国子监司业,以御史辱国子生东宫不亲讲席,皇太孙未出阁,抗疏力争。时称得体。迁谕德掌南院,篆购遗书数万卷,资诸生讲习。入为詹事府詹事,侍讲筵,仪容严重,议论剀切。光宗叹息称善。迁南吏部右侍郎,转礼部充实录总裁官,晋尚书。值魏珰用事,决计请告致仕去。怀宗初,特诏起,以病辞。弗至。著有《碧山堂草丛》《筱园集》诸书。

《山西通志·经籍》著录。

东土讴吟

明郭迎褒撰。郭迎褒有《恤稿》,已著录。

《山西通志·经籍》著录。

学易堂集

明丁应观撰。《山西通志·人物》:丁应观,安邑(今运城市)人,万历间贡同官教谕,修持粹白,理学研精。所著有《学易堂集》行世。

《山西通志·经籍》著录。

三忠诗文

明刘有纶撰。有纶有《麟旨》,已著录。

《山西通志·经籍》著录。

新雨堂集　劳人草

明韩云撰。韩云有《俎谈》,已著录。

《山西通志·经籍》著录。光绪《直隶绛州志》著录韩云《劳人草》。

寓庵集　两园诗集

明韩霖撰。霖有《绛帖考》,已著录。

《山西通志·经籍》著录。

在涧集

明李汝宽撰。汝宽有《闻喜县志》,已著录。

民国《闻喜县志》卷十六下《名贤传·李汝宽》:"著有《在涧集》,未刊而人多传诵,盖有明一代邑之文章巨擘也。"《山西通志·人物·李汝宽》:"著有《在涧集》,藏于家。"

条麓堂集三十四卷

明张四维撰。张四维(1526—1585)字子维,号凤磐,蒲州风陵乡人(今属芮城市),嘉靖三十二年(1553)进士。改庶吉士,授编修。隆庆初,进右中允,直经筵,寻迁左谕德。超擢翰林学士。甫两月,拜吏部右侍郎。进左侍郎,不得已引去。东宫出阁,召四维充侍班官。给事中曹大野言四维贿高拱得召,四维驰疏辨,求罢。帝不许,趣入朝。未至而穆宗崩,拱罢政,张居正当国,复移疾归。万历二年(1574),复召掌詹事府。三月,居正请增置阁臣,引荐四维,冯保亦与善,遂以礼部尚书兼东阁大学士入赞机务。累加至少师、吏部尚书、中极殿大学士。寻以父丧归。服将阕,卒。赠太师,谥文毅。《明史》二一九有传。

《千顷堂书目》《明史·艺文志》著录张四维《条麓堂集》三十四卷。《山西通志·经籍》著录《条麓堂集》二十卷,《续集》十卷。不知所本。此集今有如下版本:1.《条麓堂集》三十四卷,明万历二十三年张泰徵刻本。十行二十一字,白口,四周双边,单黑鱼尾,版心镌书名。卷端不镌撰人名氏。有万历壬辰王家屏《条麓堂集序》,万历乙未陈经邦《条麓堂集序》,万历乙未黄凤翔《条麓堂集序》,万历二十三年张泰徵《重刻条麓堂集后叙》。泰徵曰:"往岁丙戌,南滨陈公以绣斧临山右,不忘先君之好,亟求遗稿,命敝邑大夫汇而梓之。于是不肖兄弟方斩然在哭泣之中,扶服蒐辑,总总以应嘉命。虽尝勒有成书,而义例多舛,豕鱼叠见,览者有遗憾焉。又十阅岁,不肖奉命守河北,爰取前编,复加校正,捐俸鸠工,重刻于怀之公署。"山西省图书馆有藏。山西大学藏本尚有万历丙申(二十四年)赵王恒易道人《凤磐张先生条麓堂集序》(篆文),万历丙申何东序《条麓堂集序》,冯琦《条麓堂稿序》,万历十五年《刻条麓堂集跋》。2.《条麓堂集》三十四卷,明万历三十二年施重光刻本。九行十八字,白口,四周双边,版心镌书名。卷一卷端题:"蒲阪凤磐张四维著、代郡后学施重光校"。卷三十四卷端题:"不肖男泰等谨辑、后学施重光庆徵校"。万历壬辰王家屏《条麓堂集序》(刻工:高),万历乙未陈经邦《条麓堂集序》,万历乙未黄凤翔《条麓堂集序》,万历二十三年张泰徵《重刻条麓堂集后叙》,万历甲辰(三十二年)张定徵识记。张定徵曰:"先公弃诸孤之十有一年,仲兄守河朔,业已蒐辑遗文传播海内矣!客春商邱沈师相应召入都,不肖奉一帙以上,谒见,谓先集春容尔雅,千载必传,意须剞劂精良,斯足以称鸿篇而昭永世,盍于南中翻刻之。不肖唯唯承命,而宦迹所羁,未由图南也……会施庆徵丈属有吴关之命,遂慨然以为己任焉……首秋庆徵莅政,于是鸠工相度,命曰经材,而向之卷帙焕然一新……书成,谨为志其始末。"国家图书馆有藏。①

巢云诗集八卷

明裴邦奇撰。《山西通志·人物》：裴邦奇，号巢云，闻喜人。问学综博，不事举子业，以诗名，与汾阳孔探花天胤、谢山人榛唱和。

《山西通志·经籍》著录《巢云诗集》四卷，《山西通志·人物》亦云裴邦奇有《巢云诗集》四卷。但今存《巢云诗集》均为八卷本。具体如下：1.《巢云诗集》八卷，明裴邦奇撰，明刻本。十行十八字，白口，四周双边。卷端题："闻喜裴邦奇撰"。有总目，无序跋。国家图书馆藏。2.《巢云诗集》八卷，明裴邦奇撰，清悠然斋抄本。八行二十字，蓝格，上镌"悠然斋"。卷端题："闻喜裴邦奇撰"。有孔天胤《巢云诗集叙》，中有"万历丁丑仲夏巢云裴子来自河东访予"语。万历庚辰吕阳《巢云诗集序》。②上海市图书馆藏。

龙坞集

明王时济撰。王时济，字道甫，稷山人，万历十一年（1583）进士，卫辉知府。

《山西通志·经籍》著录。今清华大学图书馆藏有《龙坞集》五十五卷，明王时济撰，明刻本。九行十八字，白口，四周单边，无鱼尾，蓝印。卷端题："河东王时济道甫著"。有杜华先《刻龙坞集序》（钤印文曰："壬午解元癸未进士"）。按：杜华先，冠县人，万历癸未（十一年）进士。③临猗县图书馆藏有清顺治荆溪马服之刻本。

澶渊杂著二卷

明王臣直撰。《山西通志·人物》：王臣直，原名联科，字圣邻。绛州

---

① 崔建英辑，贾卫民、李晓亚整理：《明别集版本志》，中华书局2006年版，第179页。
② 同上书，第190页。
③ 同上书，第126页。

（今绛县）人，万历庚子举人。授泗州知州，丁内艰，起开州。开人士集其文曰《澶渊杂著》。诗曰《夜告亭草》。

《山西通志·经籍》著录《澶渊集》《澶水秋兴》《夜告亭草》。《澶水秋兴》实为其诗题，《山西通志·艺文》录入。今国家图书馆藏有《澶渊杂著》二卷，明王臣直撰，明崇祯六年刻本。九行二十字，白口，四周双边，卷下《澶水秋兴》无直格，版心不镌书名卷次。有崇祯癸酉（六年）王如默序，崇祯六年吉赟叙。王序曰："公著述充栋，此特其屠门一脔耳，因请寿诸梓以弁其首。"时臣直官开州知州，此集上卷皆在开州任筹划城防等事宜中文。卷端无大题。总目前题"澶渊杂著 晋东雍王臣直圣邻著 卫琅琊王如默子潜 冯翊吉赟幼舆 京兆韦秦少游阅"。下卷为诗文，卷端大题为"澶水秋兴"应乃下卷之首篇，后题："晋绛王臣直著 石城门人陈宾评"。①

半九亭集八卷　诚信录一卷　再起奏草一卷

明乔应甲撰。乔应甲有《便民时政》，已著录。

明乔应甲撰《半九亭集》今有明天启六年刻本，九行十八字，白口，双鱼尾，四周单边。卷端题："猗氏乔应甲著"。天启丙寅李嵩《半九亭集序》。②此书除七、八两卷以律诗为主，附有部分联语外，前六卷全部由对联组成。北京大学图书馆有藏，临猗县有残本。另，国家图书馆藏有乔应甲《诚信录》一卷，明万历刻本；《再起奏草》一卷，明天启六年自刻本。

醒园文略二十卷　集咏一卷　疏草一卷

明李嵩撰。《山西通志·人物》：李嵩，荣河人，万历甲辰进士，授行人，选御史。神宗称其直。按吴时值大饥，力疏请赈，发帑金四十万，复因救御史刘光复忤旨，左迁未任。起河南道，升太仆卿，巡抚登莱，升南京户部侍郎。所著有《按吴疏草》《抚登疏草》《醒园文集》行世。

---

① 崔建英辑，贾卫民、李晓亚整理：《明别集版本志》，中华书局2006年版，第127页。
② 同上书，第220页。

《山西通志·经籍》著录《醒园文集》,未明卷数。今故宫博物院藏明李嵩撰《醒园文略》二十卷,《集咏》一卷,《疏草》一卷,明万历刻本。九行二十字,白口,四周双边,版心镌书名。卷端题:"河东李嵩著、弟李岑订、李崟阅"。万历戊午李嵩叙。疏草无大题,版心上镌"疏草"。①

邻 园 集

清李世德撰。世德,临晋(今临猗县)人。康熙三年(1664)进士,安吉州知府。

《山西通志·经籍》著录。

自娱集诗稿

清文为宪撰。文为宪,垣曲人,廪生。性嗜学,于书无所不窥。晚岁工诗字画间义,校雠必审。

光绪《垣曲县志》卷八《人物》文为宪条:"有《自娱集诗稿》藏于家。"

翠拥诗集

清张笃行撰。张笃行,垣曲人,岁贡,性颖敏,读书务求心得,文志法立,兴与古会。聚邑中俊造士讲论经义,多所成就。尤崇尚实学,生平以修省为要。

光绪《垣曲县志》卷八《人物》张笃行条:"所著有《高卧警言》《翠拥诗集》藏于家。"

薜荔山房集　鸠谷诗章

清张鋗撰。鋗,蒲州(今永济市)人。康熙四十五年(1715)进士,官

---

① 崔建英辑,贾卫民、李晓亚整理:《明别集版本志》,中华书局2006年版,第431页。

应山知县、广州知府。

乾隆《蒲州府志·艺文撰著》著录。

家享集　小典录　课徒草

清王捌鳌撰。王捌鳌,号石坡,乾隆乙酉举人。幼而颖异,好读书。贫甚,塾师王之睿教养成立,后历官江苏睢宁砀山,震泽等县知县,政声懋著,归籍后为师,庆八秩竖石曰:"熙朝人瑞"。

光绪《垣曲县志》卷八《人物》王捌鳌条:"著有《家享集》《小典录》《课徒草》行世。"

华岳续集二卷

清温素知撰。温素知,字忠赤,闻喜人。天启恩贡。崇祯初,授华阴知县。调合阳,值岁荒,停征敛,止讼狱。县北山接澄城界,盗贼盘踞。密授方略,歼其魁,余解散。时三春不雨,流贼临境,率民登埤,七昼夜不遑寝食,以劳瘁卒于官。绅士为治丧已,复制主,士民迎祀城隍庙。事见《山西通志·人物》。

《山西通志·经籍》著录。

谷口集七卷

清王含光撰。含光有《易学三述》,已著录。

《山西通志·经籍》著录,未明卷数。南京图书馆、山西大学图书馆藏清刻本《谷口集》五卷,临猗县图书馆、祁县图书馆藏清初刻本《谷口集》七卷。[①]

[①] 李灵年、杨忠主编:《清人别集总目》,安徽教育出版社2008年版,第134页;柯愈春:《清人诗文集总目提要》,北京古籍出版社2001年版,第32页。

止斋文集

清马光裕撰。马光裕,字玉笋,安邑（今运城市）人。顺治丁亥（1647）进士,累官吏部考功司郎中,以母老请终养归里。既归里,潜心性学。著《止斋集》行于世。事见《山西通志·人物》。

《山西通志·经籍》著录。

慕适轩集　老学庵集

清王恭先撰。王恭先,字孝伯,号一峰,临晋县人。顺治辛卯（1651）举山西第一,己亥成进士。授河间府推官,缺裁补崇明知县。以镌级归。恭先尝偕邑人李世德、安邑周训成读书南山柏梯寺,又涉江淮游吴会,入关眺终南,北走朔方,南尽汉沔,在崇明以校士入金陵,购经史子集,捆载以归。尽发箧衍藏弄,日夜编摩诗文,以韩、苏、陆、虞为宗。尝读遗山"沧海横流却是谁"句,慨然太息,慕高达夫五十学诗,辑诗文曰《慕适轩集》,晚年曰《老学庵集》。修《临晋县志》,简而赡覆,具史家体裁。事见《山西通志·人物》。

《山西通志·经籍》著录。

河汾课士集

清宁世斑撰。宁世斑,字光野,闻喜人,宁三翰侄。顺治十五年（1658）进士,授汾州府教授,迁镇原县知县,行取刑部主事,迁刑部员外郎,卒于官。

《山西通志·人物·宁世斑》:"有《河汾课士集》。"

柏　崖　稿

清郭嶷然撰。郭嶷然有《中庸衍义》,已著录。

《山西通志·经籍》著录。

存草二十卷

清郭九会撰。郭九会(1643—?),字绎兹,号存斋,猗氏县(今临猗县)人。康熙八年(1669)解元,十一年(1672)乡举第一,三十四年选浙江临安知县。事见《山西通志·人物》。

《山西通志·经籍》著录郭九会《存草》二十卷,《清诗铎》作《存斋草》,邓之诚原藏《存草》六卷,《续存草》三卷,后者为罢官归里所作,康熙五十一年刻。① 辽宁省图书馆、山西省图书馆藏郭九会《存草》二卷,康熙三十九年刻本。有《年谱》、附录各一。②

王尹方集一卷

清王尹方撰。王尹方,字鹤汀,安邑(今运城市)人。康熙壬子(1672)、癸丑(1673)联隽进士,繇翰林院庶吉士,累官内阁学士,兼礼部侍郎。尝夜召至禁中讲经书,敷绎详剀,为讲臣最。主庚午江南乡试,号称得人。事见《山西通志·人物》。

《山西通志·经籍》著录。

东涧山房集　消闲编

清张克嶷撰。张克嶷(1648—1721),字伟公,号拗斋,闻喜人。清康熙十八年(1679)进士,选翰林院庶吉士,授编修,官刑部主事、郎中,出任广西平乐知府,调广东潮州府知府。丁父忧,不复出,卒于家。

《山西通志·人物》张克嶷条:"著《东涧山房集》《消闲编》。"

---

① 柯愈春:《清人诗文集总目提要》,北京古籍出版社2001年版,第299页。
② 李灵年、杨忠主编:《清人别集总目》,安徽教育出版社2008年版,第1938页。

用存堂稿一卷

清谢陈常撰。陈常字文洽,临晋(今临猗县)人,康熙甲子(二十三年)中乡试,乙丑(二十四年)成进士。选翰林院庶吉士,授编修。充丙子广东乡试主考,请告归里,以病卒于家。陈常善文章,工书法,乡举时座主为赵太史执信,赵以古学名海内,鲜所推许。得陈常文,亟加叹赏。举进士,与仇兆鳌、孙勷、俞长城诸公称同年生。横鹜独立当世,推为文雄。典试粤中,得陈鹗荐为第一,其他名士若吴山带等搜罗无遗。居父母丧,矫陋俗,循古礼,尤为大雅,乐道不置云。事见《山西通志·人物》。

《山西通志·经籍》著录。

西山阁笔一卷

清李生光撰。李生光有《儒学辨正》,已著录。

中科院图书馆藏清李生光撰《西山阁笔》一卷,清顺治汾西洞刻本。九行二十一字,白口,四周单边,无鱼尾,版心镌"阁笔"。封面镌:"汾典逸民著 西山阁笔 汾西洞藏板"。卷端题:"汾西逸民李生光闇章父手著 偶禅居士陈惟嗛意孜父选定 仰啸生赵城璧完玉父批点"。黄希声序,顺治四年自序。自序曰:"岁丁亥,不佞虚生五旬矣……蛰卧西岩,自类于山僧野道,不复问人世事……将往时所吟,名其帙曰《西山阁笔》。"①

绿筠轩诗集十二卷

清王震龙撰。王震龙(1628—?),字霖九,稷山人。与恽格善。

中国人民大学藏康熙稿本《绿筠轩诗集》十二卷。按:有郑恂等评。②

---

① 崔建英辑,贾卫民、李晓亚整理:《明别集版本志》,中华书局2006年版,第823页。
② 李灵年、杨忠主编:《清人别集总目》,安徽教育出版社2008年版,第186页。

岩溪诗草

清毛同升撰。毛同升,字文若,平陆人。善医。

山西省图书馆藏清抄本《岩溪诗草》,清毛同升撰。梁吉士撰《叙略》,《岩溪诗草》附。①

小园诗草一卷　文草一卷

清毛应观撰。毛应观,字盥三,夏县人。

运城市图书馆、洛阳图书馆藏清毛应观撰《小园诗草》一卷、《文草》一卷,清道光刻本。②

碎海楼自怡草一卷

清叶兆晋撰。叶兆晋,闻喜人。

此集辑入《辛勤庐丛刊》第一辑,民国三十一年铅印,中国国家图书馆藏。③

荷亭集二卷

清朱裴撰。朱裴有《台垣奏议》二卷,已著录。

《山西通志·经籍》著录。

---

① 李灵年、杨忠主编:《清人别集总目》,安徽教育出版社2008年版,第206页。
② 柯愈春:《清人诗文集总目提要》,北京古籍出版社2001年版,第1230页。
③ 同上书,第1706页;李灵年、杨忠主编:《清人别集总目》,安徽教育出版社2008年版,第310页。

柏台集一卷

清朱裴撰。朱裴有《台垣奏议》,已著录。

无锡图书馆藏清朱裴撰《柏台集》一卷,顺治二年刻本。运城市盐湖区图书馆藏清朱裴《柏台集》一卷,乾隆太平赵熟典校刻本。①

思居堂集十三卷

清乔于洞撰。乔于洞(1678—?),字休斋,号休逸老人,猗氏(今临猗县)人。事见《皇清书史》卷十一。

中国国家图书馆、南京图书馆、山西省图书馆、中科院图书馆、复旦大学图书馆等藏有乾隆二十一年刻本《思居堂集》十三卷。凡诗十卷、文三卷,诗后附词二十九首,署男学衍、婿胡元长辑,休逸老人订,有侄学颜序,乾隆二十一年侄孙序 刻于浙之镇海。卷七有《庚午初度自寿》诗,谓"不意吾年七十三"。又卷首录《挽王朴斋进士》等诗二首,有于洞跋云"今侄孙序 将刻洞所为诗文",是集刻成后补录。则刻集时于洞尚在世,年近八十。②

宽夫先生文集一卷

清安清翘撰。安清翘有《数学五书》,已著录。

此集有《垣曲安氏三先生剩稿》本,民国十一年石印,山西省图书馆、山西大学图书馆藏。《中国丛书综录》补编著录。③

---

① 柯愈春:《清人诗文集总目提要》,北京古籍出版社2001年版,第109页;李灵年、杨忠主编:《清人别集总目》,安徽教育出版社2008年版,第411页。
② 李灵年、杨忠主编:《清人别集总目》,安徽教育出版社2008年版,第461页;柯愈春:《清人诗文集总目提要》,北京古籍出版社2001年版,第471页。
③ 柯愈春:《清人诗文集总目提要》,北京古籍出版社2001年版,第948页。

蔼甫先生文集一卷

清安清翙撰。安清翙(1747—1792),字蔼甫,号麻姑山人,垣曲人。清翰弟,清翘兄。布衣。以课蒙为生。

首都图书馆、山西省图书馆、山西大学图书馆藏有民国十一年垣曲安氏石印《垣曲安氏三先生剩稿》本《蔼甫先生文集》一卷。前有太谷赵发燮庚申序,末有弟清翘嘉庆二十一年所作墓表。凡文十七篇,多序经之作。有安清翘撰《安清翙墓表》,《蔼甫先生文集》附。《中国丛书综录》补编著录。①

雪湖先生文集四卷　有竹草堂诗稿二卷

清安清翰撰。安清翰(1727—1791)有《尚书录》《毛诗谱声》《论语绪余》《服制纂义》《瓠邱笔记》《诸葛遗文疏》,已著录。

山西省图书馆、山西大学图书馆藏民国十一年石印《垣曲安氏三先生剩稿》本《雪湖先生文集》四卷、《有竹草堂诗稿》二卷。《中国丛书综录》补编著录。②

柳荫书屋稿

清李若章撰。若章一作若璋或若嶂,闻喜人。嘉庆十三年(1808)进士。官湖北公安、江陵等知县。襄阳府同知,代理督粮道。

此集八册,道光间刻,山西大学图书馆藏。③

---

① 柯愈春:《清人诗文集总目提要》,北京古籍出版社2001年版,第850页。
② 李灵年、杨忠主编:《清人别集总目》,安徽教育出版社2008年版,第585页;柯愈春:《清人诗文集总目提要》,北京古籍出版社2001年版,第710页。
③ 柯愈春:《清人诗文集总目提要》,北京古籍出版社2001年版,第1123页。

寻乐堂诗稿

清李曦撰。李曦,闻喜人,康熙五十三年(1714)举人。
此集有乾隆二十二年刻本,《贩书偶记续编》著录。①

水仙百吟一卷

清李毓秀撰。李毓秀有《训蒙文》《四书字类释义》,已著录。
此书有乾隆刻本,《贩书偶记续编》著录。②

莲洋诗钞十卷　莲洋集二十卷

清吴雯撰。吴雯(1644—1704),字天章,本辽阳人,顺治七年庚寅(1650),其父吴允升任蒲州学政,卒于官。雯兄弟孤弱不能归,遂寄籍于蒲州。康熙己未荐举博学鸿词,不中选。其卒,刑部尚书王士禛为志墓,称初见其诗有"泉绕汉祠外,雪明秦树根","浓云湿西岭,春泥沾条桑","至今尧峰上,犹见尧时日"诸句,吟讽不绝于口。所作《居易录》中,又亟称雯《西城别墅》诸篇。赵执信《怀旧诗序》亦称雯拙于时艺,困踬场屋,体貌粗丑,衣冠垢敝,或经岁不盥浴,人咸笑之,然诗才特超妙。其事迹见王士禛《带经堂集》卷八十《墓志铭》,《清史稿》卷四九九,《清史列传》卷七十,《国朝耆献类征初编》卷四百三十,《碑传集》卷一百三十八,《国朝先正事略》卷三十八,《文献征存录》卷十,《鹤征前录》,《己未词科录》卷六,《国史文苑传稿》,《新世说》卷三,《国朝诗人征略初编》卷十四,《清朝名家诗钞小传》卷二,《渔洋山人感旧集》卷十六,《昭代名人尺牍小传》卷十,《清代画史增编》卷四,《国朝书画家小传》卷三,《皇清书史》卷五,《国

---

① 李灵年、杨忠主编:《清人别集总目》,安徽教育出版社2008年版,第760页;柯愈春:《清人诗文集总目提要》,北京古籍出版社2001年版,第556页。
② 李灵年、杨忠主编:《清人别集总目》,安徽教育出版社2008年版,第831页。

朝书人征略》卷二,《书林藻鉴》。①

《四库全书总目》别集类著录《莲洋诗钞》十卷,云:"其诗一刻于吴中,再刻于都下,三刻于津门。后士禛为删定,存千余首,亦见《墓志》中。因雯没之后未及刊行,故《怀旧诗序》曰:'莲洋卒后,阮翁为作《墓志》,且删定其集,迄今将二十年,未行于世。意其时阮翁耄而多忘,未几遂亡,未及归诸吴氏也。池北书库散失殆尽,莲洋集从可知矣'云云。然其集实已归吴氏。乾隆辛未,汾阳刘组曾裒其全稿刻之,又以士禛所评者,别刊一小册并行。越十三年甲申,蒲州府同知山东孙谔始从雯侄敦厚得士禛所定原本,简汰重刊,详载士禛之评,并以刘本所遗者补刻于后,以所见墨迹补之。其士禛所删而刘本误刻者,咸为汰去,凡得古诗二卷,近体五卷,补遗一卷,诗余一卷,文一卷,冠以墓志,而附以同时唱和题咏之作,即此本也。雯天才雄骏,其诗有其乡人元好问之遗风。惟熟于梵典,好拉杂堆砌释氏故实,是其所短。刘本无所别择,故颇伤冗滥。此本沿新城之派,又以神韵婉约为宗,一切激昂沉着之作多见屏斥,反似邻于清弱,亦不足尽其所长。然终较刘本为简洁,故置彼录此。惟雯诗本足自传,不籍士禛之评为轻重,而刊此本者牵于俗见,务引士禛以重雯。所载士禛评语,繁碎特甚,如《题汪如输看剑图》诗下附记云:'原本评语奇作二字,似阮亭先生笔迹,胸有造化四字非阮亭先生笔迹,刻本并作一处,误'。又如《城曲眺望》诗下附记:'原本题下有墨笔,评刘长卿之诗也,不知何人评,阮亭先生改作绝似刘长卿'云云,亦何关宏旨,而字句异同乃如是。其考证今悉删除,以廓清耳目焉。"②《四库全书总目》别集类存目著录别本《莲洋集》二十卷,云:"案:王士禛作雯《墓志》,称其诗'一刻于吴,再刻于都下,三刻于津门'。今皆未见。赵执信《怀旧诗序》,称'雯以遗稿付王士禛,雯没后将二十年,其集未出,疑士禛耄而忘之'。又称'池北藏书,散失殆尽,是集可知'。则雯之原稿似乎散佚。近时乃叠出三本,一为临汾刘组曾所刻,一为山东孙峨所刻,一即此本,为浮山张体乾所刻。刘本称得自士禛门人黄叔琳家,孙本及此本并称得自雯侄秉厚家,皆以士禛评点相夸。孙本并考核评语之同异,此本更较量圈点之真伪。考第七卷中《留别

---

① 李灵年、杨忠主编:《清人别集总目》,安徽教育出版社2008年版,第852页。
② 纪昀等:《钦定四库全书总目》卷一七三,中华书局1997年整理本,第2347页。

仝车同诗》,载士祯评曰:'今车同果领解中州,此亦谶也,惜天章不及见耳。'灼为雯没后之语,则士祯所定,或归吴氏,亦未可知也。然士祯诸说部中,所品题奖借者,几于指不胜屈,今其集率久覆酱瓿,无人重其姓名。而雯诗独数刻而未已,是知雯诗足以自传,不以士祯始重也。刻雯集者反若借士祯以传雯,然则使雯不及识士祯,即谓雯诗不工乎。三本之中,刘本详备于孙本,此本又详备于刘本。要之诗之工拙,不系篇帙之多少。今缮孙本入秘阁,而此本则存其目焉。"①

此集今存版本较多,主要有:1. 刘组曾刻本,即四库馆臣所言"临汾刘组曾所刻本":《莲洋集选》十二卷,《补遗》一卷,乾隆十五年刘组曾梦鹤堂刻王士祯评本,九行十九字,白口,左右双边,版心上及卷端大题镌"莲洋集选",封面镌"乾隆庚午(十五)年镌、莲洋集选、渔洋山人评定、梦鹤草堂藏板"。《例言》后刘组曾识曰:"先生诗集虽向未全刊,然散花落彩久已脍炙人口,予何敢复赘一词。仍以原序冠首,为书例言数则,以志镌诗沿起。时乾隆庚午仲夏也。"卷端题:"渔洋山人评定 河中吴雯天章著 临汾贾泽洛蘅皋校 临汾刘组曾绳远镌"。河南省图书馆、湖南省图书馆、广东省图书馆、山东省图书馆、苏州大学图书馆、安徽师大图书馆、华中师大图书馆、太原市图书馆、大连市图书馆、青岛市图书馆、漳州市图书馆、财政部图书馆等有藏。乾隆十六年宋弼据此板增刻《补遗》一卷。辛未(乾隆十六年)宋弼《补遗小序》曰:"予从孙瑞人前辈所,见《莲洋集》钞册,欲相与刻之,已得临汾刘君刻本向止。然视其所收犹时有遗漏,乃为之订舛补遗,以成刘君表章先民之意。"封面改镌:"渔洋山人评定 莲洋集 梦雀草堂藏板"。版心及卷端大题挖去"选"字,成"莲洋集",题名挖去"临汾贾泽洛蘅皋校 临汾刘组曾绳远镌"两行,嵌入"后学刘组曾 王藻同校订"。补遗卷端题,"河中吴雯天章著 后学宋弼蒙泉校"。江西省图书馆藏有宋弼校刻本《莲洋集补遗》,不分卷。山西省图书馆藏有乾隆十六年临汾刘组曾梦鹤堂刻宋弼补修本《莲洋集》十二卷,《补遗》一卷。此版本后又经多次刊刻。国家图书馆、江西省图书馆、辽宁省图书馆、湖南省图书馆、河南师大图书馆、山西师大图书馆、

---

① 纪昀等:《钦定四库全书总目》卷一八三,中华书局 1997 年整理本,第 2559 页。

安徽师大图书馆、芜湖市图书馆、中科院图书馆（按：中科院本有邓之诚题记）、镇江市图书馆、泰州市图书馆、日本东洋图书馆藏有乾隆十七年梦鹤草堂刻本。乾隆五十五年徐昆等又作补修。以宋弼增修本挖去大题下"后学刘组曾　王藻同校订"两行，改嵌"平阳徐昆后山　涂水乔人杰汉三濩泽张镃心镌重订"等三行。乾隆庚戌（五十五年）徐昆序曰："渔洋手订莲洋诗向无刻本，吾乡刘绳远太守初刻之……不数年太守远宦丹，委其板于燕市旅舍，鼠矢蛛网，霉湿鱼龃，不暇顾及……商诸同年乔汉三观察及张心镌孝廉，慷慨好义，一诺而成，补而修之，重为完璧。"此乾隆十五年刘组曾刻《莲洋集选》、十六年宋弼增修、五十五年徐昆等补修本，山东省图书馆、日本爱知图书馆有藏。乾隆三十九年梦鹤草堂刻本，首都图书馆、四川省图书馆、新疆大学图书馆、台湾大学图书馆、大连市图书馆、齐齐哈尔市图书馆有藏。2. 乾隆三十九年荆圃草堂刻本《莲洋集》二十卷，即四库馆臣所言"浮山张体乾所刻"本。卷前有吴雯侄秉厚所撰跋一篇，张体乾、翁方纳、曹学闵各作《序》一首以及王士禛、陈维崧、汤右曾三人原序三首，王士禛撰墓志铭一篇。附有山东历城王苹所撰《吴徵君传》和乾隆《山西通志·吴雯传》，翁方纲所撰《莲洋吴征君年谱》。版式为半页十一行二十三字，黑口，单鱼尾，黑鱼尾，左右双边；象鼻处题有"莲洋集"三字。书名页题"乾隆甲午秋镌、莲洋集、荆圃草堂藏版"。民国二十五年《四部备要》本、民国上海扫叶山房铅印本均出自此版本。国家图书馆、中科院文学研究所、上海图书馆、南京图书馆、河南省图书馆、辽宁省图书馆、四川省图书馆、山西省图书馆、广东省图书馆、北京大学图书馆（按：北大藏本一部有汪镛批校）、中国人民大学图书馆、北京师范大学图书馆、陕西师范大学图书馆、南开大学图书馆、山西大学图书馆、山东大学图书馆、复旦大学图书馆、华东师大图书馆、安徽师大图书馆、太原市图书馆、镇江市图书馆、日本东洋图书馆、日本广岛图书馆有藏。3.《莲洋诗钞》十卷，乾隆二十九年刻本，即四库馆臣所云"山东孙峨所刻"本，《四库全书》所收即据此本。南京市图书馆、山西省图书馆、国家图书馆有藏。4. 其他版本：《吴征君莲洋诗钞》十卷，乾隆三十二年止轩刻苏尔诒等参订本，上海市图书馆、河南省图书馆、湖南省图书馆、太原市图书馆等有藏。《吴征君莲洋诗钞》不分卷，清马氏小玲珑山馆抄本，国家图书馆藏。《莲洋诗》一卷,清抄本,国家图书馆藏。《莲洋集》十二卷,《补遗》一卷,雍正八年刻本,复旦大学图书馆藏。《莲洋集》十二卷,《补遗》一卷,乾隆十五年抄本,山西省图书馆藏。《莲洋集》二十卷 翁方纲校定,清抄本,复旦大学图书馆有藏。

吴天绮诗集二卷

清吴霞撰。吴霞,字天绮,蒲州（今永济市）人。吴雯弟,贡生。康熙末官马邑教谕,雍正初还乡。

此集有乾隆三十三年太平赵氏刻本,内《晴莲阁诗》、《半甗庐诗》各一卷。中国社会科学院文学研究所、山西大学图书馆有藏。①

渔池轩诗集一卷

清南宫昌撰。南宫昌,字峰中,稷山人。曾任隰县上阳德村国民学校教员。山西省图书馆藏民国隰县图书馆石印本《渔池轩诗集》一卷。②

闲园集一卷

清黄希声撰。希声有《尚书谱》,已著录。

中国社会科学院文学研究所藏有清初刻《闲园集》一卷。此集凡分体诗百十五首,赵师尹评,前有赵师尹序,称希声"少余五岁,缔交几四十年"。又有河中聂介及庚寅年李调鼎序。《介休三贤祠》《挽薛世望》等诗,皆记山西人事。其文未见有集传世,李生光《西山阁笔》有所作序。③

---

① 李灵年、杨忠主编:《清人别集总目》,安徽教育出版社2008年版,第862页;柯愈春:《清人诗文集总目提要》,北京古籍出版社2001年版,第321页。
② 李灵年、杨忠主编:《清人别集总目》,安徽教育出版社2008年版,第1615页。
③ 柯愈春:《清人诗文集总目提要》,北京古籍出版社2001年版,第334页;李灵年、杨忠主编:《清人别集总目》,安徽教育出版社2008年版,第2018页。

覆甏集一卷

清侯万岱撰。万岱字式东,号耐辱翁,山西安邑(今运城市)人。

山西省图书馆藏有康熙五十二年自刻《覆甏集》一卷。①

嵋麓居士稿五卷

清卫赞撰。卫赞号嵋麓居士,山西猗氏(今临猗县)人。

此集计有《嵋麓居士稿》《唱和草》《知非草》《嵯署草》《粤游草》,雍正元年刻,中国社会科学院文学研究所藏。②

怀古堂偶存稿六卷

清宋在诗撰。在诗有《读诗遵朱近思录》《说左》《论语赘言》《说孟》《忆往编》《见闻琐录》,已著录。

《中国丛书综录》著录宋在诗《怀古堂偶存文稿》四卷、《诗稿》二卷,《埜柏先生类稿》本。此书有乾隆三十年刻《埜柏类稿》本,中国科学院图书馆、复旦大学图书馆、华东师大图书馆(按:华东师大书目署为《宋埜柏类稿》)藏。道光七年刻《埜柏类稿》本,山西大学图书馆、日本京大图书馆藏。③北京大学图书馆藏乾隆三十年梁思炽刻本《怀古堂偶存文稿》四卷。

棣华馆文集一卷

清陈斐然撰。陈斐然,闻喜人。

国家图书馆藏民国九年石印本《棣华馆文集》一卷。山西省图书馆藏

---

① 柯愈春:《清人诗文集总目提要》,北京古籍出版社2001年版,第357页。
② 同上书,第404页。
③ 同上书,第546页。

石印本《烬余诗存》一卷,《棣华馆文集》一卷。①

见山园存草四卷　入越吟一卷　上江集一卷　亦吟一卷　补遗一卷

清周训成撰。周训成,安邑（今运城市）人。自署河东人。顺治十六年（1659）会试选庶常,康熙二十七年（1688）为大参。

国家图书馆、南京图书馆藏康熙二十八刻本《见山园存草》四卷,附《入越吟》一卷,《上江集》一卷,《亦吟》一卷,《补遗》一卷。《存草》前有郑端序,卷一疏、序,卷二书札,卷三寿文、祭文,卷四传、记,集中应酬之作居多。②

云斋清籁二十一卷

清康行侗撰。康行侗,有《运司盐政便览》,已著录。

此集有雍正十年刻本,山西省图书馆、南京图书馆、祁县图书馆有藏。③

唐吟一卷

清张松龄撰。松龄系山西闻喜人。

此集有雍正二年刻本,《贩书偶记续编》著录。④

涑水编五卷

清翟凤翥撰。翟凤翥有《桐园谱》《裴氏家谱》,已著录。

此集文四卷、诗一卷,有徐元文序,《四库存目》著录。徐序称原本六

---

① 李灵年、杨忠主编：《清人别集总目》,安徽教育出版社2008年版,第1317页。
② 同上书,第1456页;柯愈春：《清人诗文集总目提要》,北京古籍出版社2001年版,第255页。
③ 李灵年、杨忠主编：《清人别集总目》,安徽教育出版社2008年版,第2111页。
④ 柯愈春：《清人诗文集总目提要》,北京古籍出版社2001年版,第408页。

卷,内制义一卷不知何人删去。山西临猗县图书馆藏此集,康熙间蒲易书林刻,惜缺四卷。①

秀野堂诗集

清段文锦撰。段文锦(1636—1713),字橘洲,山西绛县人。

此集康熙间其子洁然敦复斋刻,邓之诚原藏,今归文物出版社孟宪钧。前有洎水后学张德臬序,录古今体诗七十五首。有《甲戌初度》诗,时年五十九岁。末首《临终自题小影》称,"七十八年心血枯"②。

廉立堂文集十二卷附一卷

清卫既齐撰。卫既齐(1645—1701),字尔锡,一字伯岩,猗氏(今临猗县)人。康熙三年进士,自翰林院检讨起山东布政使,入为顺天府尹,擢副都御史,出为贵州巡抚。罢归,康熙三十八年冬以分理河工入都,卒于淮上。生平行事见《廉立堂文集》附李振裕撰《墓志铭》、黄叔宛撰《卫既齐传》,《清史稿》卷二七六,《碑传集》卷六十六,《国朝耆献类征初编》卷一五九,《词林辑略》卷二,《昭代名人尺牍小传》卷六。

此集计《诗》二卷、《奏疏》一卷、《杂著》九卷,前有赵熟典《序》,后附李振裕所撰《墓志铭》及黄叔琬所撰《传》,末有侄玄孙熙淇跋,集中序书传志诸文,多涉康熙朝政事。此集有以下刻本:乾隆三十七年刻本,华东师范大学图书馆有藏。乾隆四十年刻本,国家图书馆、南开大学图书馆、复旦大学图书馆、山西大学图书馆、临猗县图书馆、祁县图书馆有藏。乾隆四十三年太平赵熟典校刻本,台湾师大图书馆有藏。③

---

① 李灵年、杨忠主编:《清人别集总目》,安徽教育出版社2008年版,第2373页;柯愈春:《清人诗文集总目提要》,北京古籍出版社2001年版,第111页。
② 柯愈春:《清人诗文集总目提要》,北京古籍出版社2001年版,第259页。
③ 李灵年、杨忠主编:《清人别集总目》,安徽教育出版社2008年版,第31页;柯愈春:《清人诗文集总目提要》,北京古籍出版社2001年版,第311页。

攻玉堂文集

清王桂撰。王桂有《葵书》，已著录。

国家图书馆、上海图书馆、山西省图书馆有民国八年铅印本《攻玉堂文集》，不分卷，凡文三十篇，署"桑泉布衣子山王桂著"。无序。《四书燕说序》末，题"乾隆三年夏条山后学王桂子山氏书于石泉洞中"。书末为补遗一篇，题《老椿记序》，作于乾隆二十九年，实为跋语。①

崔中丞著书

清崔纪撰。崔纪有《读孟子札记》一卷，已著录。

此集六册，雍正间刻，山西大学图书馆藏。②

觉非集

清邓玉梅撰。邓玉梅（1690—1746），山西夏县杨云霄妻。

此集一册，乾隆十六年刻，首都图书馆藏。前有乾隆十一年闻喜王淑陶手书序云："此杨云霄室人克贞所著。姓邓，名玉梅，今物故矣。汉阳人。"云霄名霄，山西夏县人。又乾隆十三年王今远手书序。又乾隆十六年夏川吕储序："丙寅搜得其散稿数十篇，通前《觉非集》点次成帙，而克贞寻亦仙逝矣。"有目。诗分体，凡律诗十五首、绝句四十八首、诗余四阕、散稿九首，后附填词十一阕。书名下题"克贞庚午相，乾隆丙寅年物故，寿五十有七"。署夏县吕储涵甫点次。其诗清秀，如《咏菊》"幽情不与凡花近，傲骨霜寒姓字贞"之类皆是。集属稀见，世间仅存此刻一册。③

---

① 李灵年、杨忠主编：《清人别集总目》，安徽教育出版社2008年版，第62页；柯愈春：《清人诗文集总目提要》，北京古籍出版社2001年版，第513页。

② 柯愈春：《清人诗文集总目提要》，北京古籍出版社2001年版，第517页。

③ 同上书，第522页。

安遇堂诗文集

清郝台魁撰。台魁,字梦山,绛州(今新绛)人。嘉庆十六年(1811)举人,历沁水、太原训导。晚年主讲宏运书院。

光绪《山西通志·文学录》著录。

九一居士诗文稿五卷

清谢丕振撰。谢丕振有《事贤录》《善教名臣忠介先生言行录》《友仁录》《朱子师友传》《河汾渊源》《考亭遗矩》《河东先儒遗训》《河东先儒醒世文》,已著录。

此集计《文集》一卷、《卧云草》一卷、《北窗草》一卷、《司铎草》一卷、《八物咏》一卷,辑入《青云洞遗书》二刻,乾隆二十一年李养亨刻,北京大学图书馆藏。《中国丛书综录》著录。①

蓬峰诗文选四卷

清阎廷玠撰。廷玠字莲峰,山西绛州人。

此集计《文选》二卷、《诗选》二卷,赵熟典辑,乾隆四十年刻,中国人民大学图书馆藏。中国国家图书馆藏《文选》二卷。②

时间作草一卷

清马淑援撰。自署河东人。

---

① 李灵年、杨忠主编:《清人别集总目》,安徽教育出版社2008年版,第2295页;柯愈春:《清人诗文集总目提要》,北京古籍出版社2001年版,第592页。

② 柯愈春:《清人诗文集总目提要》,北京古籍出版社2001年版,第650页。

此集康熙六年刊,《贩书偶记续编》著录。①

雪虚声堂诗钞三卷

清杨深秀撰。杨深秀有《杨漪春侍御奏稿》,已著录。

山西省图书馆藏光绪八年太原刻本《雪虚声堂诗钞》三卷。南京师大图书馆、日本人文图书馆藏民国六年上海印书馆排印张元济辑《戊戌六君子遗集》本,《中国丛书综录》著录。②

正香簃吟草四卷

清康奉珏撰。康奉珏(1857—1896),女,字次双,东台人。随夫鲍振镛官山西万泉(今万荣县)。

此集有光绪二十六年万泉县署刻本,山西省图书馆、东台史志办藏。③

铁窗吟草

清李鸣凤撰。李鸣凤(1878—1919),字岐山,山西安邑人。戏剧家健吾父。清末诸生。光绪三十三年入同盟会。民国初年任少将旅长、陆军部咨议。

李鸣凤所撰《铁窗吟草》不分卷,民国十八年铅印,又稿本,山西省文史馆藏。④

薛仁斋文集十二卷

清薛于瑛撰。薛于瑛有《灵峡学则》,已著录。

---

① 柯愈春:《清人诗文集总目提要》,北京古籍出版社2001年版,第117页。
② 李灵年、杨忠主编:《清人别集总目》,安徽教育出版社2008年版,第727页。
③ 同上书,第2111页。
④ 柯愈春:《清人诗文集总目提要》,北京古籍出版社2001年版,第2012页;李灵年、杨忠主编:《清人别集总目》,安徽教育出版社2008年版,第795页。

薛于瑛所撰《薛仁斋遗集》八卷,《附录》一卷,辑入《西京清麓丛书》续编,光绪十四年刻,首都图书馆、山西大学图书馆、中国人民大学图书馆、洛阳图书馆藏。《中国丛书综录》著录。光绪二十二年传经堂刻本,中科院图书馆有藏。今存其集写本二种:《薛仁斋文集》十二卷,王守恭编,清钞本,中国科学院图书馆藏;《薛仁斋遗稿》不分卷,钞本,三册,山西大学图书馆藏。①

稷东寓公诗钞八卷

清罗可桓撰。罗可桓,字公玉,介休人,寓稷山。光绪二十八年(1902)举人,官岚州学正。

山西省图书馆藏民国十五年稷山罗氏太原排印本《稷东寓公诗钞》八卷。②

竹荫楼诗集一卷

清贾景惠撰。景惠字兰荪,山西夏县人,章华妻。
《清闺阁艺文略》著录,未见。③

兰雪诗草

清潘梦凤撰。梦凤,山西闻喜裴衍敬妻。
《山西通志》著录,未见。④

杜 诗 选

清宋在诗选编。在诗有《读诗遵朱近思录》,已著录。

---

① 柯愈春:《清人诗文集总目提要》,北京古籍出版社2001年版,第1428页。
② 李灵年、杨忠主编:《清人别集总目》,安徽教育出版社2008年版,第1398页。
③ 胡文楷撰、张宏生等增订:《历代妇女著述考》,上海古籍出版社2006年版,第694页。
④ 同上书,第729页。

宋在诗自编《忆往编》中称:"二十五年庚辰(1760)选杜诗。"下注云:"取其载道合于《三百篇》之旨者。"可见该选本的选诗宗旨。《忆往编》中收录了翁方纲所撰《墓表》,称此书未刊。其后《(光绪)山西通志·艺文志》予以著录。周采泉称是书载入《怀古堂全集》,但有目未刊(《杜集书录·外编·选本律注类存目》)。①

思亲卷　和碧山辞　亳水集

清常目撰。常目,垣曲人。

光绪《垣曲县志》卷八《人物》常目条:"常目,性孝谨,好学工诗。侍父廷疾,汤药不懈。比卒,水浆不入口。既葬,悲泣三年,每食必祭,哀慕终身。哀诗成帙曰《思亲卷》。所著有《和碧山辞》、《亳水集》行世。"《山西通志·人物》常目条:"有《思亲卷》。"

---

① 张忠纲等:《杜集叙录》,齐鲁书社2008年版,第383页。

总集类

西汉文类四十卷

唐柳宗直撰。柳直字正夫,宗元从父弟。善操觚牍,得师法甚备,融液屈折,奇峭博丽,知之者以为工。作文辞淡泊衔古。生平见柳宗元《从父弟宗直殡志》。

《山西通志·经籍》著录。《新唐书·艺文志》文史类、《宋史·艺文志》、《通志·艺文略》总集类著录柳宗直《西汉文类》四十卷。《郡斋读书志》著录《西汉文类》二十卷,云:"右唐柳宗直撰,其兄宗元尝为之序。至皇朝其书亡,陶氏者重编纂成之。"《直斋书录解题》著录《西汉文类》四十卷,云:"唐柳宗元之弟宗直尝辑此书,宗元为序,亦四十卷。《唐·艺文志》有之。其书不传,今书陶叔献元之所编次,未详何人,梅尧臣为之序。"不知陈振孙所云"陶氏"是否即陶叔献。若果是,不知又为何有二十卷和四十卷之异。《宋史·艺文志》著录柳宗直《西汉文类》四十卷外,亦著录了陶叔献《西汉文类》四十卷。柳宗元《柳宗直〈西汉文类〉序》今存,云:"类其文次,其先后为四十卷。"可知柳宗直原作即为四十卷。《中兴书目》著录亦为陶叔献所编本,只是"叔"作"淑",云:"类次西汉书中诏、令、书、疏、奏、记、策、对、辨、说、檄、难、箴、颂、赋、赞、序。"《爱日精庐藏书志》卷三十五有此书绍兴十年临安刊残本五卷,题陶叔献编。后书归常熟瞿氏,见《铁琴铜剑楼藏书目录》卷二十三。

荆潭倡和集一卷　寿阳倡咏集十卷
渚宫倡和集二十卷　岘山倡咏集八卷
盛山倡和集一卷　荆夔倡和集一卷

唐裴均撰。裴均，字君齐，倩子，光廷曾孙。闻喜人。以明经为诸暨尉，数从使府辟。张建封镇濠寿，表团练判官。建封扞李希烈，以参赞劳加上柱国，袭正平县男。累迁膳部郎中，擢荆南节度行军司马，就拜节度使。以平刘辟叛加检校吏部尚书。谏官李约疏斥之。元和三年，入为尚书右仆射，判度支。俄检校左仆射，同中书门下平章事。为山南东道节度使。累封郇国公。任将相凡十余年，卒赠司空。《新唐书》卷一百八有传。

《山西通志·经籍》著录。《新唐书·艺文志》集部文史类、《通志·艺文略》总集类著录裴均《寿阳倡咏集》十卷，又《渚宫倡和集》二十卷，《岘山倡咏集》八卷，《荆潭倡和集》一卷，《盛山倡和集》一卷，《荆夔倡和集》一卷。

唐赋二十卷

唐裴颖士、裴度等撰，佚名编选。裴度有《书仪》，已著录。

《山西通志·经籍》著录。《郡斋读书志》著录《唐赋》二十卷，曰："唐科举之文也。裴颖士、裴度、白居易、薛逢、陆龟蒙等作皆在焉。"

汝洛集一卷

唐刘禹锡、裴度等撰。裴度有《书仪》，已著录。

《新唐书·艺文志》著录《汝洛集》一卷，注曰："裴度刘禹锡倡和。"宋计敏夫撰《唐诗纪事》卷三十九亦云："禹锡与乐天唱和号《刘白唱和集》，与裴度唱和号《汝洛集》，与令狐楚唱和号《彭阳唱和集》，与李德裕唱和号《吴蜀集》。"但刘禹锡《汝洛集引》今存，云："太和八年，予自姑苏转临汝。乐天罢三川守，复以宾客分司东都。未几，有诏领冯翊，辞不拜，职授太子少傅分务，以遂其高时。予代居左冯，明年予罢郡，以宾客入洛。日以章句交欢,因而编之,命为《汝洛集》。"则此集实为刘禹锡与白居易唱和集。

绍圣三公诗三卷

宋司马光、欧阳修、冯京撰。光有《温公易说》,已著录。

《山西通志·经籍》著录《绍圣三公诗》二卷。《宋史·艺文志》总集类著录《绍圣三公诗》三卷,云:"司马光、欧阳修、冯京所著。"应以三卷为是。

二妙集八卷

金段克己、段成己撰。段克己有《遁斋乐府》,已著录。段成己有《菊轩集》,已著录。

《千顷堂书目》著录段克己、段成己《二妙集》八卷。《四库全书总目》总集类著录,云:"《二妙集》八卷,金段克己、段成己兄弟诗集也。克己字复之,号遁庵。成己字诚之,号菊轩。稷山人。克己金末尝举进士,入元不仕。成己登正大间进士,授宜阳主簿。元初起,为平阳府儒学提举,坚拒不赴。兄弟并以节终。初,克己、成己均早以文章擅名。金尚书赵秉文尝目之曰'二妙',故其合编诗集即以为名。泰定间,克己之孙辅官吏部侍郎以示吴澄,始序而传之。朱彝尊《曝书亭书目》于《二妙集》下乃题作段镛、段铎撰,考虞集所作《段氏世德碑》,镛、铎实克己、成己之五世祖。铎官至防御使,未尝有集行世。彝尊盖偶误也。集凡诗六卷,乐府二卷,大抵骨力坚劲,意致苍凉。臣值故都倾覆之余,怅怀今昔,流露于不自知。吴澄序言其:'有感于兴亡之会,故陶之达,杜之豪,其诗兼而有之。'所评良允。房祺编《河汾诸老诗》八卷,皆金之遗民从元好问游者。克己兄弟与焉。而好问编《中州集》,金源一代作者毕备,乃独无二人之诗。盖好问编《中州集》时,为金哀宗天兴二年癸巳,方遭逢离乱,留滞聊城,自序称:'据商衡《百家诗略》及所记忆者录之。'必偶未得二人之作,是以未载。故又称'嗣有所得,当以甲乙次第之非,削而不录也'。《河汾诸老诗集》所载,尚有克己《楸花诗》一首,成己《苏氏承颜堂》等诗,七首皆不在此集中。疑当时所自删削。又此集成己

《冬夜无寐》一首,《中秋》二首,《云中暮雨》一首,《河汾诸老诗集》皆题为克己作,此集出自段氏家藏,编次必无舛错,当属房祺误收。今姑各仍其旧,而特识其同异于此焉。"此书今有《四库全书》本《二妙集》八卷,石莲盦汇刻九金人集本《二妙集》八卷、《逸文》一卷。

河汾诸老诗集八卷

金麻革等撰,元房祺编。麻革有《贻溪先生集》,已著录。

《四库全书总目》集部总集类著录云:"《河汾诸老诗集》八卷,元房祺编。祺,平阳人。据高昂霄跋,称祺为大同路儒学教授。而祺作后序自称横汾隐者,岂罢官后乃编斯集耶? 所编凡麻革、张宇、陈赓、陈扬、房皞、段克己、段成己、曹之谦八人之诗,人各一卷,皆金之遗老从元好问游者。曹之谦本大同人,以流寓河汾,遂营邱墓,故总以河汾诸老题焉。祺后序称好问有专集行世,故不录其诗。然段氏兄弟亦自有《二妙集》,乃其孙辅所编,盖《二妙集》出于泰定中,祺为此集时尚未辑成,故其诗仍得录入也。其书成于大德间,皇庆癸丑高昂霄为锓板。明弘治十一年,御史沁水李叔渊复授开封同知谢景星刊行,河南按察司副使车玺为之序。今旧刊皆佚,此本为毛晋汲古阁所刊,称以林古度、周浩若及智林寺僧所抄三本互校,乃成完书。然祺后序称古律诗二百一首,皞皞郝先生序于前。今郝序已佚,而诗止一百七十七首,则尚非全本矣。然诸老以金源遗逸,抗节林泉,均有渊明义熙之志。人品既高,故文章亦超然拔俗。吉光片羽,弥足宝贵,又何论其完阙乎?"此书今存,主要版本有:1.国家图书馆藏明毛氏汲古阁本。2.山西省图书馆藏清乾隆四十三年(1778)敬翼堂刻本、咸丰二年(1852)粤雅堂刻本。3.《四库全书》本。4.《四部丛刊》影印乌程刘氏影写元平水高昂霄尊贤堂本。

琼 林 集

元薛玄曦撰。玄曦有《上清集》,已著录。

《山西通志·经籍》著录。《山西通志·人物·薛玄曦传》:"会梓(《元诗选》作"稡")群贤诗文为《琼林集》。"

十二家唐诗类选六卷

明何东序辑。东序有《徽州府志》,已著录。

据《山西文献总目提要·晋人著述（三）》2525条著录。此书有隆庆四年（1570）刻本。临猗县图书馆藏。

王官谷集三卷

明丁守中辑。守中有《王官谷图集》,已著录。

据《山西文献总目提要·晋人著述（三）》2526条著录。此书有嘉靖五年（1526）刻本,中国社科院文学研究所藏。

左陶右邵一卷

清谢丕振撰。谢丕振有《事贤录》,已著录。

《中国丛书综录》总集类著录谢丕振撰《左陶右邵》一卷,有《青云洞遗书》二刻本。

师友吟咏集

清刘续唐编。续唐,闻喜人。

光绪《山西通志·经籍》著录。

诗文评类

文 质 论

后周柳虬撰。柳虬有《柳虬集》,已著录。

《山西通志·经籍》说部著录。《周书·柳虬传》:"时人论文体者有古今之异,虬又以为时有今古,非文有今古,乃为《文质论》,文多不载。"

诗格一卷

唐王维撰。王维有《画学秘诀》,已著录。

《山西通志·经籍》著录。《宋史·艺文志》著录王维《诗格》一卷。

续诗话一卷

宋司马光撰。司马光有《温公易说》,已著录。

《郡斋读书志》卷十三子部小说家类著录司马光撰《续诗话》一卷。司马光序云:"《诗话》尚有遗者欧公文章声名虽不可及,然纪事一也,故敢续之。"明言其因欧阳修《诗话》而续成之。《文渊阁书目》著录《温公诗话》一部一册。《四库全书总目》云:"是编题曰《续诗话》者,据卷首光自作小引,盖续欧阳修《六一诗话》而作也。光《传家集》中具载杂著,乃不录此书,惟左圭《百川学海》收之。然《传家集》中亦不录《切韵指掌图》,或二书成于编集之后耶?"① 光德行功业冠绝一代,非斤斤于词章之末者。而品第诸诗,乃极精密。如林逋之'疏影横斜水清浅,暗香浮动月黄昏';魏野之'数声离岸橹,几点别州山';韩琦之'花去晓丛蝴蝶乱,雨余春圃桔槔闲';耿仙芝之'草色引开盘马地,箫声吹暖卖饧天';寇准之《江南春》诗,陈尧佐之《吴江》诗,畅当、王之涣之《鹳雀楼》诗及其父《行色》诗,相沿传诵,皆自光始表出之。其论魏野诗误改药字及说杜甫'国破山河在'一首,尤妙中理解,非他诗话所及。惟梅尧臣病死一条,与诗无涉,乃载之此书,则不可解。考光别有《涑水记闻》一书,载当时杂事。岂二书并修,偶以欲笔于彼册者误笔于此册欤?"② 此书除《四库全书》本外,尚有《历代诗话》本、《津逮秘书》本等。亦称《同马温公诗话》。

岁寒堂诗话二卷

宋张戒撰。张戒有《政要》,已著录。

《四库全书总目》著录此书,云:"是书通论古今诗人,由宋苏轼、黄庭坚,上溯汉魏风骚,分为五等。大旨尊李、杜而推陶、阮,始明言志之义,而终之以无邪之旨,可谓不诡于正者。其论唐诸臣咏杨太真事,皆为无礼③,尤足维世教而正人心。又专论杜甫诗三十余条,亦多宋人诗话所未及。考《说郛》及《学海类编》载此书,均止寥寥三四页。此本为《永乐大典》所载,尤为完帙。然有二条,此本遗去,而见于《学海类编》者。今谨据以增入,庶为全璧。《读书敏求记》本作一卷,今以篇页稍繁,厘为上、下卷云。"④ 陆心源《岁寒堂诗话》跋:"《岁寒堂诗话》,宋张戒撰。原本已亡,今本二卷,乃从《永乐大典》录出者。《提要》:戒名附见《宋史·赵鼎传》,不详其始末。

---

① 据李裕民:《续诗话》成于元丰元年(1078)冬之后、元祐元年(1086)司马光卒之前,司马光卒后二年刘攽作《中山诗话》已引用《续诗话》。《传家集》则后人编成。
② 纪昀等:《钦定四库全书总目》集部诗文评类,中华书局1997年整理本,第2740页。
③ "无礼"后,浙、粤本有"独杜甫立言为得体"八字。
④ 纪昀等:《钦定四库全书总目》,中华书局1997年整理本,第2745页。

惟李心传《建炎以来系年要录》载戒正平人,绍兴五年四月以赵鼎荐得召对,授国子监丞。鼎称其登第十余年,曾作县令,则尝举进士也。愚按:张戒,绛郡人,沈晦榜进士。绍兴五年二月降秘书郎,七年七月提举福建茶盐。见《中兴馆阁录》,余详《宋史》补传。"① 此书有《四库全书》本、《说郛》本、《学海类编》本、《励志斋丛书》本、《历代诗话续编》本、《丛书集成初编》本、武英殿聚珍版书本。

吟坛辨体一卷

清王含光撰。王含光有《易学三述》,已著录。

此书有康熙刊本,今不传,仅见秦武域《闻见瓣香录》丁卷摘引。其自序云:"七言律始于唐,故诗家谓之近体。而名以律者,谓其严整难犯也。后之学者,往往词意足赏而声调未谐,则一三五不论之说误之耳。夫一三五固有不论者,亦有必论者。有似不论而实论者,有一句单论者,有两句合论者。唐体其晰,奈何概云不论哉?今就鄙见所及引证唐句,分为正变拗三体。正体学者易知而作者难以尽谐,故具变体。"是其书之内容及体例亦可概见。《闻见瓣香录》摘其说颇备。②

---

① 陆心源著、冯惠民整理:《仪顾堂书目题跋汇编》,中华书局2009年版,第197页。
② 蒋寅:《清诗话考》,中华书局2007年版,第240页。

参考文献

1.《二十五史》,中华书局整理本。

2. 晁公武撰、孙猛校证:《郡斋读书志校证》,上海古籍出版社2006年版。

3. 陈振孙著,徐小蛮、顾美华点校:《直斋书录解题》,上海古籍出版社2005年版。

4. 纪昀等:《钦定四库全书总目》,中华书局1997年整理本。

5. 胡文楷:《历代妇女著述考》,上海古籍出版社1985年版。

6. 刘毓庆:《历代诗经著述考(先秦—元)》,中华书局2005年版。

7. 刘毓庆:《历代诗经著述考(明代)》,中华书局2008年版。

8. 万曼:《唐集叙录》,河南大学出版社2008年版。

9. 周采泉:《杜集书录》(上),上海古籍出版社1979年版。

10. 张忠纲等:《杜集叙录》,齐鲁书社2008年版。

11. 蒋寅:《清诗话考》,中华书局2007年版。

12. 柯愈春:《清人诗文集总目提要》,北京古籍出版社2001年版。

13. 祝尚书:《宋人别集叙录》,中华书局1999年版。

14. 庄一拂编著:《古典戏曲存目汇考》,上海古籍出版社1982年版。

15. 余绍宋撰:《书画书录解题》,浙江人民出版社1982年影印本。

16. 李灵年、杨忠主编:《清人别集总目》,安徽教育出版社2008年版。

17. 崔建英辑,贾卫民、李晓亚整理:《明别集版本志》,中华书局2006年版。

18. 孙猛:《日本国见在书目录详考》,上海古籍出版社2015年版。

19. 雷梦水:《古书经眼录》,齐鲁书社1984年版。

20. 李文泽编著:《宋元语文学著述考录》,四川大学出版社2008年版。

21. 徐永明、赵素文:《明人别集经眼叙录》,浙江古籍出版社2013年版。

22. 陆心源著、冯惠民整理:《仪顾堂书目题跋汇编》,中华书局2009年版。

23. 顾颉刚：《清代著述考》，中华书局 2011 年版。

24. 胡旭：《先唐别集叙录》，中国社会科学出版社 2011 年版。

25. 任继愈主编：《道藏提要》，中国社会科学出版社 1991 年版。

26. 刘纬毅主编：《山西文献总目提要》，山西人民出版社 1998 年版。

27. 潘雨廷：《读易提要》，上海古籍出版社 2000 年版。

28. 徐昭俭修、杨兆泰撰：《新绛县志》，《中国方志丛刊》影印民国十八年石印本，台湾成文出版社。

29. 《中国古籍善本书目·集部》，上海古籍出版社 1996 年版。

30. 罗石麟等修：（雍正）《山西通志》，《文渊阁四库全书》影印本。

31. 清王轩等纂修：（光绪）《山西通志》，中华书局 1990 年版。

32. （清）杨令琢纂修：（乾隆）《荣河县志》，《中国地方志集成》影印本。

33. 张柳星、范茂松修，郭廷瑞纂：民国《荣河县志》，《中国地方志集成》据民国二十五年（1936）铅印本影印。

34. （清）黄缙荣、万启钧修，（清）张承熊纂：（光绪）《夏县志》，《中国地方志集成》影印本。

35. （清）蒋起龙纂修：（康熙）《夏县志》，《中国地方志集成》影印本。

36. （清）言如泗修、（清）李遵唐纂：（乾隆）《解州夏县志》，《中国地方志集成》影印本。

37. （清）李荣和、刘锺麟修，（清）张元懋纂：（光绪）《永济县志》，《中国地方志集成》影印本。

38. （清）李焕扬修、（清）张于铸纂：（光绪）《直隶绛州志》，《中国地方志集成》影印本。

39. （清）胡延纂修：（光绪）《绛县志》，《中国地方志集成》影印本。

40. （清）拉昌阿修、（清）王本智纂：（乾隆）《绛县志》，《中国地方志集成》影印本。

41. （民国）徐昭俭修、杨兆泰纂：（民国）《新绛县志》，《中国地方志集成》影印本。

42. 明宋纲纂修：（嘉靖）《荣河县志》，《中国方志丛刊》影印本。

43. （清）马鉴等修、寻銮炜纂：（光绪）《荣河县志》，《中国方志丛刊》影印本。

44.（清）李遵堂纂修：（乾隆）《闻喜县志》，《中国方志丛刊》影印本。

45.余宝滋修、杨铍田等纂：（民国）《闻喜县志》，《中国方志丛刊》影印本。

46.张亘、萧光汉等修纂：（民国）《芮城县志》，《中国方志丛刊》影印本。

47.（清）沈凤翔纂修：（同治）《稷山县志》，《中国方志丛刊》影印本。

48.曲乃锐等编辑：（民国）《解县志》，《中国方志丛刊》影印本。

49.（清）言如泗修、吕滥纂修：（乾隆）《解州安邑县志》，《中国方志丛刊》影印本。

50.（清）王正茂纂修：（乾隆）《临晋县志》，《中国方志丛刊》影印本。

51.俞家骥主修、赵意空纂修：（民国）《临晋县志》，《中国方志丛刊》影印本。

52.（清）言如泗总修、韩夔典纂修：（民国）《平陆县志》，《中国方志丛刊》影印本。

53.刘鸿逵纂修、沈承恩纂辑：（民国）《平陆县续志》，《中国方志丛刊》影印本。

54.何燊修、冯文瑞纂：（民国）《万泉县志》，《中国方志丛刊》影印本。

55.潘金越、宋之树纂辑：（雍正）《猗氏县志》，《中国方志丛刊》影印本。

56.民国周振声等修、李无逸等编：（民国）《虞乡县新志》，《中国方志丛刊》影印本。

57.杨汉章总修、程象濂纂修：（光绪）《河津县志》，《中国方志丛刊》影印本。

58.清周景柱纂修：（乾隆）《蒲州府志》，《新修方志丛刊》影印本。

索 引

著者索引

（索引词条按笔画排序）

二画

丁守中　125，321
丁应观　291

三画

卫氏　120
卫宁　275
卫恒　60，183
卫既齐　311
卫觊　38，131
卫铄　183，215
卫展　214
卫瓘　25，44
卫赞　309
马光裕　298
马峦　110，127，281
马淑援　313
马骙　280

四画

王之涣　257
王凤　23，290
王文鸣　128
王尹方　299
王世相　179
王臣直　294
王向弼　124
王旭　274
王纪　102，289
王助　230
王时济　294
王虬　134
王含光　14，119，297，324
王国桢　129
王国瑚　13，51
王岩桢　14，43，49
王驾　252
王宗舜　290
王珂　161
王勃　10，45，145，169，176，184，226
王彦　134
王济　134
王宫　119

王恭先　298

王桂　192，312

王砺　275

王俸　290

王通　18，22，27，52，78，150

王继本　281

王掤鳌　297

王接　17，33，105，215

王崇古　100，130，289

王焕　41

王鸿　109

王隆　135

王绩　73，184，222

王维　184，185，231，322

王愆期　33，90，215

王鄩　174

王震龙　300

王颜　42

王翰　42，273

王畎　167

王曙　18，94，98，107，145，205，259

韦氏　107

毛尔杰　192

毛同升　301

毛应观　301

毛深　135

介元佑　89

文为宪　296

邓玉梅　312

毋丘俭　212

毋昭裔　61

五画

卢弘正　198

卢纶　247

卢陵　35，39

叶兆晋　301

史英　160

丘东鲁　200

丘（邱）延翰　173，181，195

乐详　32

乐逊　22，34，39，44

令狐亦岱　163，192

令狐鏓　47，161

玄虚子　206

宁二翰　12，49

宁世珽　298

司马光　10，19，29，30，39，46，61，62，63，82，84，85，86，87，98，107，119，124，132，145，151，152，153，154，178，187，189，200，205，206，259，319，322

司马康　46，88

司马晰　110

司马械　265

司马樲　265

司空图　186，252

司空舆　177

边象　125

六画

吉大来　128

吕岩　207，250

吕柟　126

吕渭　53

吕温　255

朱一凤　138

朱衮　129

朱裴　103，301，302

乔于洞　302

乔应甲　136，295

任佐　50，200，281

任宪　48

任赞化　102

刘一中　12

刘有纶　37，48，101，162，292

刘创基　65

刘志渊　206

刘良臣　128，155，287

刘泽长　192

刘致　64

刘敏宽　129，288

刘续唐　321

刘镕　61

刘盥训　16

关朗　8，9

安耘　16

安清翰　20，24，45，182，303

安清翘　15，54，89，165，182，302

安清翔　303

孙子昶　116，163

孙镇　109，271

七画

苏昌臣　137

苏景胤　77

杜挚　212

杨巨源　250

杨世芳　103

杨俊民　101，111

杨梦熊　167

杨深秀　138，314

杨博　99，100，279

杨瞻（赡）　158，281

李世德　296

李生光　165，300

李汝重　201

李汝宽　127，292

李若章（璋、嶂）　303

李鸣凤　314

李绍贤　290

李复泌　129，164

李恪　65

李俸　290

李淮　22，279

李献甫　272

李献能　271

李嵩　295

李愈　269

李毓秀　65，304

李曦　304

吴汝兰　126

吴雯　304

吴霞　308

何东序　130，166，283，321

何始升　51

何南卿　206

邱（丘）延翰　173，181

辛全　13，40，42，43，49，112，113，156，157，178，190，191，288

沈业富　138

宋在诗　23，37，45，46，114，191，309，315

宋纲　126

宋鉴　15，19

灵润　203

张无妄　179

张文规　124

张文炳　14，66，191

张四维　292

张邦教　19，48

张亦楷　188

张汝乾　126

张克嶷　299

张戒　135，204，269，323

张芮　279

张吾仁　178

张良知　127，133

张茂枢　107

张松龄　310

张果　176，207

张笃行　296

张彦远　81，185

张洪烈　179

张琚　270

张鹏羽　20，50

张辉　49，201

张銷　296

张璞　103

陈伯疆　108

陈奇　38，44

陈国柱　13

陈庚　36，88，146，272

陈斐然　309

陈赓　272

邵嗣尧　16

八画

赵用光　284

赵匡　35，42

赵师尹 50，187

赵标 167，284

赵相 128

赵钦汤 89，112

赵载 99，111

赵鼎 77，78，97，98，155，267，268

赵濂 50

范铜 188

畅当 236

罗可桓 315

京相璠 32

庞尚廉 102

周训成 310

宗经 271

法云 203

孟时芳 291

孟琪 11

九画

郝台魁 313

荆芸 37

荀况（卿） 149，211

南宫昌 308

柳世隆 172

柳弘 220

柳仲郢 143

柳冲 117

柳芳 73，79，118，132

柳虬 220，322

柳忱 218

柳灿（璨） 81，118，173

柳宗元 35，59，197，237

柳宗直 317

柳恽 173，183，217

柳祥 198

柳珵 27，198

柳冕 257

柳惔 106，217

柳晉 92，202，221

柳奭 140

柳澄 218

柳璞 35

段文锦 311

段成己 271，319

段克己 270，319

段思诚 273

侯万岱 309

陶琰 111，119，280

陶滋 63，280

十画

聂夷中 258

耿沣 248

袁从义 12

贾景惠 315

柴鼎铉 116

党成 165

高永年　109

高聿　125

郭九会　299

郭山恽　28

郭为崃　193

郭希汤　53，144，157

郭迎褒　137，291

郭璞　8，21，55，56，57，58，60，74，122，170，171，180，214

郭巍然　47，130，162，298

桑拱阳　47

十一画

黄希声　19，50，113，308

曹于汴　40，190，285，286

曹仁　15

常目　316

崔伟观　196

崔汝孝　19，127

崔纪　15，45，46，47，104，163，312

崔曼亭　51

麻革　269，320

康行侗　137，310

康奉珏　314

阎廷玠　313

梁万方　31

梁文济　128

梁纪　275

梁纲　137，282

梁格　48，282

梁维　282

梁蕙　282

梁襄　270

十二画

董邦辅　125

蒋兆奎　138

韩云　201，292

韩楫　102

韩霖　64，113，136，143，158，167，292

韩炉　97，291

敬铉　36

敬播　71，72，73，75，76，93

鲁世任　162

温素知　297

谢丕振　115，164，313，321

谢陈常　300

谢琚　110，160

十三画

蒲芝　269

十四画

裴一谏　161

裴子野　26，71，90，106，122，131，197，202，217

裴王庭（廷） 177

裴氏 22

裴邦奇 294

裴扬休 119

裴夷直 251

裴光庭 34，93，142，151

裴光辅 34

裴休 77，203

裴行俭 131，140，166，187，236

裴守贞 28，117

裴约言 199

裴均 318

裴秀 7，17，52，121，212

裴伯茂 71

裴良辅 195

裴启 197

裴若弼 106

裴松之 26，69，75，90，105，216

裴炎 140

裴肃 94

裴居道 141

裴政 139

裴垍 76

裴昭明 216

裴矩 27，91，123，194

裴胐 107

裴度 28，250，318

裴庭（廷）裕 96

裴说 194

裴骃 70，216

裴茝 29

裴倩 247

裴烜之 92

裴通 10

裴寂 139

裴紫芝 199

裴景仁 91

裴景融 218

裴瑜 61

裴楷 213

裴颖士 318

裴煜 266

裴煜（裕）之 92

裴瑾 28

裴潅 141

裴遵庆 93

裴潾 93

裴澄 175

裴巘 113

裴藻 7

裴颁 25，213

裴邈 214

裴耀卿 231

樊宗师 189，252

樊泽 248

樊深 26，38，41，123

僧道英 52

廖永量 89，161，196

廖俊　280

谭登仕　49，162

翟凤蠹　114，120，310

翟绣裳　101，136

翟熠　114

十五画

慧旻　203

潘梦凤　315

十六画

薛于瑛　163，164，314

薛元超　71，223

薛仁贵　9

薛用弱　199

薛玄曦　273，320

薛弘庆　177

薛廷珪　249

薛自修　179

薛向　95，166

薛收　78，222

薛孝通　219

薛苍舒　265

薛奎　258

薛映　124

薛幽栖　208

薛莹　250

薛逢　94，249，318

薛渔思　199

薛景石　188

薛景晦　177

薛道衡　221

薛瑄　40，136，158，159，160，275

薛慎　219

薛寅　123，220

薛稷　202，236

薛曜　230

书名索引

（索引词条按笔画排序）

一画

一鸣集　252
一得稿　160

二画

二妙集　319
十二先生诗宗集韵　195
十二家唐诗类选　321
十丈龟经　173
十王正业论　203
十诵私记　203
丁祀存考　114
七经义纲略论　41
七经论　41
七经异同说　41
七经质疑　41
卜韵　171
八五经　171
入越吟　310
九一居士诗文稿　313
九真玉书　207
九愚山房集　283

三画

三代治本　88
三苍　58
三国志注　69
三忠诗文　292
三命通照神白经　171
三桂堂集　282
三朝见闻录　97
大易图　12
大享明堂仪注　28
大学中庸广义　46
大学中庸解义　46
大学衍义日抄　47
大唐千岁历　169
大唐书仪　27
大唐姓系录　117
大唐宰相表　132
大椿堂诗集　279
万历济宁州志　129
万竹园集　290
万泉县志　126
上江集　310

上林赋注　60

上清集　273

山水论　185

山林忠谠　201

山林樵唱　273

山海经注　122

山海经图　122

山海经图赞　122

山海经音　122

山堂汇稿　289

广陵止息谱　53

卫夫人集　215

（闻喜）卫氏家谱　120

卫宁诗稿　275

卫展集　214

小儿痘疹纂要　179

小园诗草（文草）　301

小典录　297

小泉集　279

小窗清适　279

子虚赋注　60

子鹄集　275

四画

王之涣集　257

（临晋）王氏族谱　119

王尹方集　299

（猗氏）王村王氏家谱　119

王官谷图集　125

王官谷集　321

王驾集　252

王政记　93

王勃集　223

王接集　215

王绩集　222

王维集　231

王愆期集　215

王曙集　259

开皇平陈记　91

天水时政　137

天机素书　181

天监棋品　183

天倪集　272

元经薛氏传　78

元符陇右录　109

无逸讲义　19

韦氏续曹大家女训　107

韦斋集　270

云岩集　271

云斋清籁　310

艺文类聚　194

五色旁通五脏图　177

五经决录　41

五经辨惑　42

五经管窥　42

五经指掌　43

五经穷抄　43

五家通天局　173

太极图说（谢琚） 160
太极图说（谭仕登） 162
太极图说集注 163
太宗实录 76
历代名画记 185
历代帝王年表 89
历代累年 87
历代登科记 109
历年图 87
历官奏议 99
历官奏疏 103
历朝统系 89
友于集 165
友仁录 115
切韵指掌图 61
止斋文集 298
少石吟稿 280
日记 108
中岳颍州志 123
中说 150
中都储志 133
中庸衍义 47
内外亲族五服仪 29
内传天皇鳌极镇世神书 181
内真妙用诀 207
见山园存草 310
见闻琐录 191
毛诗拾遗 21
毛诗略 21

毛诗序论 22
毛诗谱声 24
气诀 207
仁政传 106
公羊传新义 33
公羊难答论 33
公余笔记 191
公余漫稿 289
从政名言 159
从政录 136
月川先生年谱 110
风忠录 114
丹砂诀 207
凤川子克己示儿编 155
凤川先生文集 287
凤阁书词 249
文中子传 108
文贞公传事 93
文质论 322
六经考 164
六种吟 282
六韬 167
方言注 57
方国使图 122
书仪（裴度） 28
书仪（裴茝） 29
书仪（司马光）29
书屏记 186
书窗翼言 200

毋丘俭集　212

水仙百吟　304

水经注　122

五画

玉函记　173

玉照定真经　180

击筑集　290

正平集　269

正闰位历　81

正香簃吟草　314

世吟集　280

古文孝经指解　39

古今集验方　177

古来能书人录　183

卉乘楼书目　143

本兵疏议　100

本草例读　179

左氏春秋问七十二事　32

左氏春秋序论　34

左陶右邵　321

石鼓文正误　63

布经　188

布粟录　113

龙门记　124

龙坞集　294

龙城录　197

平台秘略　184

平阳府志　129

平陆县志　127

平贼记　94

东土讴吟　291

东观奏记　96

东涧山房集　299

东雍士女志　113

卢纶集　247

史记集解　70

史剡　145

四子心传　157

四书人物汇考　49

四书心印　49

四书正音　50

四书正韵　51

四书目录　144

四书汇讲　50

四书字类释义　65

四书则　47

四书井观录　48

四书古义补　48

四书白言　48

四书说　49

四书说意　48

四书抄翼　49

四书穷抄六补定本　51

四书直解　50

四书类考　51

四书辩异　50

四书事天象略　49

四书臆见 49

四体书势 60

四柳园草 290

代都略记 123

用存堂稿 300

乐天集 288

乐论（裴秀） 52

乐论（王通） 52

乐律心得 54

尔雅注（郭璞） 55

尔雅注（裴瑜） 61

尔雅图 56

尔雅图赞 57

尔雅音义 56

尔雅音略 61

玄章 203

兰雪诗草 315

半九亭集 295

忆往编 114

汉中府志 127

汉书注要 72

汉书音义 72

汉书指瑕 145

训蒙文 65

礼论 27

永泰新谱 118

永徽律 140

永徽留本司格后 140

司马光集 259

尼众羯磨 203

边陲利害 95

发焰录 177

台垣奏议 103

圣谕解 191

辽上京临潢府记 124

六画

考亭遗矩 164

老学庵集 298

地形方丈图 121

地理中庸 130

共发编 190

西山阁笔 300

西汉文类 317

西京记 123

西域图记 123

西堂书目 143

臣僚家谱 119

在涧集 292

有竹草堂诗稿 303

百氏谱 119

百官九品 131

百官公卿表 132

存草 299

存亲编 113

存烈编 112

列子旨归 205

列女后传 105

成均课讲周易 15

成均课讲学庸 47

师友吟咏集 321
当官三事录 137
吕岩集 250
吕温集 255
岁寒堂诗话 323
朱子师友传 115
朱少农年谱 116
竹荫楼诗集 315
休粮服气法 207
延镇图说 129
传心法要 203
仲子遗文 16
伤寒论 176
伤寒条辨要解 179
华岳续集 297
仰节堂集 285
伊洛渊源续编 112
自省编 161
自娱集诗稿 296
众僧录 202
杂著 279
名苑 63
名僧录 202
庄子旨归 205
庄浪漫记 130
庄毅公集 289
刘子俚言 192
刘氏经典集音 61
刘凤川遗稿 287
亦吟 310

问途赘 162
关公祠志 112
关氏易传 8
关氏洞极经 9
关圣志 112
关圣类编 113
兴衰要论 135
守圉全书 167
安邑县志 127
安遇堂诗文集 313
安置军营行阵等四十六诀 166
论语序论 44
论语注 44
论语绪余 45
论语温知录 45
论语赘言 45
次论语 45
冰壑全书 165
汲冢周书论 17
汝洛集 318
寻乐堂诗稿 304
阴符经注 207
阴符经辨命论 207
防沧要略 167
约言 161

七画

寿山堂易说 207
寿阳倡咏集 318
运司盐政便览 137

攻玉堂文集　312
孝经序论　39
孝经注（陈奇）　38
孝经注（卢陵）　39
孝经问疑　38
孝经阙疑　40
孝经翼　40
孝经固　38
坞西漫录　272
芮城县志　128
苍雪轩集　284
杜工部集　266
杜诗选　315
杜挚集　212
杨巨源集　250
杨漪春侍御奏稿　138
杨襄毅公奏疏　99
李献能诗　271
两汉诏议　98
两园诗集　292
医开　179
医问　178
医语纂要　176
抚台疏议　99
抚秦政略　104
抄合后汉事　90
求是斋四书释要　50
邺都故事　91
吴天绮诗集　308
吴兴杂录　124

时间作草　313
听椿吟稿　275
吟坛辨体　324
岘山倡咏集　318
秀野堂诗集　311
兵部手集方　177
佐右集　283
近思录摘读　163
谷口集　297
邻园集　296
龟经　172
龟经秘要　172
删定开元后格令式　141
狂愚集　269
条麓堂集　292
迎晖书屋　281
怀古堂偶存稿　309
闲园集　308
汾野诗集　281
启真集　206
宋元嘉起居注　75
宋高宗日历　77
宋略　71
补正孝经本义　40
补注杜工部诗　265
祀先睦族录　158
灵异志　199
灵峡学则　163
张氏说楷　188
附益谥法　26

八画

青囊补注　171
武库益智录　166
武德令　139
武德律　139
赵翰林经济全集　284
画学秘诀　184
事贤录　115
非国语　35
丧服仪　25
丧服传　26
丧服问疑　26
奇字审音　65
拓跋凉录　91
畅当诗　236
明诚续言　162
易八卦命录斗内图　171
易义　7
易见　15
易斗图　171
易书　10
易论　7
易约　13
易图合说　16
易学心功　15
易学三述　14
易经心印　12
易经穷抄六补定本　13
易经道学录　13
易象数钩深图　14

易楔　16
易鉴　171
易镜　174
国史要览　90
图易定本　16
忠正德文集　267
忠节祠录　111
忠孝节义录　111
忠谏通编　113
忠简公奏议　98
鸣真集　206
鸣樵诗集　274
尚书井观录　19
尚书训诂　20
尚书考辨　19
尚书录　20
尚书谱　19
岩溪诗草　301
罔象成名图　207
垂拱式　141
金镜图　173
和边录　108
和碧山辞　316
修文异名录　194
周书音训　18
周易比例　15
周易玄义经　171
周易玄解　10
周易发挥　10
周易抄翼　14

周易图说　14

周易指掌　13

周易鬼眼算　171

周易逆刺　171

周易洞林解　170

周易释略　12

周易新林　170

周易新注本义　9

周易察微经　171

周易髓　8

狐首经　171

性理三书一览　157

性理摘言　161

性理纂要　161

学易堂集　291

法书要录　185

法华玄宗　202

河东记　199

河东先儒遗训　164

河东先儒醒世文　164

河东张氏家传　107

河东盐法备览　138

河东盐法调剂纪恩录　138

河东盐政汇纂　137

河东漫兴集　280

河外谣目　108

河汾诗集　275

河汾诸老诗集　320

河汾课士集　298

河汾渊源　115

河南忠臣集　111

河洛经世书　162

河津县志　126

注东坡乐府　271

注汉书　72

治平野谋　191

治学一贯录　157

治黄判语疏草　102

宗室世表　119

定次孝经今古文　40

定园集　288

定斋存稿　282

宛陵录　203

诗经便韵　23

诗经辨疑　22

诗格　322

居家杂仪　30

陕西建明　166

姓氏韵略　118

姓系录论　118

建炎笔录　97

参呈全稿　279

承祚实迹　92

孟子解　46

绍圣三公诗　319

经义论略　41

经世石画　156

经史子志翼　42

经史日抄 42

经史要论 146

经略疏议 99

九画

奏议（王崇古）289

奏议（司马光）98

奏议（任赞化）102

奏议（杨俊民）101

奏行稿格 279

春秋三氏异同义 35

春秋土地名 32

春秋公羊经传 33

春秋机要赋 34

春秋序义 34

春秋备忘 36

春秋注 35

春秋要旨 37

春秋阐微纂类义统 35

春秋解 36

垣曲县志 129

政大论 134

政小论 134

政要 135

政迹集 136

荆南咏 275

荆潭倡和集 318

荆夔倡和集 318

草字杂体 187

荀子 149

荀况集 211

荣河县志 126

故事韵言 65

南华经注 206

柏台集 302

柏崖稿 298

柳弘集 220

柳虬集 220

柳忱集 218

柳宗元注扬子法言 59

柳宗元集 237

柳荫书屋稿 303

柳恽集 217

柳冕集 257

柳惔集 217

柳晋集 221

柳憕集 218

临晋县志 125

昭义军别录 198

思居堂集 302

思亲卷 316

思道篇 161

贻溪先生集 269

矩堂语录 165

选谱 131

重刊朱子仪礼经传通解 31

复古纠缪编 64

段思诚集 273

便民时政　136
修治绳墨　160
禹贡地域图　17
皇极说议　134
禹贡便蒙　19
保甲议　101
律令　139
律吕问　53
俎谈　201
鸠谷诗章　296
度人经注　208
亲享太庙仪　28
帝统编年纪事珠玑　87
闻见录　200
闻见随录　201
闻喜县志　127
养心录　157
养正俚吟　164
养正集　288
养花天　179
养性录　157
类书纂要　196
类林　197
类篇　62
恤稿　137
觉非集　312
洞庭诗集　250
冠仪　25
冠昏丧祭礼　29

语林　197
语录　161
神仙得道灵药经　207
神岳封禅仪注　28
神京偶记　190
神宗实录考异　78
说左　37
说玄　206
说孟　46
咫闻集　193
绛州志（王文鸣）　128
绛州志（赵相）　128
绛县志　128
绛帖考　64

十画

秦记　91
耿湋诗集　248
聂夷中诗　258
都府奏议　99
晋王北伐记　92
晋书（裴伯茂）　71
晋书（敬播、薛元超）　71
晋纪　75
盐池录　125
盐池利害　135
盐法条议　101
莲洋诗钞　304
莲洋集　304

荷亭集　301

真乐窝稿　288

真隐园稿　282

桐园谱　120

格后长行敕　142

夏阳集　265

夏县志　127

烈女集　111

监兑净稿　279

铁窗吟草　314

铎书　158

乘舆月令　175

笔阵图　183

留司格　141

高丽风俗　123

高祖实录　75

高梁生集　282

亳水集　316

郭璞集　214

唐太宗实录　76

唐太宗建元实迹　92

唐历　79

唐开元格令科要　142

唐书　73

唐书备问　145

唐礼纂要　27

唐圣述　92

唐吟　310

唐赋　318

唐编年　88

唐蒙求　195

唐德宗实录　76

唐穆宗实录　77

资治通鉴　82

资治通鉴目录　85

资治通鉴考异　84

涑水记闻　200

涑水司马氏源流集略　110

涑水祭仪　29

涑水编　310

酒经　184

酒诰刑诰　160

酒谱　184

涅槃义疏　203

消闲编　299

宽夫先生文集　302

家训笔录　155

家传（裴子野）　106

家传（裴若弼）　106

家享集　297

家学要录　198

诸儒鸣道集　154

诸儒检身录　192

读书录　158

读书续录　158

读诗遵朱近思录　23

读周子札记　163

读孟子札记　46

课徒草　297
家范　152
通鉴类抄纲目摘异　89
通鉴节文　86
通鉴前例　85
通鉴举要历　86
通鉴释文　88
通鉴纂要　89
陶氏如线集　280
陶氏族谱　119

十一画

理学名臣录参定　112
教家要略　161
职方郎官疏　99
黄囊大卦诀　173
菊轩集　271
菊轩乐府　271
菩萨戒义疏　203
梦隽　173
梅轩手简集　280
梓人遗制　188
曹门学则　286
敕修河东盐法志　138
盛山倡和集　318
雪湖先生文集　303
雪虚声堂诗钞　314
虚字考　66
虚字注释　66

虚字注释备考　66
虚斋集　281
救荒书　136
救急单方　178
救襄阳上都府事　90
常侍言旨　198
累世忠贞录　111
崔中丞著书　312
崔液集　231
崇丰二陵集礼　28
岷麓居士稿　309
铜函记　173
得全居士词　268
逸堂集　265
馆阁草　291
馆课草　290
阉党逆案　97
敝帚集（陈赓）　272
敝帚集（王翰）273
清风录　113
清心集　288
渚宫倡和集　318
渔池轩诗集　308
梁园寓稿　273
梁襄集　270
谏论解　113
谏垣奏议　102
续文士传　107
续书　18

续会要　94
续卓异记　199
续诗　22
续诗话　322
续春秋经　34
续唐历　81
续家传　106
续温公斋记　108
维城前轨　151
绿筠轩诗集　300
巢云诗集　294

十二画

琴德谱　52
琼林集　320
趋庭问答　161
散庄集　282
葬书　180
敬轩集　276
蒃书　192
棣华馆文集　309
握机经解　167
紫灵丹砂表　207
集异记　199
集注论语　44
集注丧服经传　26
遁斋乐府　270
舜原先生集　281
就正稿　160

善教名臣忠介先生言行录　115
道一九篇　162
道藏音义目录　202
温公七国象棋　187
温公年谱　110
温公投壶新格　187
温公易说　10
温公朔记　108
温公集注太玄经　152
温公集注法言　152
温公道德论述要　205
溢城集　247
游山行记　124
寓庵集　292
遍摄大乘论义钞　203
隋书（王绩）73
隋书（敬播）72
隋略　73

十三画

蓟门奏议　101
蓬峰诗文选　313
蒲芝集　269
蒲州志　125
蒲坂地记　121
蒲坂杨太宰献纳稿　100
楚辞注　60
楞伽集注　204
碎海楼自怡草　301

督府奏议　100
虞坡文集　279
嵩隐谈露　272
筹海代言　103
筱园集　291
魁纪公　189
解州志　126
解盐须知　135
腻庵政迹录　135
廉立堂文集　311
新雨堂集　292
新修太和辨谤略　93
新格散格　141
数学五书　182
窥易集　282
群书摘粹　196
群牧故事　94
缙绅要录　194

十四画

裴子野集　217
裴氏诗集传　22
裴氏家记　105
裴氏家传　105
裴氏家牒　117
裴氏家谱　120
裴夷直诗　251
裴行俭集　236
裴秀集　212

裴松之集　216
裴昭明集　216
裴度集　250
裴骃集　216
裴倩集　247
裴景融集　218
裴楷集　213
裴颁集　213
裴邈集　214
碧山堂草丛　291
瑶山往则　93
慕适轩集　298
慕莱毛公遗录　192
蔼甫先生文集　303
樊泽集　248
樊宗师集　252
僧尼行事　203
疑孟　151
益智兵书　166
潇湘要录　198
翠拥诗集　296

十五画

樗栎子山居稿　275
樊子　189
撰集伤寒世验精法　178
稽古录　87
稷山县志　128
稷东寓公诗钞　315

篆诀歌　187
潜虚　153
畿南奏议　102

十六画

薛子道论　160
薛子粹言　159
薛元超集　223
薛仁斋文集　314
薛氏家谱　118
薛文清行实录　109
薛收集　222
薛虬集　220
薛孝通集　219
薛奎集　258
薛莹集　250
薛逢集　249
薛道衡集　221
薛瑄集　275
薛慎集　219
薛寅文笔　220
薛稷集　236
薛曜集　230
薛荔山房集　296
樵者问　273
醒园文略（集咏、疏草）　295
冀州记　121
默轩集　272
黔鸣录　113

穆天子传　74
儒学辨正录　165
衡门芹　156
衡谕解　191
雕虫集　230
辨舌世验精法　178
辨量三教论　203
辩诬笔录　97
澶渊杂著　294
澹轩文集　272
澹泉集　279

十七画

戴斗奉使录　107
魏官仪　131
徽州府志　130
徽言　189
襁褓法言　160

十八画

覆甖集　309

十九画

警心易赞　11

二十三画

麟旨　37

后记

书稿终于完成,抚稿长叹,感慨万千。

犹记 2010 年春天那个阳光灿烂的午后,我到运城学院面试求职,受到学院领导的热情接待。在此之前,老家山东的我从未到过运城,甚至从未踏足过整个山西。在姚纪欢院长亲自主持的面试现场,我谈了自己的科研设想:编一部河东地方文献目录,为河东文化研究提供目录门径。设想得到了姚院长的极大肯定。面试后直接签约。那时,我并不知道自己会在这个地方呆多久,五年,十年,还是一生。

最初去运城学院求职,其实是我不得已的选择。一个人与一方土的缘分,看似偶然,却又似命中注定。2004 年,已经在聊城结婚生子,家庭美满、生活安逸的我开始折腾,决定遵从自己的内心,去做自己喜欢的工作。于是毅然从一家大型国企辞职,告别从事十余年的化工行业,把所有的工作业绩清零,跨专业报考中国古典文献学研究生,希望毕业之后能到聊城大学任教,与学生们分享阅读古典文学经典的乐趣。但 2007 年我硕士毕业时,聊城大学的用人门槛已经提高到博士,2010 年我博士毕业向聊城大学投递简历时,却被告知没有古典文献专业的用人计划……

感谢运城学院给我提供的机会和平台。运城工作期间,虽然因为与夫君和孩子两地分居,不得不往来奔波,但能从事自己喜欢的工作和专业,领导器重,同事友好,我的心情是愉悦的。2013 年,我把面试时的科研设想细化,以"河东历代著述考"为题申报山西省高校人文社科基地项目,顺利获批,并得到十万元科研经费。项目要求以专著结项。两年半的项目周期,对这样一个题目来说其实是不够的。而项目启动不到一年,我就离开运城,回到了聊城大学工作。对运城学院,我是心怀感恩的,却又不得不离开。我决定善始善终,把项目好好做完。但人的精力是有限的,我要适应新的工作环境和任务,要弥补多年在外对家庭的亏欠,而身体偏又出现问题,饱受腰椎间盘突出的折磨。2015 年,我不得不申请项目延期。2016 年 9 月,我赶在项目结项前写成初稿,联系了出版社,并呈请郝师作序。郝师在百忙之中翻阅书稿,提出了很多严厉而中肯的意见。一向治学严谨的郝师认为初稿太过粗疏,仓促出版只会让人诟病。让我细加改正,并增加著者索引和书名索引,以备读者利用。毕业六七年,导师仍然为我这个不肖弟子操心费神,令我既感动,又汗颜。已经交给出版社的书稿又追回大改,并且增加了索引部分。但河东历代著述甚多,很多著述确实没有精力细考,因此书中错误疏漏之处仍然难免,还请读者批评指正。

感谢郝师批评并赐序,师恩如海,无以为报,唯努力前行,不负教导!

本书初稿曾蒙挚友李燕青帮助校对,出版过程中经费报销等繁琐事宜,亦全赖其劳心费力。与燕青同乡同姓,淄博初识,运城重逢,相处数年,情同手足。此谊永铭在心。

书稿几经修改,为出版社增添了很多麻烦,感谢责任编辑詹素娟女士的耐心和细心!

李如冰于聊大北苑
二〇一七年一月六日